Zurück zur Natur

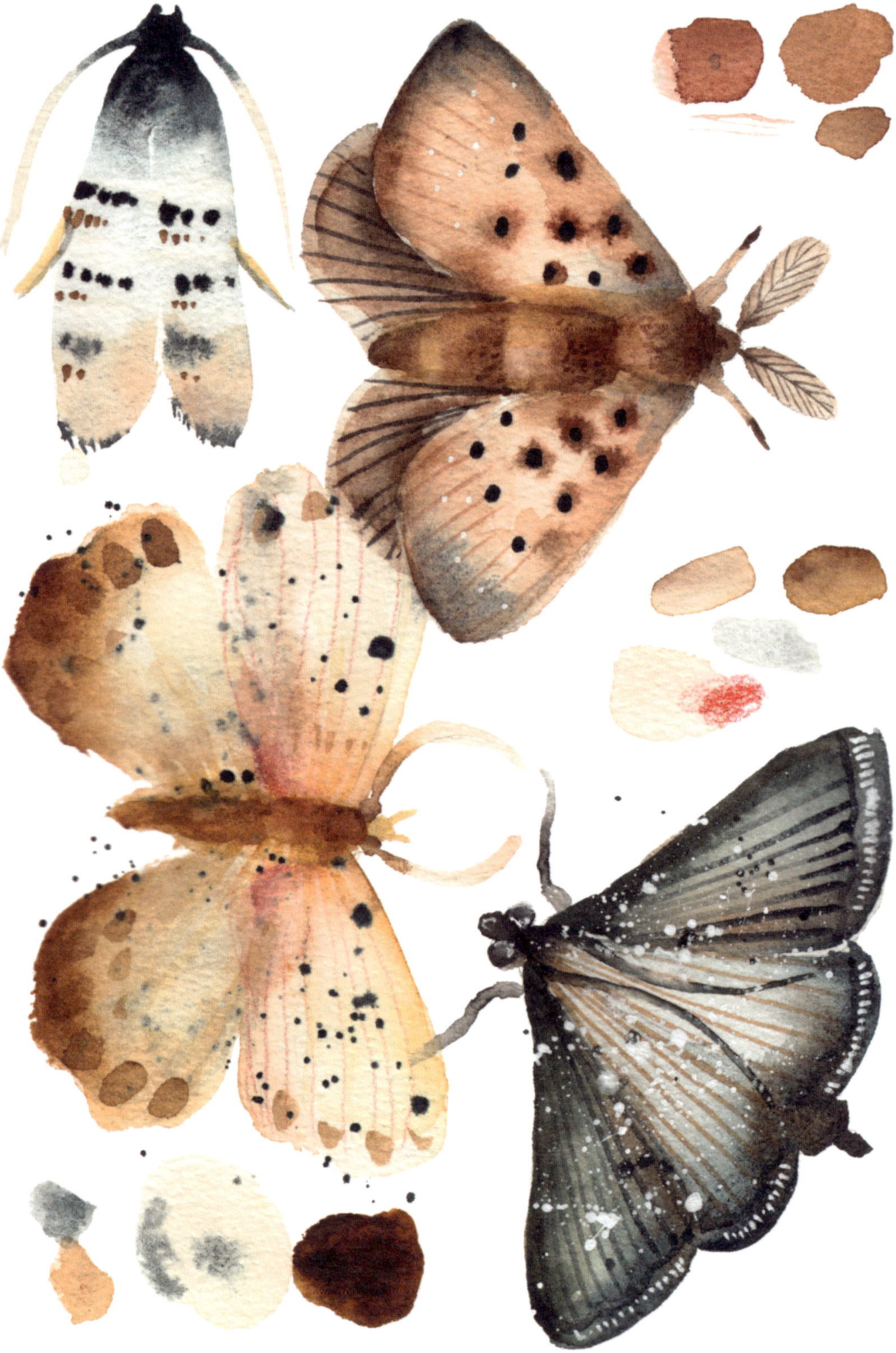

Zurück zur Natur

DIE WILDNIS MALEN MIT WASSERFARBEN

Inga Buividavice

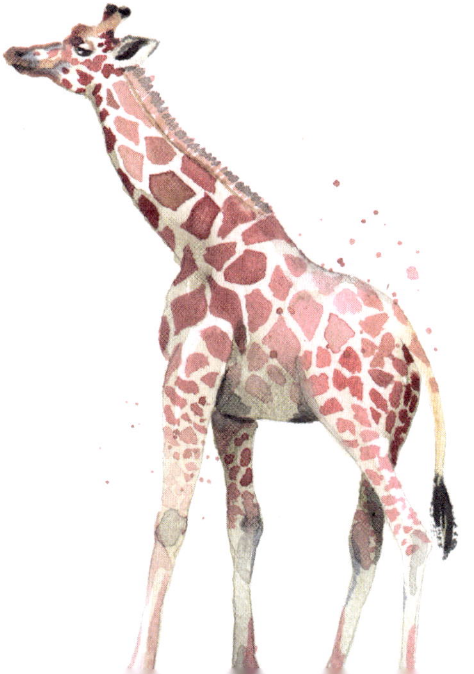

MIDAS

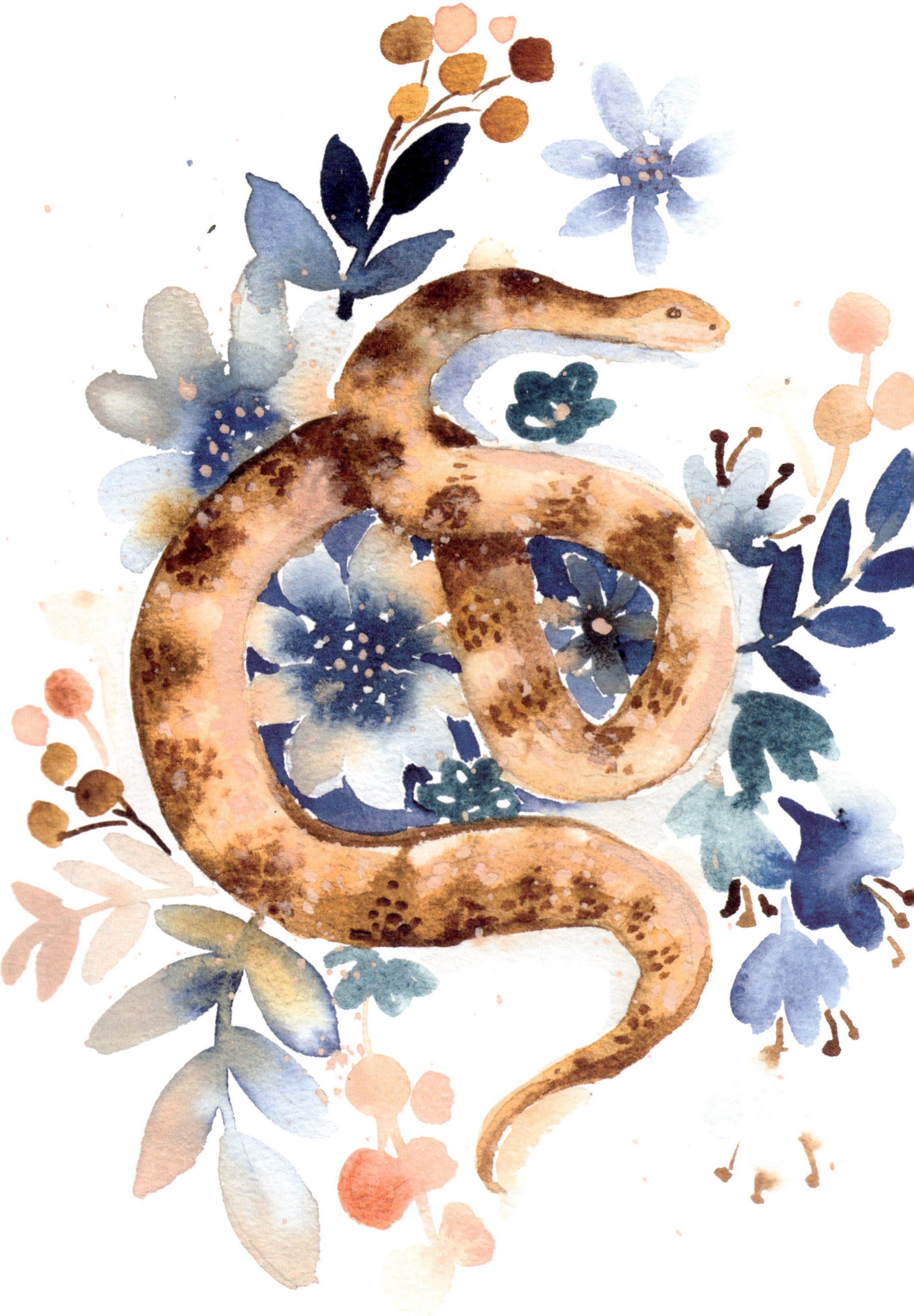

Inhalt

PROJEKTE

Einleitung

Tiere mit Aquarellfarben zu malen, ist eine echte Herausforderung, denn es erfordert viele Fertigkeiten: Sie müssen gut beobachten und genau arbeiten, den Charakter des Tieres einfangen und Aquarelltechniken anwenden. Obwohl ich bereits einige Erfahrung mit Aquarellfarben habe, war es anfangs nicht einfach für mich, Tiere zu malen. Aber es gilt: Wenn man den Malvorgang in kleine, überschaubare Schritte unterteilt, kann sich das Ergebnis sicher sehen lassen.

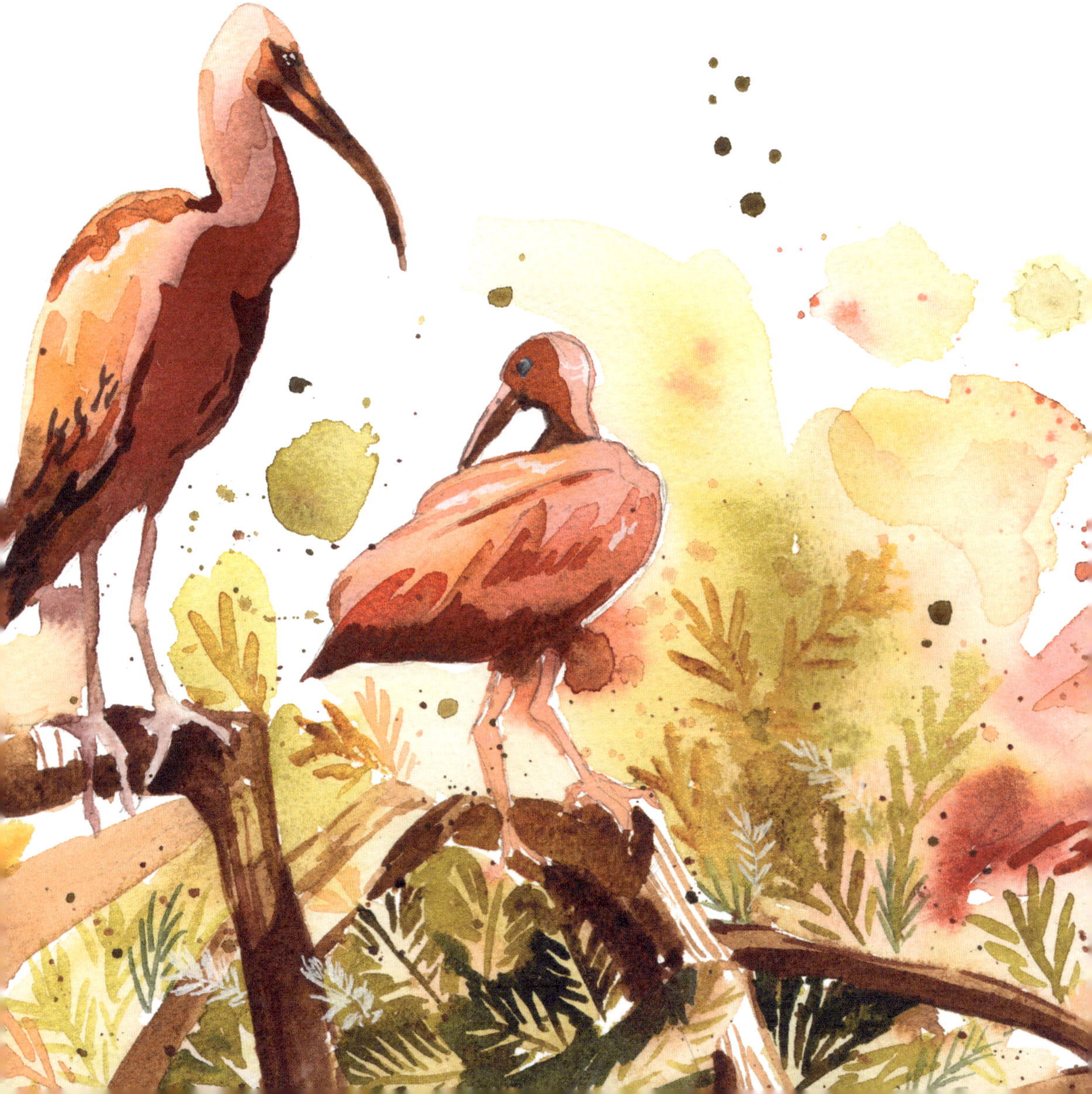

Genau auf dieser Idee basiert mein zweites Buch. Ich habe vorhandenes Wissen, neue Entdeckungen und meine tiefe Liebe zu Aquarellfarben und zur Tierwelt zusammengebracht. Tiere sind ein kurzweiliges Motiv, sie charakterisieren individuelle Verhaltensweisen und eigene Persönlichkeiten. Wenn man sie intensiv studiert und malt, kommt man der Natur näher und lernt sie mehr zu schätzen. Am Anfang habe ich gemalt, was ich gesehen habe. Am liebsten hätte ich meine ersten Skizzen tief in der Erde vergraben, damit sie niemand sieht. Aber mit der Zeit und mit kontinuierlicher Übung sind sie immer besser geworden. Danach habe ich meine Erfahrungen mit Aquarellfarben auf dieses neue Motiv angewendet und meine Gefühle in meine Werke einfließen lassen. Diese Reise war eine Lernkurve mit frustrierenden Momenten sowie bereichernden und erfreulichen Erfolgen.

Ich weiß genau, wie mühselig es ist, eine neue Fertigkeit zu lernen und mit dem neuen Wissen etwas zu erschaffen. Darum habe ich in diesem Buch einige Übungen zu den Aquarelltechniken und ihren Effekten zusammengestellt. Dabei geht es gar nicht darum, was und wie Sie malen. Sie können durch diese Übungen mehr Selbstvertrauen gewinnen. Am Ende des Buches haben Sie sich einen großen Schatz an technischen und kreativen Fertigkeiten angeeignet, die sie in Ihren Kunstwerken einsetzen können. Sie bekommen in diesem Buch viele Einblicke in die Arbeit meiner Lehrer, Künstlerkollegen und in meine persönlichen Erfahrungen. Diese helfen Ihnen, ein tieferes Verständnis für die grundlegenden Prinzipien der Malkunst jeder Lernstufe zu entwickeln.

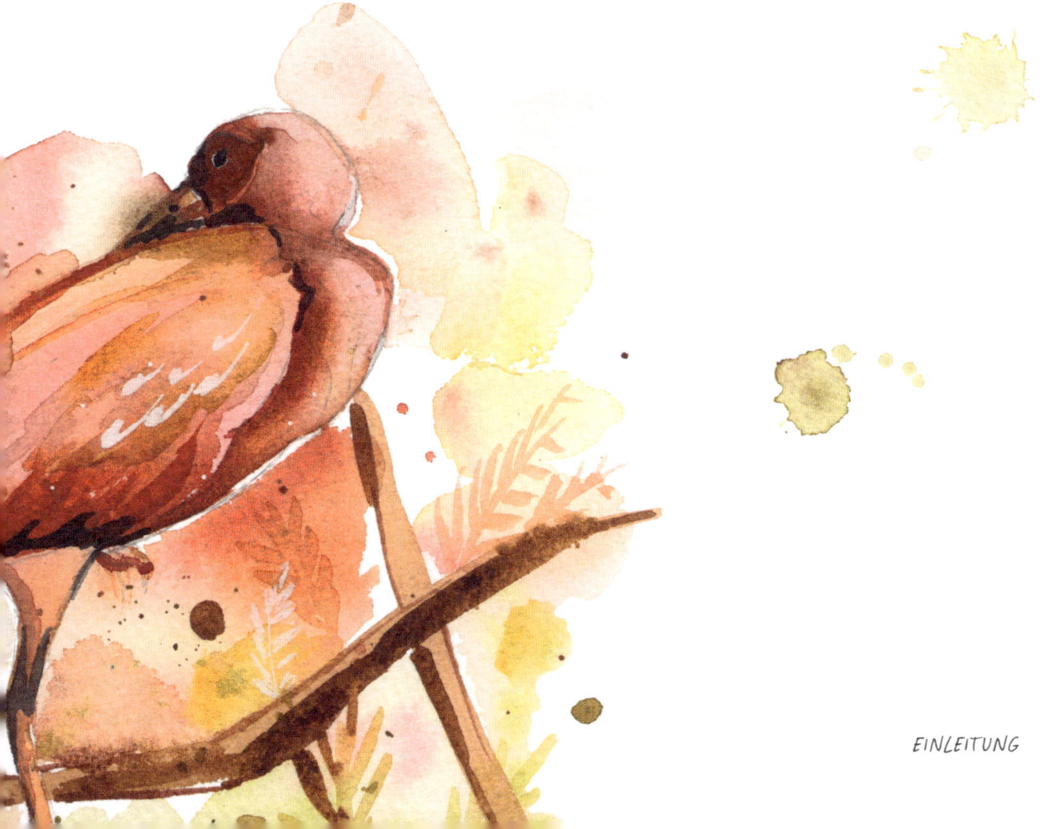

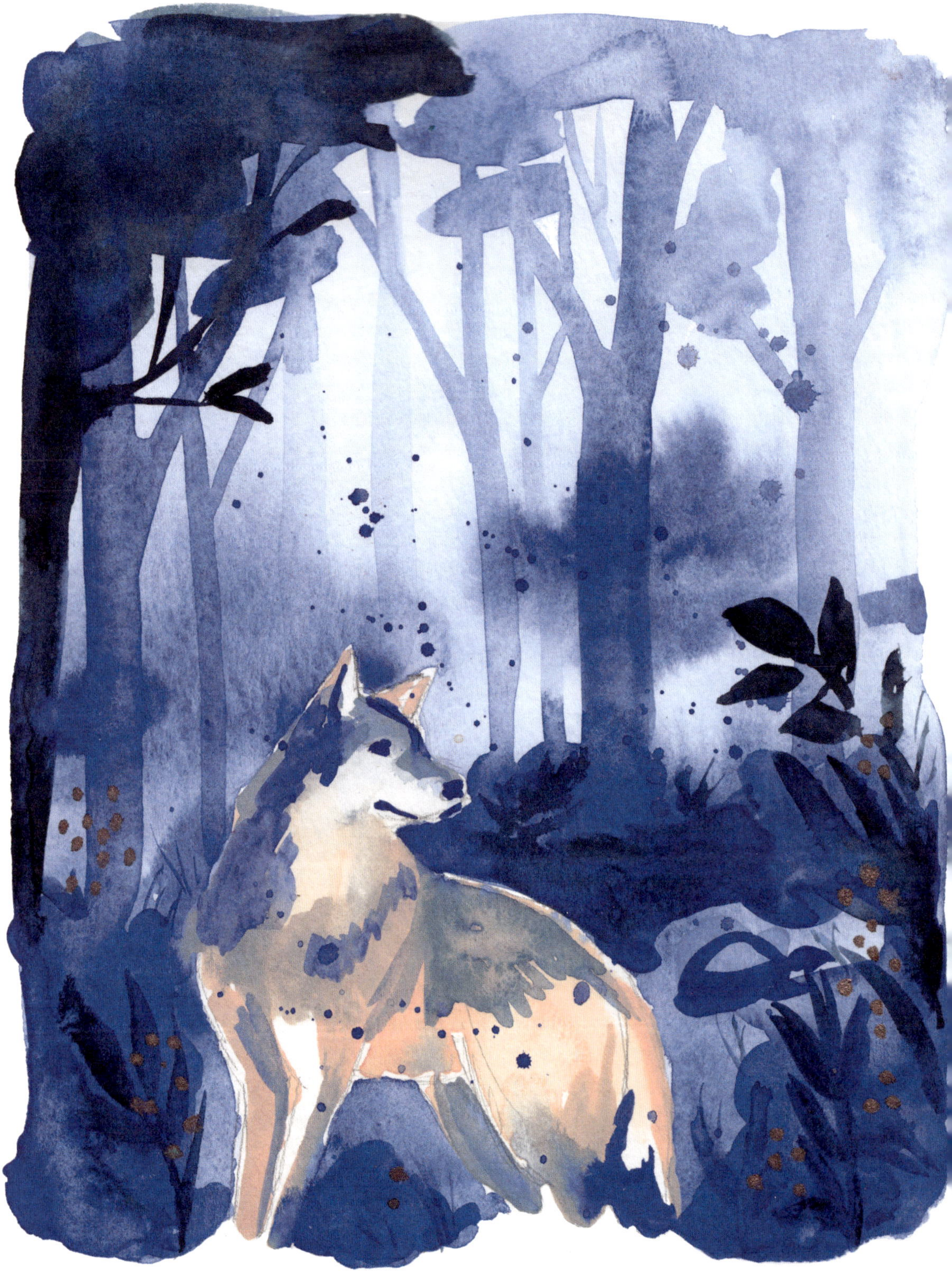

Wilde Wasserfarben

Wasserfarben sind unbestritten meine Lieblingsfarben. Sie sind wild und eigenwillig – das ist zweifelsohne die beste Beschreibung. Viele Kunstwerke in Aquarellfarben – sogar die sehr guter Künstler – sind zufällig entstanden. Selbst wenn Sie die Technik also wirklich beherrschen, wird es immer Dinge geben, die »einfach geschehen«. Genau darin liegt die Schönheit der Aquarelltechnik.

Wenn Sie Ihre Aquarellbilder verbessern möchten, konzentrieren Sie sich auf diese Themen:

- Licht und Schatten: Dieses Prinzip ist die Grundlage aller Formen der visuellen Kunst. Die Konzentration auf die Darstellung von hellen und dunklen Elementen hilft, die Form wiederzugeben. Erst wenn die Anordnung von Licht und Schatten in einem Bild gut ist, fügt man die Details hinzu.

- Farbe-Wasser-Verhältnis: Es gibt kein richtiges oder falsches Verhältnis. Mit etwas Erfahrung bekommen Sie ein Gefühl dafür, in welchem Verhältnis Sie Farbe und Wasser für unterschiedliche Bereiche mischen müssen. Die Standardregel besagt: Je mehr Wasser Sie verwenden, desto heller wird das Pigment.

- Farbe: Farbe erzeugt Stimmung im Bild und ist in komplexeren Kompositionen das verbindende Element. Bei Aquarellfarben neigen die Farbtöne dazu, nach dem Trocknen heller zu sein als im nassen Zustand. Das sollten Sie beim Malen berücksichtigen.

PERFEKTE UNVOLLKOMMENHEIT

Perfekt ist langweilig, wirkt künstlich und häufig charakterlos. Der Charme einer ehrlichen, unvollständigen Skizze ist oft überzeugender als ein makelloses, vollendetes Werk. Beim Aquarellieren ist es normal, dass nicht alles nach Plan verläuft. Selbst die erfahrensten Künstler können beim Malen Probleme haben. Nehmen Sie die kleinen »Unfälle« dankbar an – ein Wassertropfen, der auf dem falschen Platz landet, oder unkontrolliert verlaufende Farbe.

Beurteilen Sie Ihr Bild erst, wenn es fertig ist. Die meisten Werke sehen zu Beginn hässlich aus, können aber meist durch Auftragen weiterer Farbschichten verbessert werden. Manchmal ruinieren Sie damit Ihr Bild. Aber dann fangen Sie einfach neu an, ohne zurückzuschauen.

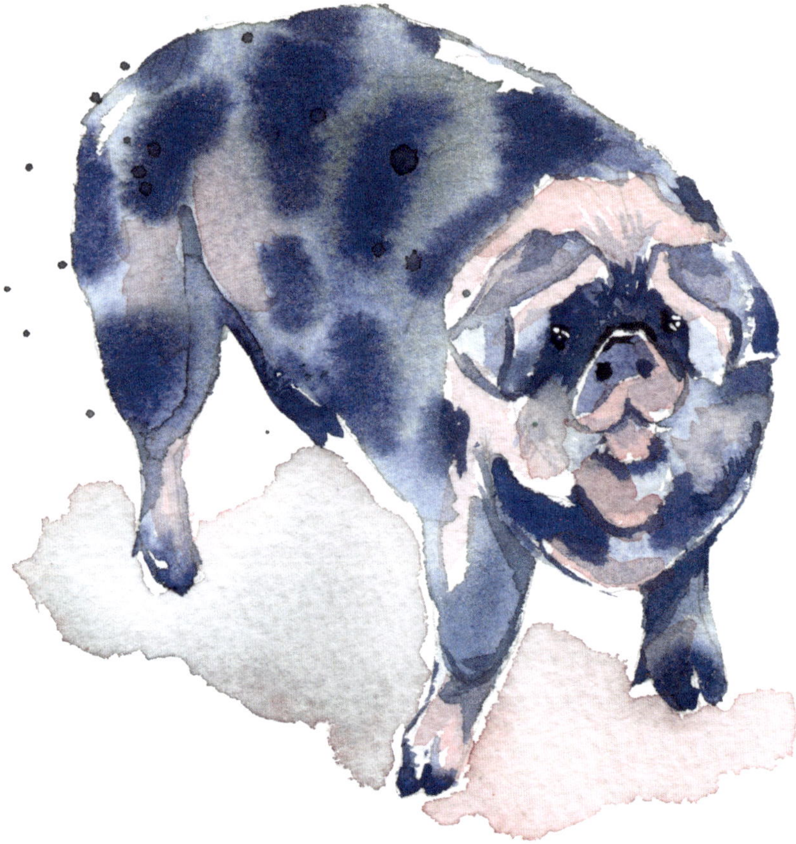

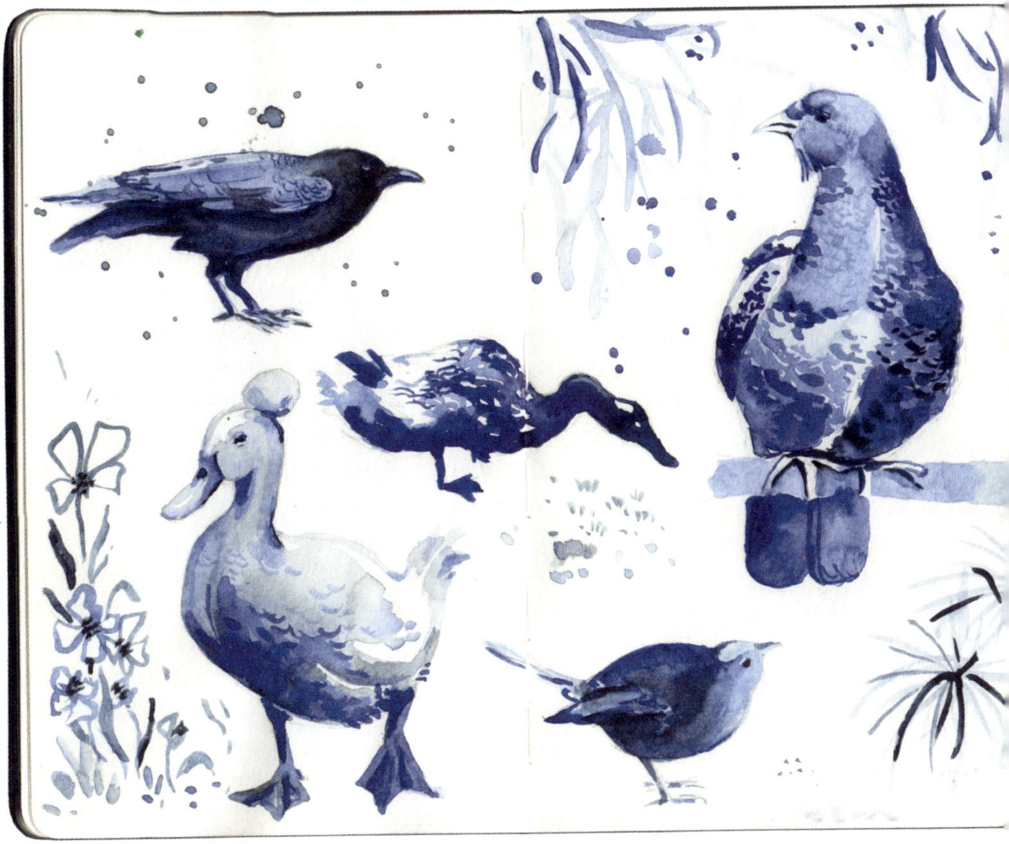

ZEIT ZUM MALEN

Mangelnde Zeit ist für fast alle Menschen, die ich kenne, ein Problem. Zeit, die ich mit Malen verbringe – vor allem, wenn es nicht um kommerzielles Malen geht –, ist für mich eine Form der Selbstfürsorge. Wenn Sie etwas mit der Hand erschaffen, legen Sie Angst ab und vermindern Stress.

Malen Sie eine Weile. Sie werden automatisch besser werden und stolz darauf sein, etwas erreicht zu haben. Legen Sie ein Skizzenbuch an und vergleichen Sie die letzte mit der ersten Seite. Sie werden sofort erkennen, wie viele Fortschritte Sie gemacht haben, ohne es zu merken.

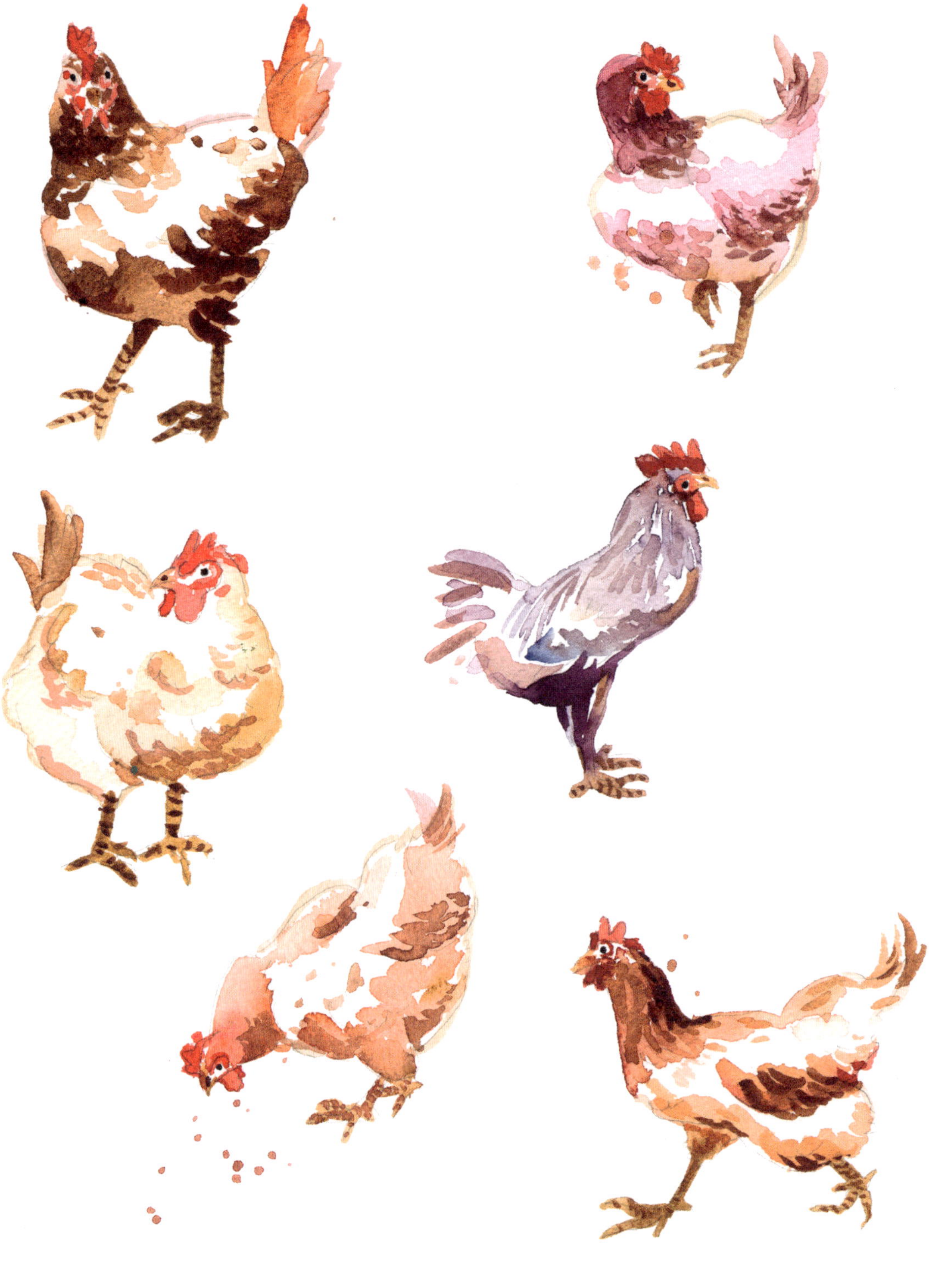

Erste Schritte mit Aquarellfarben

Bei meinen ersten Schritten mit Aquarellfarben habe ich recht bescheidenes Zubehör verwendet. Ich besaß einen 24-Farben-Farbkasten von Winsor & Newton, drei Pinsel und günstiges Papier. Ich gebe zu: Inzwischen horte ich Mengen an Künstlerzubehör, weil mir die Auswahl neuer Farben im Fachgeschäft für Künstlerbedarf unglaublich viel Spaß macht. Meine Sammlung ist über viele Jahre gewachsen, sodass ich heute mit verschiedensten Materialien experimentiere, um zu erkennen, was gut und was schlecht funktioniert.

Anfängern empfehle ich jedoch, nur wenig Zubehör zu nutzen: ein preisgünstiges Aquarellfarbenset und einige Pinsel. Beim Papier würde ich mich allerdings nicht auf das günstigste verlassen.

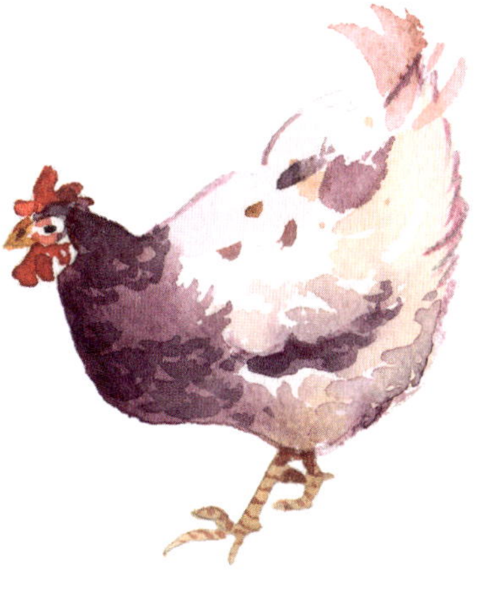

MATERIALIEN

Papier

Es hat eine Weile gedauert, bis ich erkannt habe, warum ich an die Ergebnisse meiner Lehrer nie herangekommen bin, obwohl ich meinen Aquarellmalkursen konzentriert gefolgt war. Meinen großen Aha-Moment erlebte ich, als ich von Anfängerpapier auf Künstlerpapier umgestiegen bin. Schnell wurde mir klar, dass meine Misserfolge nicht auf meine Fähigkeiten, sondern auf die Qualität des Malgrunds, auf dem ich malte, zurückzuführen waren. Auf dem von mir gewählten Papier konnten die Aquarellfarben gar nicht so reagieren, wie ich es wollte. Ein minderwertiges Papier kann Anfänger, die ohnehin eher an sich selbst zweifeln, also schnell entmutigen.

Anfängerpapier trocknet sehr schnell. Aber wenn in einem bestimmten Bereich aus einem Tropfen Farbe nur ein stumpfer Pinseltupfer wird, der Ihr Bild ruiniert, weil das Papier nicht mehr nass genug ist, ist das sehr frustrierend. Auf Künstlerpapier sind dagegen alle Flächen und Verläufe klar und dezent, während sie auf Anfängerpapier schmutzig aussehen. Die gleichen Töne leuchten auf unterschiedlichen Papierqualitäten völlig verschieden.

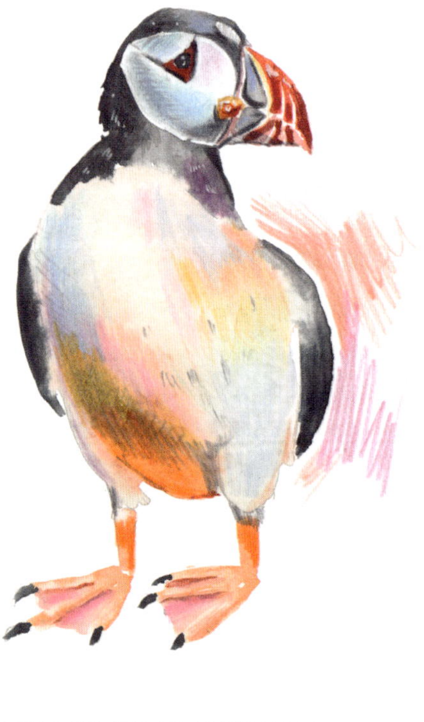

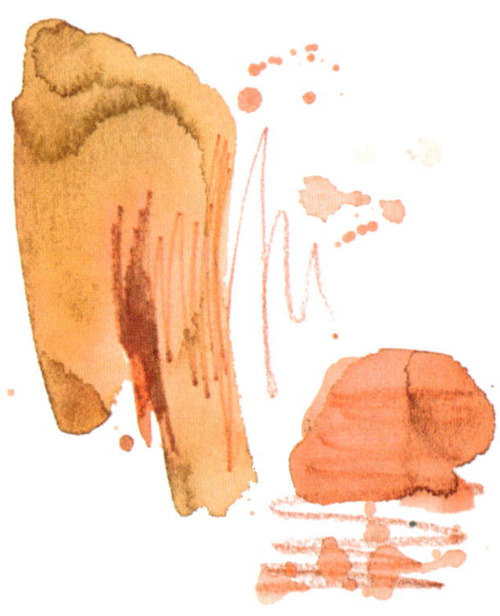

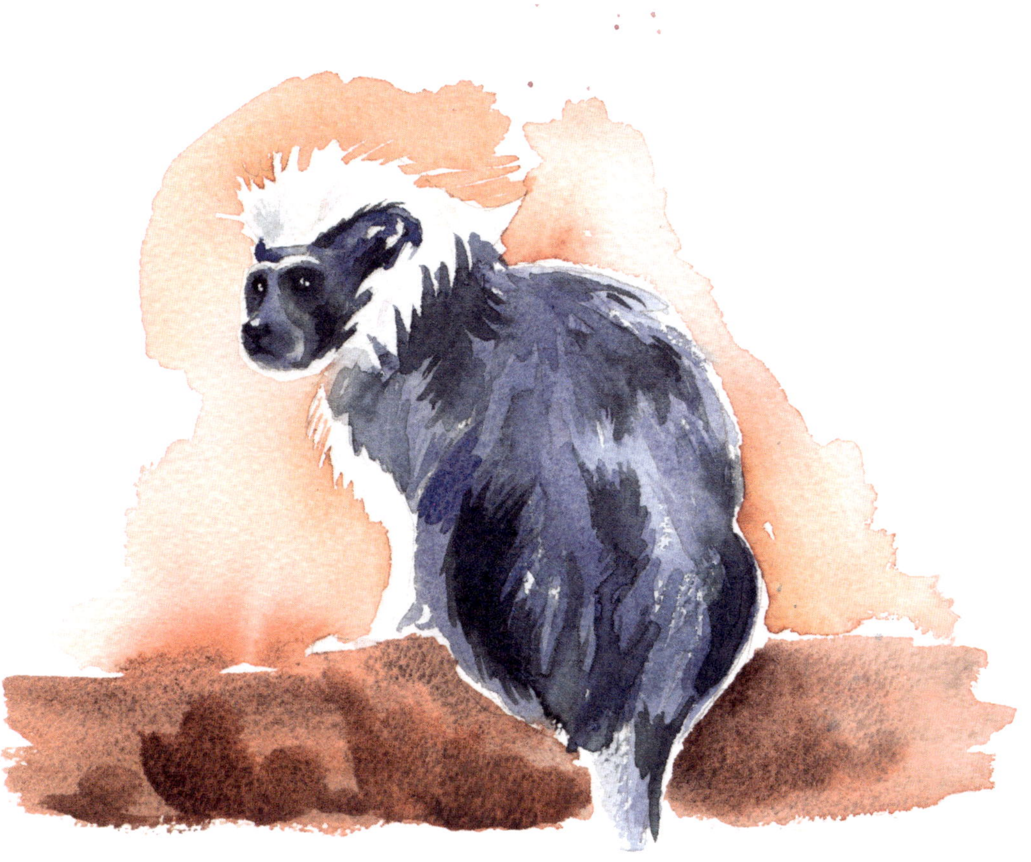

Auf einem 300-g-Papier können Sie viele Schichten auftragen, denn das Papier nimmt viel Wasser auf, ohne zu wellen. Es sollte zu 100 % aus Baumwolle bestehen (und nicht aus Zellulose), damit die Farben langsam trocknen und die Pigmente maximal beeinflussbar sind. Es hebt nicht nur die Farben und Effekte hervor, sondern Ihr Bild wird auch langlebiger sein.

Kaltgepresstes Papier hat wenig Struktur, weshalb es sich gut für die unterschiedlichen Texturen der Tierhaut eignet. Ich persönlich vermeide warmgepresstes (weiches) Papier, weil es schnell trocknet und ich damit weniger Kontrolle habe. Doch das ist meine persönliche Vorliebe.

Meine bevorzugten Papiermarken sind Hahnemühle Cézanne, Canson Héritage, Canson Moulin du Roy, Arches und Fabriano Artistico.

Aquarellfarben

Aquarellfarben gibt es in der Regel in zwei Ausführungen: in Kästen und in Tuben. Kästen haben zweifellos Vorteile: Sie sind gut transportierbar und sofort einsetzbar. Tubenfarben müssen hingegen erst vorbereitet werden. Sie müssen Sie in einen leeren Behälter quetschen, zum Beispiel auf eine Palette, und sie über Nacht trocknen lassen, damit der Pinsel nicht zu viel Farbe aufnimmt und Sie nicht zu viel vergeuden. Doch Tubenfarben sind preisgünstiger. Vor allem wenn Sie größere Mengen kaufen, die Sie häufig verwenden, sparen Sie so langfristig viel Geld.

Letztendlich ist die Wahl zwischen Kästen und Tuben eine Frage der persönlichen Vorliebe. Ich neige zu Tubenfarben. Theoretisch sollten beide Farbausführungen exakt die gleiche Menge an Pigment enthalten. Doch viele Künstler, einschließlich mir selbst, haben festgestellt, dass Tubenfarben beim Auftragen satter sind.

Ähnlich wie beim Papier gibt es auch bei Farben Künstler- und Anfängerqualitäten. Künstlerfarben haben viele Vorteile: Sie sind lebhafter, transparenter und blassen nicht mit der Zeit aus. Aber wenn Sie bereits bei Ihren ersten Versuchen kein Meisterwerk für die nächsten Generationen schaffen möchten, reichen einfache Aquarellfarben aus. Viele meine Lieblingsfarben habe ich tatsächlich mit Anfängerfarben entwickelt.

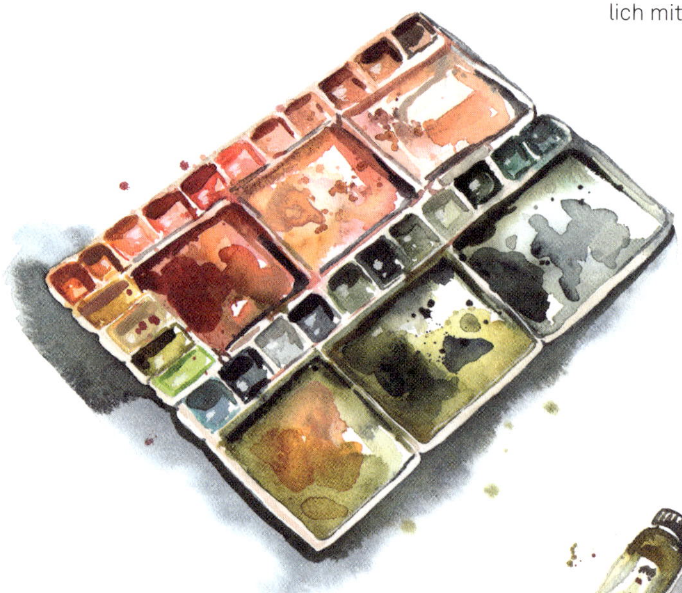

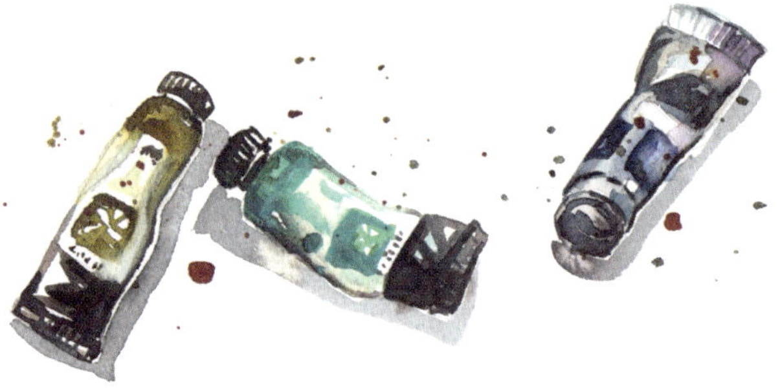

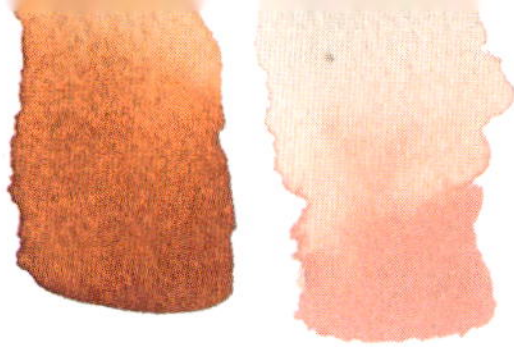

Gouache

Fachlich gesehen ist Gouache keine Aquarellfarbe, gehört jedoch zu den wasserbasierten Farben. Meiner Meinung nach verdient sie vor allem beim Experimentieren mit Aquarellfarben besondere Aufmerksamkeit. Denn mit viel Wasser gemischt verhält sich Gouache wie Aquarellfarbe und lässt sich auch mit ihr mischen. Das kann sehr hilfreich sein. In einer dickeren Konsistenz können Sie mit der helleren Gouache perfekt über dunkle Aquarellbereiche malen, was mit reiner Aquarellfarbe nicht möglich ist.

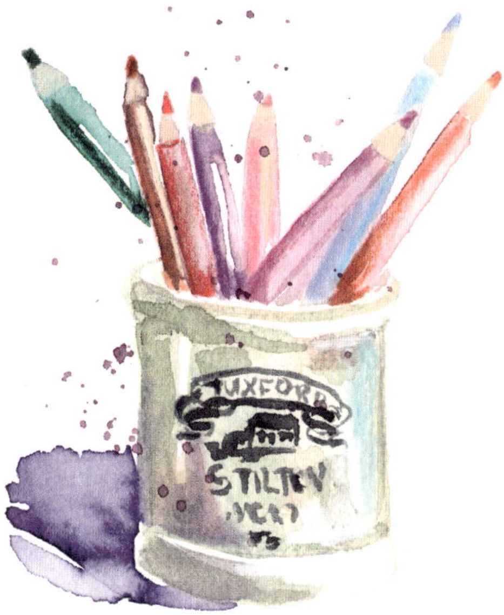

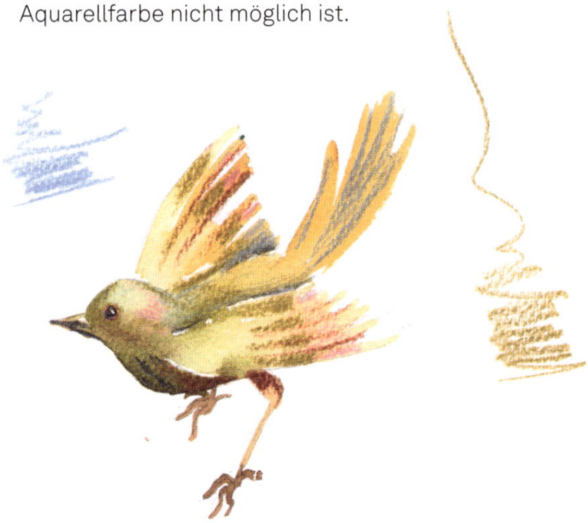

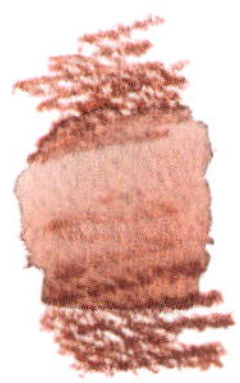

Stifte

Aquarellstifte können Ihr Bild aufwerten. Sie können mit Wasser gemischt und ähnlich wie Aquarellfarben verwendet werden. Aber auch dem Einsatz als herkömmlicher Farbstift steht nichts im Weg. Eine Farbstiftzeichnung auf einer trockenen Schicht Aquarellfarbe hebt die Farbe und Struktur des Bildes hervor. Auch lassen sich Schatten häufig mit einem Farbstift der gleichen Farbe hinzufügen, weil er besser kontrollierbar ist.

Pinsel

Jeder Pinsel dient einem bestimmten Zweck, daher sollten Sie verschiedene Pinsel zur Hand haben. Tiere male ich meist mit einem Mopppinsel, weil sich damit größere Fläche einfärben und mit der Pinselspitze saubere Details hinzufügen lassen. Aber für unterschiedliche Pinselstriche benötige ich weitere Pinselarten.

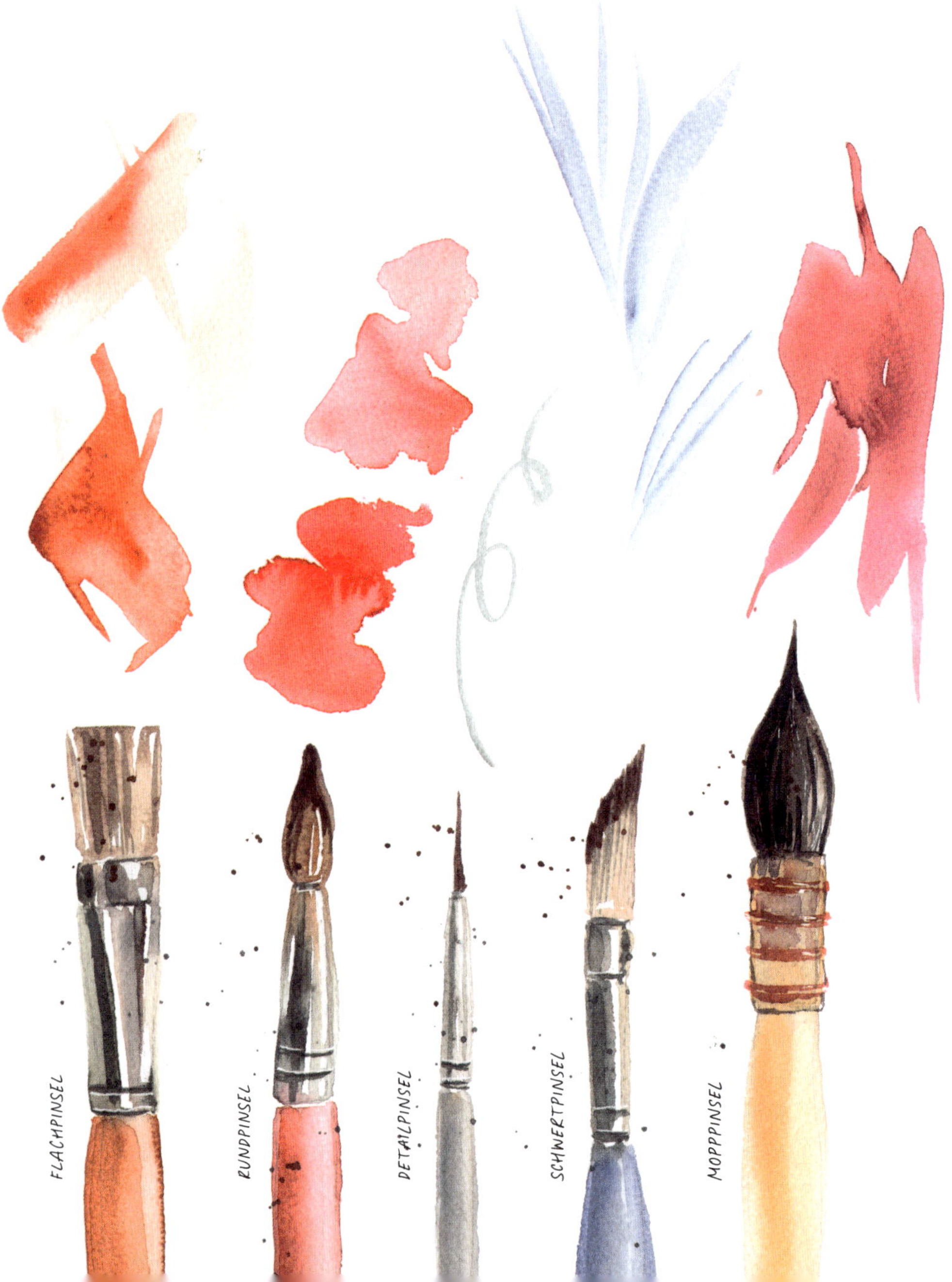

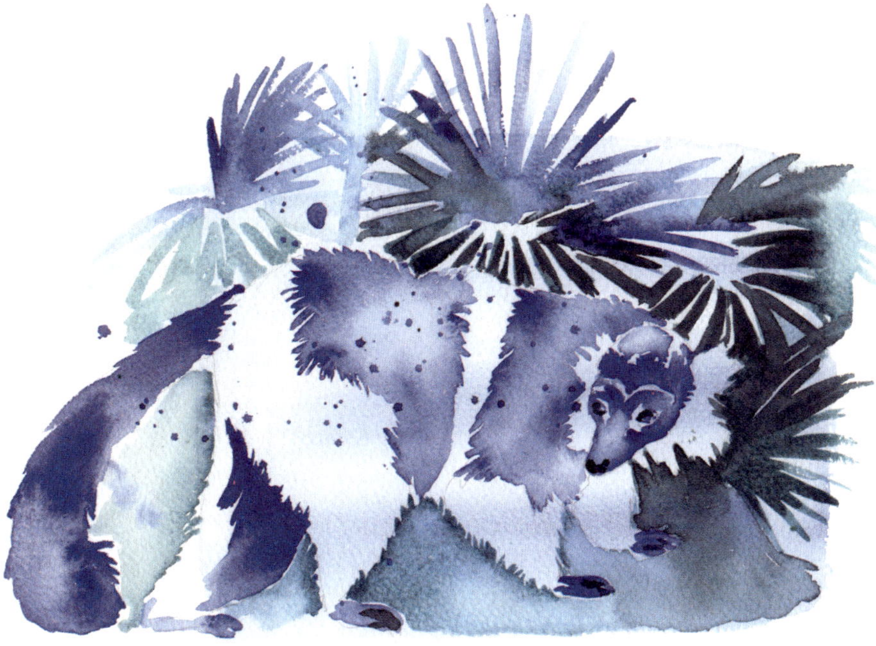

Wilde Pinselstriche

Für die Bilder in diesem Buch habe ich die folgenden Pinsel verwendet.

MOPPPINSEL Nr. 2: Ein Mopppinsel ist, wie bereits erwähnt, sehr vielseitig. Unter Druck erzeugt er breite Striche und die Größe des Pinselstriches lässt sich durch die verschiedenen Pinselteile steuern: Mit den Seiten malen Sie große Flächen, mit der Spitze dünne Linien.

RUNDPINSEL Nr. 6: Ein Mopppinsel ist zwar vielseitig, doch ein Rundpinsel ist immer hilfreich. Er erzeugt weichere Ränder und nimmt weniger Wasser auf, eignet sich daher besser für kleinere Bilder.

DETAILPINSEL Nr. 2: Wie der Name bereits sagt, eignet sich ein Detailpinsel gut für kleine Details wie Augen, Nasen oder eine deutliche Fellstruktur.

FLACHPINSEL Nr. 12: Ein Flachpinsel erzeugt einen ganz speziellen Pinselstrich. Genaue Kanten und lebendige Strukturen lassen sich gut damit malen.

SCHWERTPINSEL Nr. 10: Zwar setze ich den Schwertpinsel nicht für Tiere ein, aber er sorgt in zarten Blumen und langen Grashalmen im Hintergrund meiner Tiermodelle für einen schönen Ausgleich.

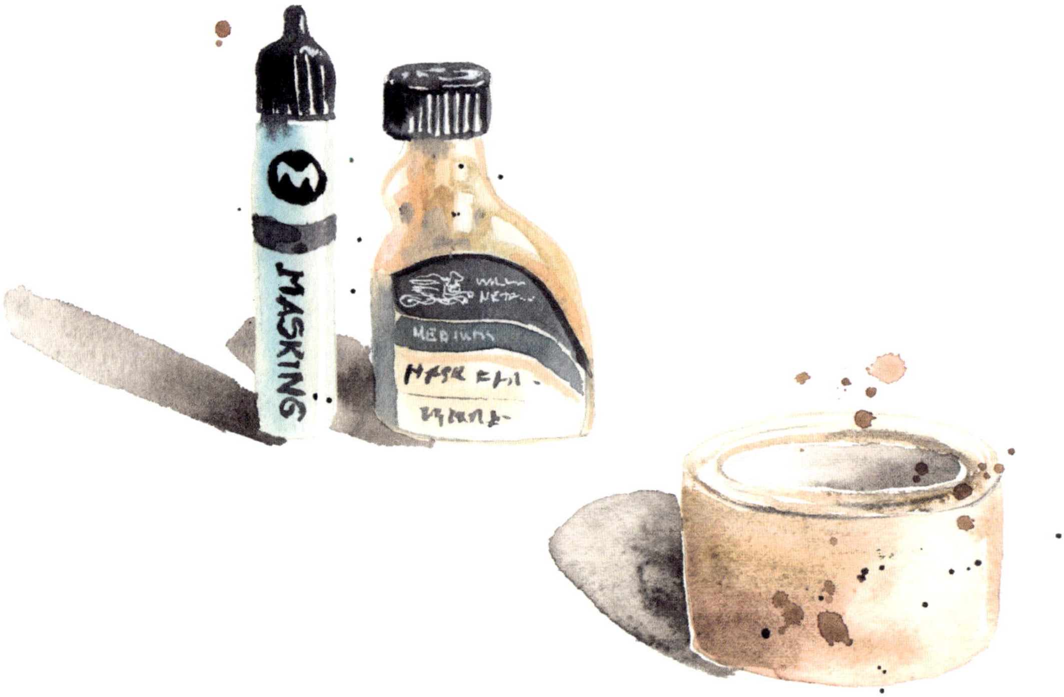

Weiteres Zubehör

- Zwei Wasserbehälter: einen für warmes und einen für kaltes Wasser oder einen für helle und einen für dunkle Farben.

- Eine Palette zum Mischen der Farben: Viele Farbkästen enthalten bereits eine Palette. Falls Sie eine Palette kaufen müssen, entscheiden Sie sich für eine Keramikpalette, denn darauf haftet die Farbe besser.

- Papier- oder Stofftücher zum Aufnehmen von überschüssigem Wasser vom Pinsel.

- Abdeckflüssigkeit, die die weißen Bereiche Ihres Bildes schützt.

- Kreppband befestigt das Papier am Untergrund und verhindert, dass es sich wellt. Kaufen Sie Kreppband beim Künstlerbedarf, da sich hochwertiges Band besser vom Papier lösen lässt.

- Mithilfe einer Sprühflasche können Sie Ihr Bild vor dem Malen befeuchten und Pigmente verteilen.

WICHTIGE TECHNIKEN

Aquarelltechniken sind schwer zu beschreiben. Selbst wenn Sie das »Rezept« genau befolgen, kommt nie zweimal das gleiche Ergebnis heraus. Viele Variablen spielen eine Rolle: Verfügbarkeit und Qualität der Materialien, das Verhältnis von Farbe und Wasser und die individuelle Handbewegung eines jeden Künstlers. Das Ergebnis ist eine Mischung aus Fertigkeit, Erfahrung und Zufall. Fertigkeit und Erfahrung sammeln Sie durch Malen, doch auch die unerwarteten »Unfälle« haben einen großen Einfluss auf das Bild.

Im Kapitel »Projekte« (siehe Seite 38) experimentieren wir in praktischen Übungen mit unterschiedlichen Aquarelltechniken. Meines Erachtens ist dies die effektivste Art, diese Techniken wirklich zu erlernen.

Zunächst gebe ich Ihnen einen kurzen Überblick über die wichtigsten Techniken. Sie können beim Aquarellieren miteinander kombiniert oder einzeln angewendet werden.

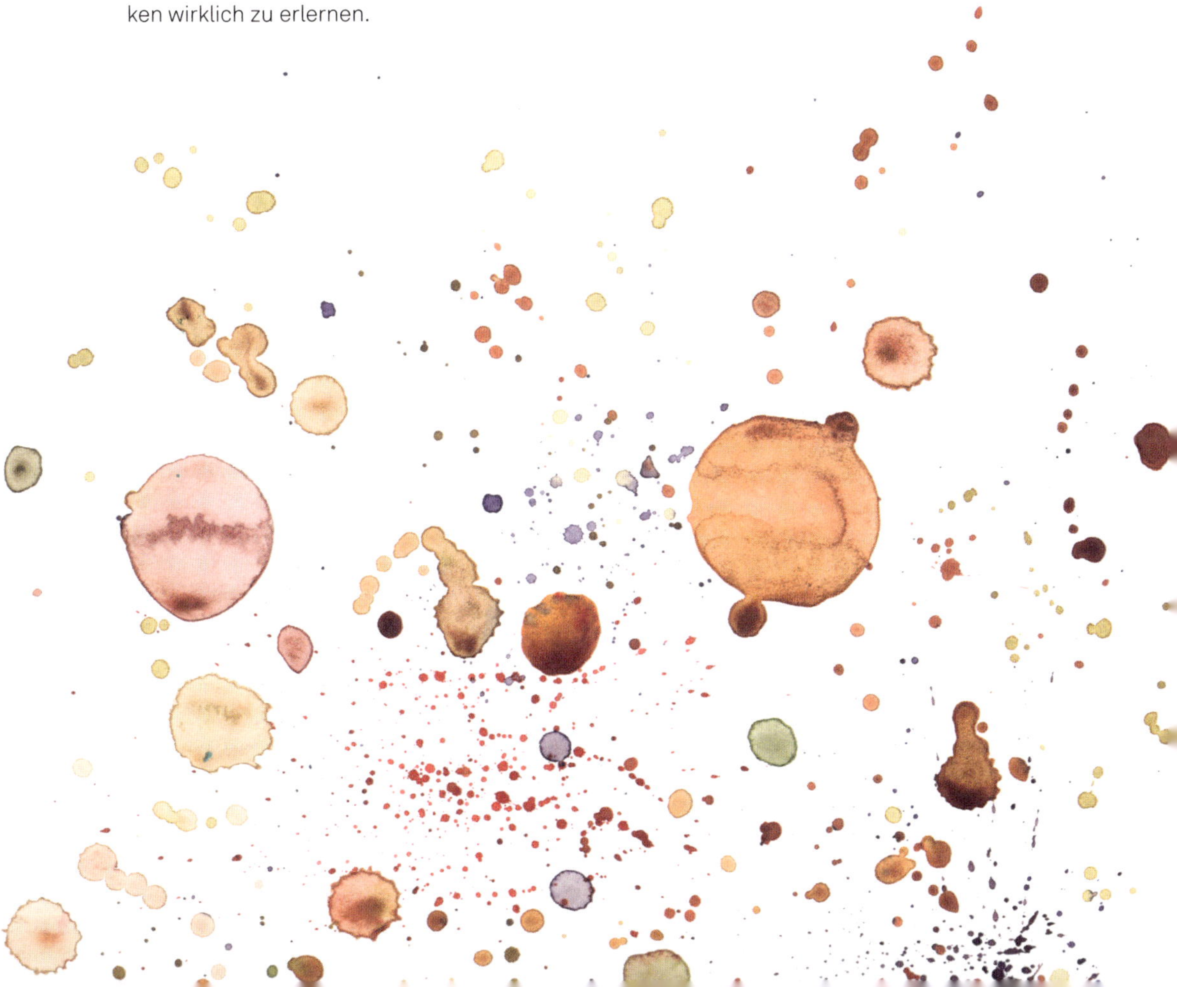

Nass in Nass

Bei der Nass-in-Nass-Technik wird nasse Farbe auf ein feuchtes Blatt Papier oder auf einen noch nassen Farbbereich aufgebracht. Auch können Sie zwei nasse Farbbereiche, die sich berühren, ineinander verlaufen lassen.

Heraus kommt eine wunderschöne, leichte und lockere, fast abstrakte Ästhetik mit ganz eigenem Charme. Auf sehr nassem Papier verteilt sich die Farbe besser und es entsteht ein weicher Übergang. Wenn die Farbe trocknet und Sie eine weniger wässrige Farbe auftragen, entstehen deutlichere Details wie zum Beispiel im Schwanz und in den Augen dieses Elefanten. Sie müssen die Nass-in-Nass-Technik immer wieder üben, um sie zu erlernen. Auch die Papierqualität spielt bei dieser Technik eine wichtige Rolle. Eine gute Übung für die Nass-in-Nass-Technik ist das Malen von Tiersilhouetten. Wenn Sie mit den Nuancen der verwendeten Materialien, dem Farbe-Wasser-Verhältnis und der Trocknungszeit spielen, werden Sie den Dreh schnell raushaben.

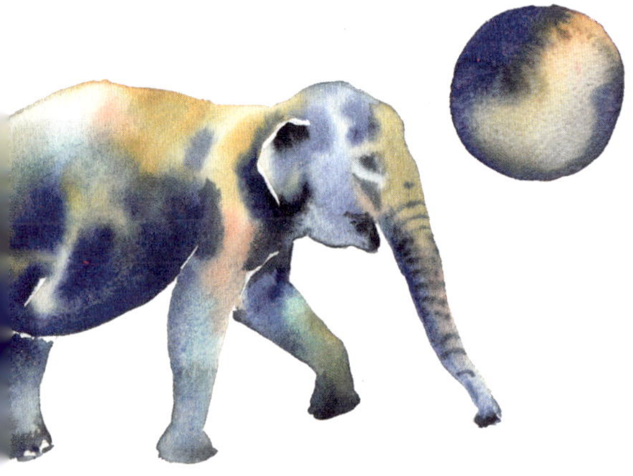

Nass auf Trocken

Bei dieser Technik tragen Sie nasse Farbe auf eine trockene Fläche auf. Mit Nass auf Trocken können Sie Ihr Bild besser kontrollieren, und es sieht am Ende eher wie ein herkömmliches Bild oder eine Zeichentechnik aus.

Bei der Nass-auf-Trocken-Technik spielt der Pinselstrich eine größere Rolle, da die Kanten präziser und sichtbarer sind. Mit der Technik lassen sich Formen und Details sehr gut darstellen.

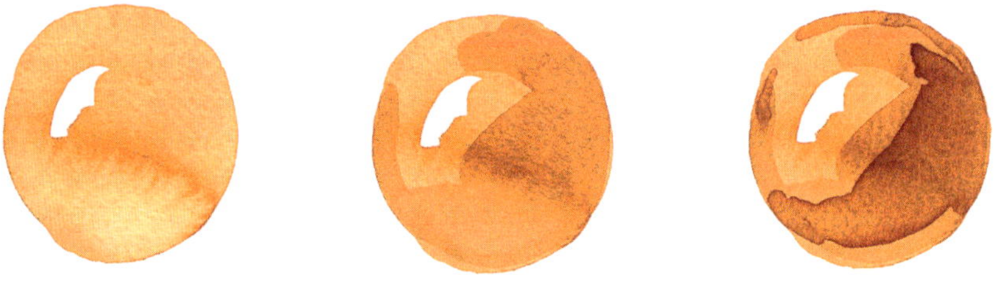

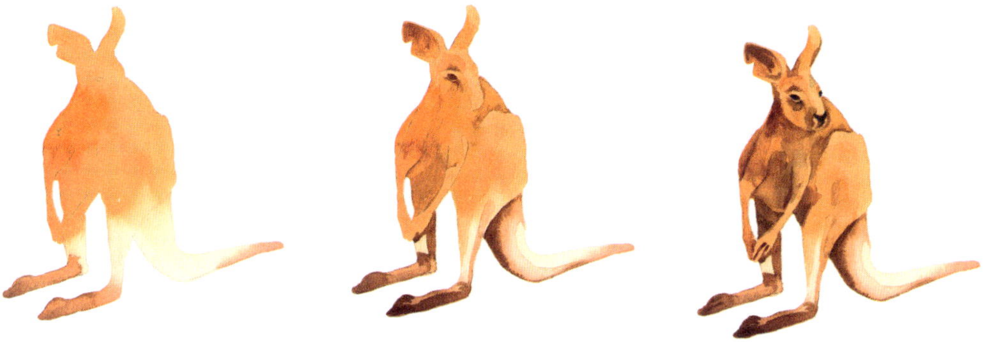

Lasieren

Beim Lasieren tragen Sie mithilfe der Nass-auf-Trocken-Technik mehrere Schichten auf, um eine Form oder die Tiefe eines Gegenstandes hervorzuheben. In der Regel starten Sie mit einem ersten Farbstrich. Sobald er trocken ist, tragen Sie die nächste Schicht auf, ohne die erste vollständig zu übermalen. Durch das Auftragen von Schichten auf die Schattenbereiche entsteht die Form. Diese Technik eignet sich hervorragend zum Malen von figurativer Kunst. Tragen Sie zuerst die helleren und dann die dunkleren Aquarellschichten auf und lassen Sie die hellsten Bereiche unbedeckt.

Lifting/Weichzeichnen

Beim Lifting oder Weichzeichnen wird aufgetragene Farbe entfernt, sodass der entsprechende Bereich hervorgehoben wird. Im Gegensatz zum Lasieren entsteht beim Lifting ein weicher, verschwommener, natürlicher Effekt ohne scharfe Kanten. Waschen Sie den Pinsel aus und trocknen Sie ihn mit einem Tuch. Dann ziehen Sie den Pinsel vorsichtig über den noch nassen Farbbereich, den Sie hervorheben möchten. Der Pinsel saugt die Farbe auf wie ein Schwamm. Sie können die Farbe auch mit Papiertüchern oder Schwämmen aus dem Geschäft für Künstlerbedarf aufnehmen. Mit einem Pinsel entstehen jedoch viel weichere Übergänge. Da sich Aquarellfarben nur schwer entfernen lassen, müssen Sie die Farbe möglicherweise mehrere Male aufnehmen, um das gewünschte Ergebnis zu erzielen.

Wilde Spritzer

Spritzer sind ein eigenes Kapitel wert! Sie scheinen zwar einfach, erzeugen aber bei richtiger Anwendung eine wilde Energie, bereichern die Komposition und sorgen für interessante Strukturen.

Mit unterschiedlichen Pinselgrößen und Techniken entstehen die verschiedensten Spritzer. Wichtig ist nur, dass der Pinsel voller zumindest einigermaßen nasser Farbe ist. In der Regel lassen sich Spritzer leichter verteilen, je mehr Wasser sie verwenden.

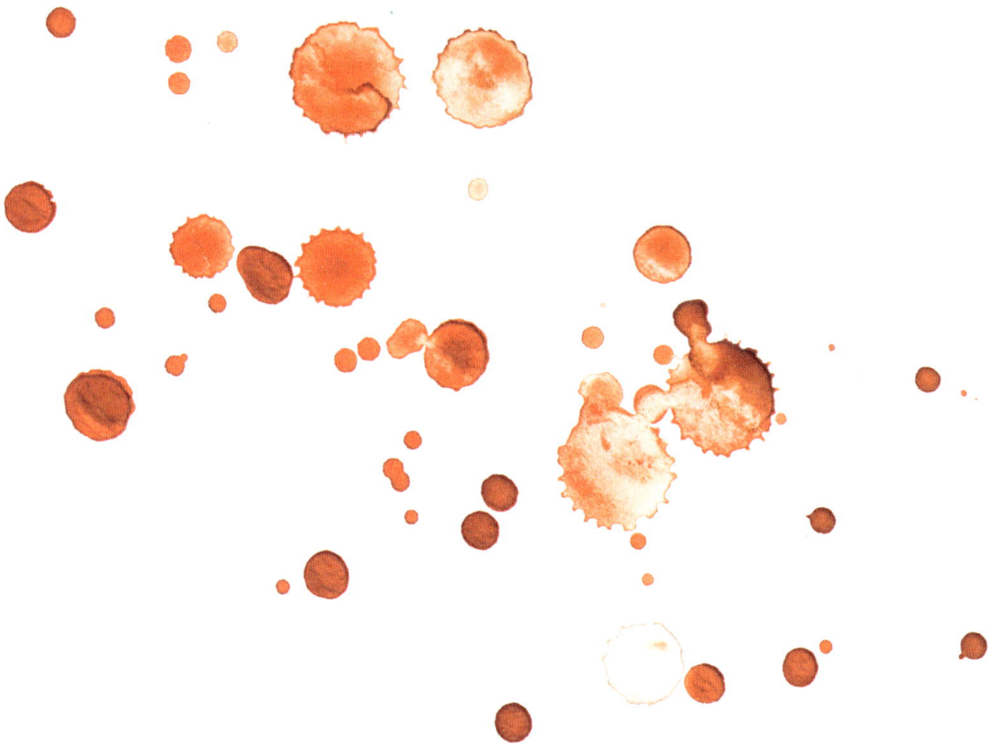

Damit große Kleckse entstehen, tauchen Sie einen großen Rundpinsel in Farbe und Wasser, bis er tropft. Halten Sie den Pinsel senkrecht und schütteln Sie ihn leicht. So tropft die wässrige Farbe herab und es entstehen klare, kantige Ränder.

Für gleichmäßige, runde Flecken verwenden Sie einen mittelgroßen Rundpinsel mit halbnasser Farbe. Halten Sie den Pinsel horizontal über das Papier und tippen Sie mit dem Finger darauf.

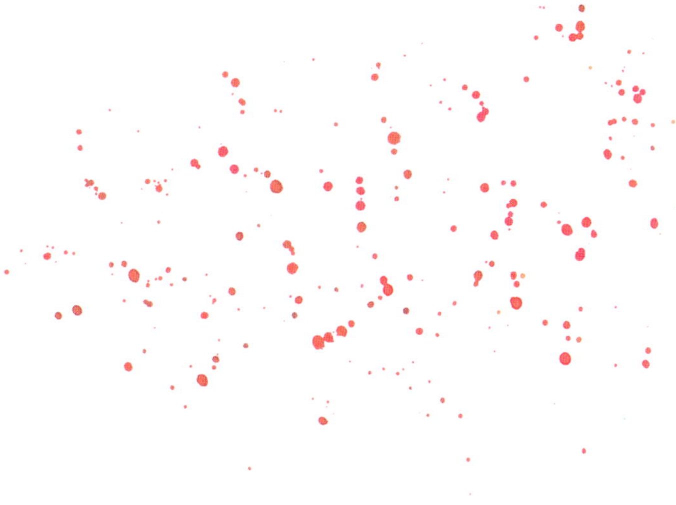

Soll etwas mehr Unordnung auf dem Papier entstehen, verwenden Sie einen mittelgroßen Pinsel mit halbnasser Farbe und klopfen Sie damit senkrecht auf einen anderen Pinsel.

Für zarte Spritzer nehmen Sie einen sehr kleinen Pinsel mit mäßig nasser Farbe. Halten Sie den Pinsel nah am Papier und tippen Sie mit dem Finger auf den Pinsel. Mit einer Zahnbürste erzeugen Sie den gleichen Effekt.

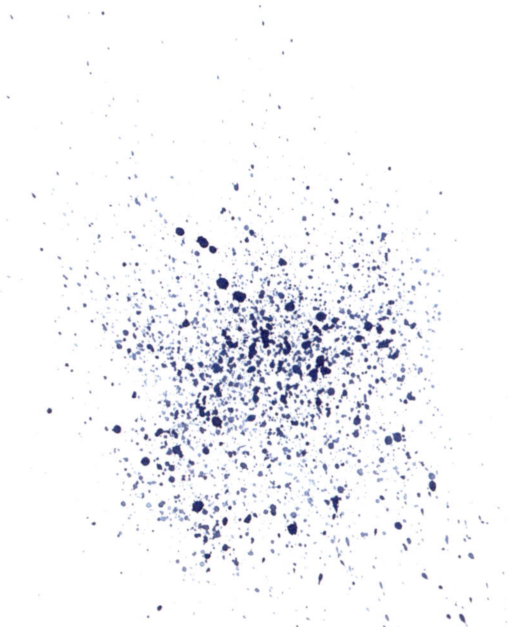

Die Zeichnung vorbereiten

Während meines Studiums an der Kunstakademie wurde ich von zwei Zeichenlehrern unterrichtet. Beim ersten mussten sich die Studierenden auf die strukturelle Genauigkeit und kompositorische Gestaltungen der Zeichnungen konzentrieren. Benotet wurden die Präzision der Perspektive und der dargestellten Form. Der zweite Lehrer legte mehr Wert auf intuitive Freihandzeichnungen. Dabei habe ich festgestellt, dass beide Methoden ihre Vorteile haben. Wofür sich ein Künstler entscheidet, hängt meiner Meinung nach von seinen Vorlieben und der Zielgruppe ab.

Ich mag Freihandzeichnungen, da sie den kreativen Fluss unterstützen. Allzu genaue anatomische Studien zerstören das kreative Moment. Daher setze ich Strukturzeichnungen nur sehr reduziert und lediglich so ein, dass meine Tiere nicht komisch aussehen. Dennoch sind Grundkenntnisse im Zeichnen sehr hilfreich. Die folgenden Tipps sollen Ihnen helfen, Ihre Fertigkeiten zu verbessern.

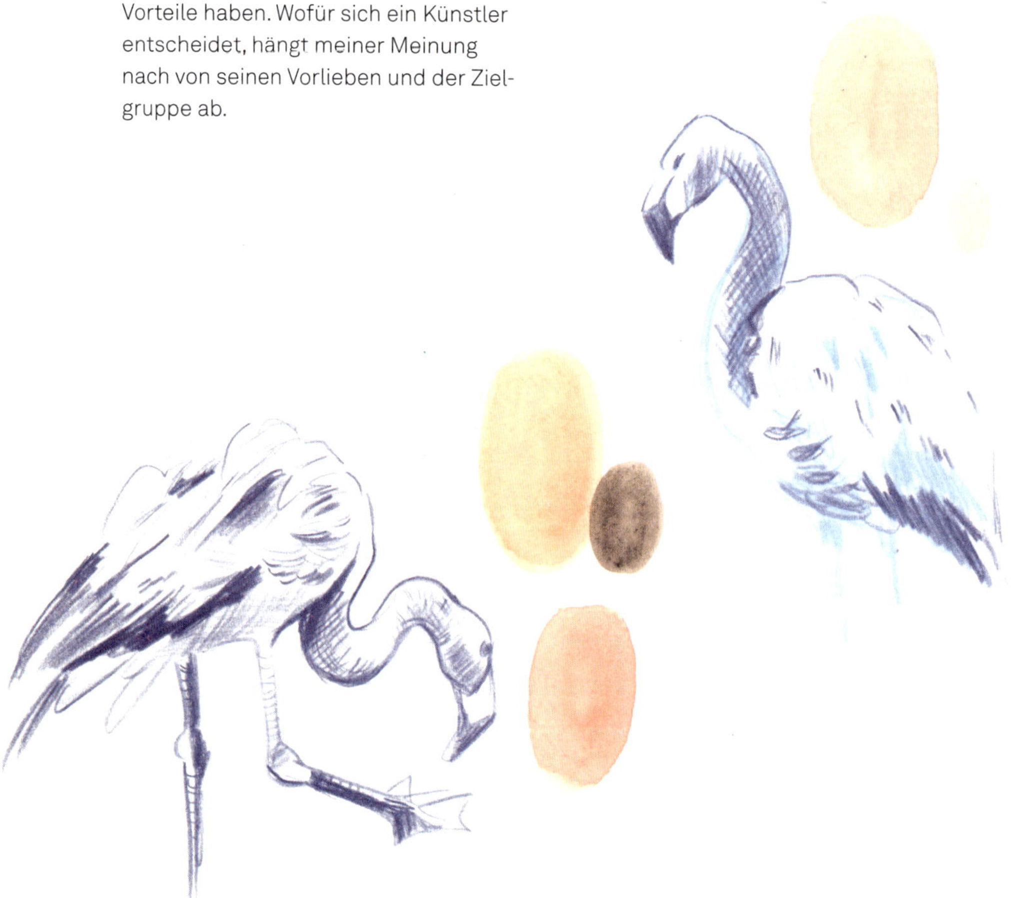

PROPORTION DURCH BEOBACHTUNG: Messen Sie das Höhe-Breite-Verhältnis mit der Spitze des Stiftes und dem Daumen. Halten Sie Ihren Arm gerade ausgestreckt nach vorn. Schließen Sie ein Auge und richten Sie die Spitze des Stiftes an der Oberseite und den Daumen an der Unterseite des Gegenstandes aus. So ermitteln Sie die Höhe. Messen Sie die Breite auf die gleiche Weise. So finden Sie heraus, wie oft die Höhe in die Breite des Objekts passt oder umgekehrt. Zeichnen Sie in diesen Proportionen einen Rahmen für das Motiv. Wenn die Breite zum Beispiel doppelt so groß ist wie die Höhe, malen Sie ein Rechteck. Bei gleicher Größe malen Sie ein Quadrat. Zeichnen Sie nun innerhalb dieses Rahmens, um die genauen Proportionen des Motivs wiederzugeben.

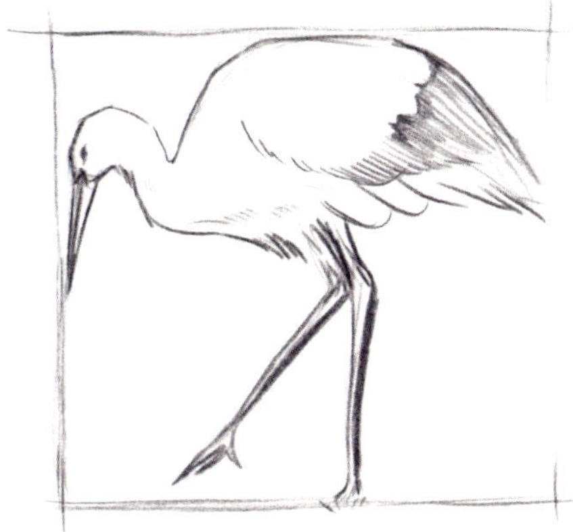

VERTIKALE UND HORIZONTALE AUSRICHTUNG: Berücksichtigen Sie diese Punkte in der Zeichnung. So sollte der höchste hintere Punkt an der Mitte des Kopfes ausgerichtet sein. Verbinden Sie die wichtigsten Punkte des Motivs mit Linien und prüfen Sie, ob Sie der Realität entsprechen. Für die Fußpositionen zeichnen Sie diagonale Führungslinien.

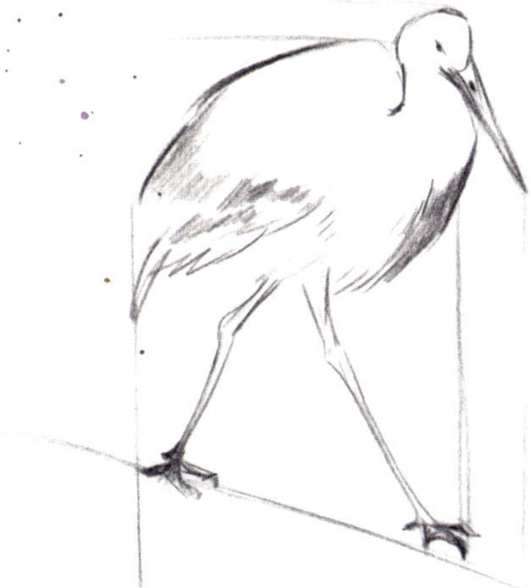

NEGATIVRAUM: Konzentrieren sich bei den größeren Körperteilen auf die Form des negativen Raums. Damit können Sie Überlappungen zum Beispiel von Beinen und Federn besser darstellen.

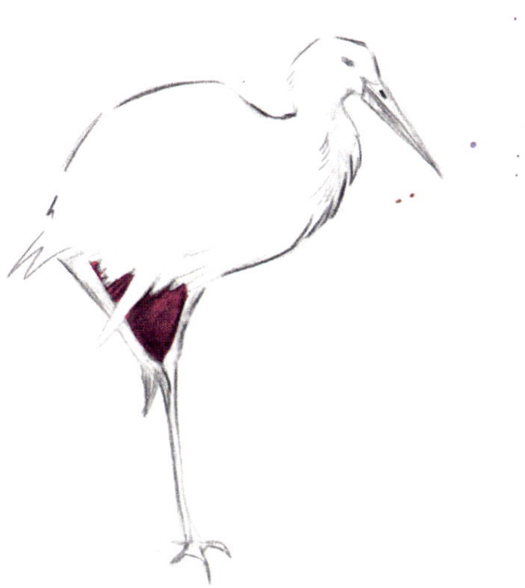

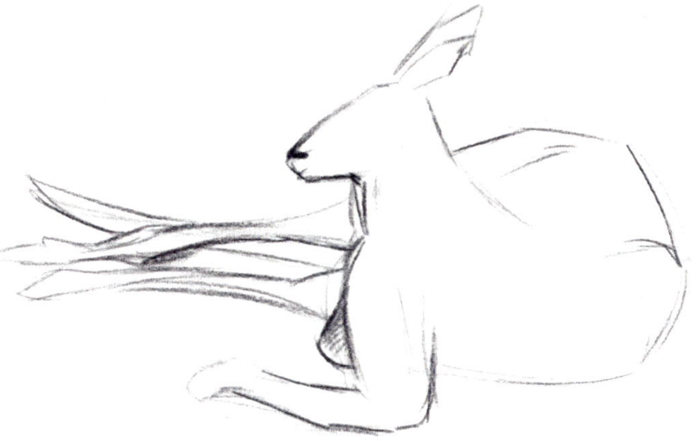

KURVEN MIT WINKELSTRICHEN: Zeichnen Sie kurvige Körperteile mit kürzeren, winkligen Strichen statt in Ellipsen. Die Form wird damit genauer und strukturierter.

MEHRERE AUSFERTIGUNGEN: Kombinieren Sie mehrere Ausfertigungen und zeichnen Sie das Motiv in neuen Positionen. Das gilt vor allem, wenn Sie nach Online-Vorlagen arbeiten. Suchen Sie nach detaillierten Körperteilen in Nahaufnahmen, die auf dem ursprünglichen Foto schlecht zu erkennen sind.

FORM VOR DETAILS: Die Gesamtform ist wichtiger als Details. Wenn die Proportionen nicht stimmen, sind Details wertlos. Schatten fügen Sie während des Malens hinzu.

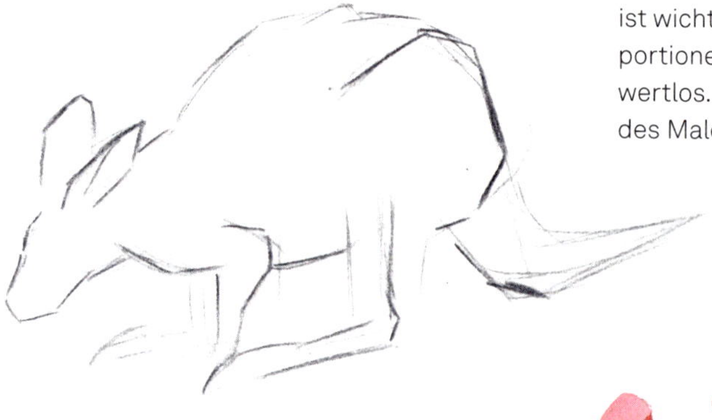

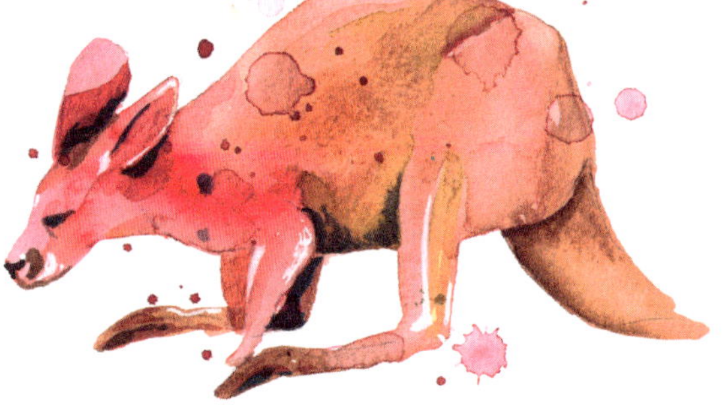

LEICHTER DRUCK: Anfänger drücken den Bleistift häufig sehr fest auf das Papier und versuchen anschließend, die Linien durch noch dunklere Linien zu »korrigieren«. Halten Sie die Hand locker und zeichnen Sie mit möglichst leichtem Druck. Drücken Sie erst zum Abschluss der Linien fester auf.

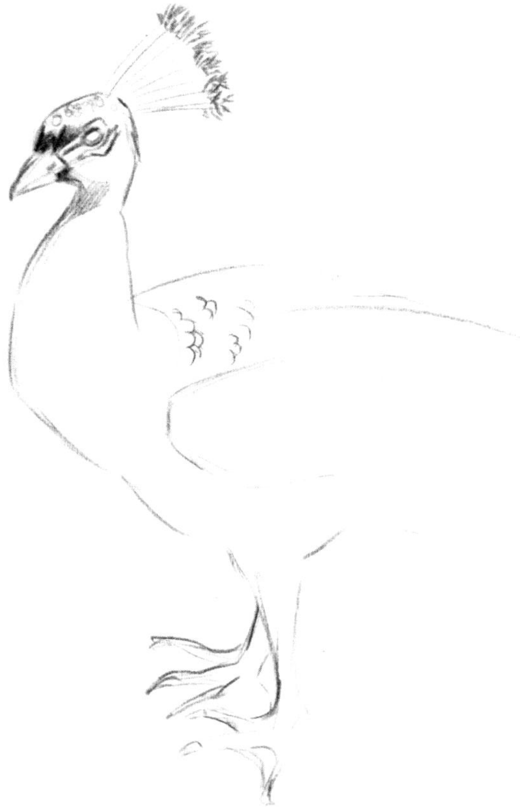

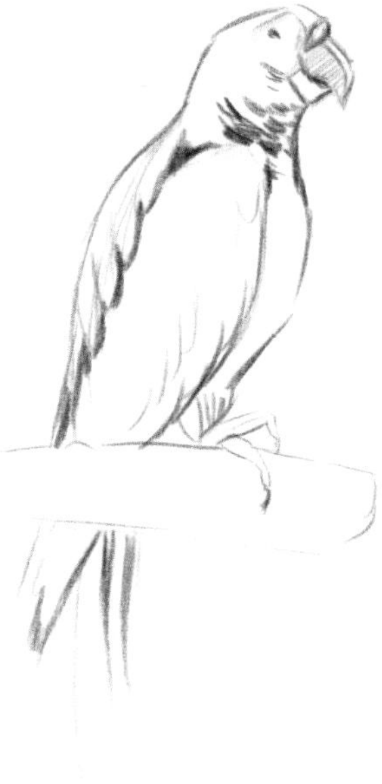

Tipp: Je besser Ihre Zeichentechnik, desto mehr Zeit sparen Sie und desto schneller können Sie mit dem Malen beginnen. Üben Sie Freihandzeichnen mit schnellen Skizzen eines ausgewählten Motivs. Setzen Sie sich dabei ein Zeitlimit von 30 Minuten. Radieren Sie möglichst wenig oder gar nicht. Wenn eine Skizze nicht gut ist, fangen Sie einfach neu an. Regelmäßiges Üben verbessert die Auge-Hand-Koordination und die Beobachtungsgabe.

Die Skizze übertragen

Zeichnen Sie Ihre Skizze zuerst auf einem separaten Blatt Papier und übertragen Sie sie dann auf das Aquarellpapier. Diese Reihenfolge hat einige Vorteile: Sie verhindert, dass Sie zu viel auf dem Aquarellpapier radieren müssen und die Oberfläche beschädigen könnten, noch bevor Sie überhaupt Farbe auftragen.

Wenn Sie das gleiche Motiv erneut malen möchten, können Sie die Skizze wiederverwenden. Sobald Sie mit Ihrer Zeichnung zufrieden sind, übertragen Sie diese mit einer Glasplatte. Damit schützen Sie das Aquarellpapier und behalten eine zuverlässige Vorlage für weitere Bilder.

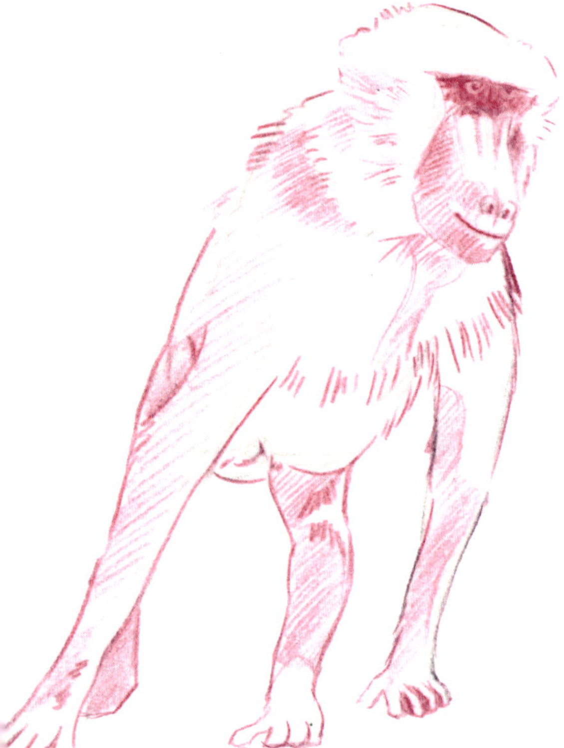

ÜBERTRAGUNG MIT EINER GLASPLATTE

1. Legen Sie Ihre Zeichnung auf ein hell erleuchtetes Fenster oder eine Glasplatte. Darüber legen Sie das Aquarellpapier. Passen Sie seine Position so lange an, bis das Motiv optimal angeordnet ist. Sie können die Blätter nun befestigen oder mit der Hand festhalten. Zeichnen Sie nun die Skizze nach. Diese altbewährte Methode funktioniert sehr gut, und Sie brauchen nicht viel Material dazu.

2. Drücken Sie nun einen weichen Radiergummi vorsichtig auf die gezeichneten Linien auf dem Aquarellpapier, damit sie weicher werden. Damit bereiten Sie die Skizze zum Malen vor und können sofort loslegen.

FARBE

Farben mischen

Aquarellfarben können sehr eigensinnig sein. Je mehr Pigmente Sie mischen, desto weniger leuchtet die entstehende Farbe. Aus diesem Grund kaufe ich gern Farben, die ich gar nicht oder nur wenig mit anderen Farben mische. Dennoch sollten Sie die Grundlagen der Farbmischung kennen, da Sie in Ihrer Pigmentsammlung nicht unbedingt immer den passenden Farbton finden.

Es gibt drei Primärfarben – Gelb, Rot und Blau –, die Sie nicht durch Mischen erzeugen können. Sie sind die Basis zum Mischen anderer Farben.

Zwei im gleichen Verhältnis miteinander gemischte Primärfarben ergeben eine Sekundärfarbe. So ergibt zum Beispiel die Mischung aus Gelb und Blau die Farbe Grün. Das »reinste« Grün entsteht, wenn die Anteile an Gelb und Blau identisch sind. Wenn Sie Gelb mit wenig Blau mischen, entsteht ein helles Moosgrün; je mehr Blau Sie hinzufügen, desto kräftiger wird das Grün. Verwenden Sie mehr Blau als Gelb, geht das Ergebnis eher in Richtung Blau mit einem grünlichen Unterton.

Zum Mischen von zwei Farben auf der Palette sollten Sie die hellere Farbe zuerst auftragen und dann Schritt für Schritt die dunklere Farbe hinzufügen.

DIESE FARBEN KÖNNEN ENTSTEHEN, WENN SIE GELB IMMER MEHR BLAU HINZUFÜGEN.

Eine Sekundärfarbe, die mit einer Primärfarbe gemischt wird, ergibt eine Tertiärfarbe. Gelb und Blau sind im Farbkreis Primärfarben, Grün ist eine Sekundärfarbe, und alle Töne zwischen Gelb und Grün sowie Grün und Blau sind Tertiärfarben. Die reinsten Farben erzielen Sie, wenn Sie Farben mischen, die im Farbkreis nebeneinander liegen.

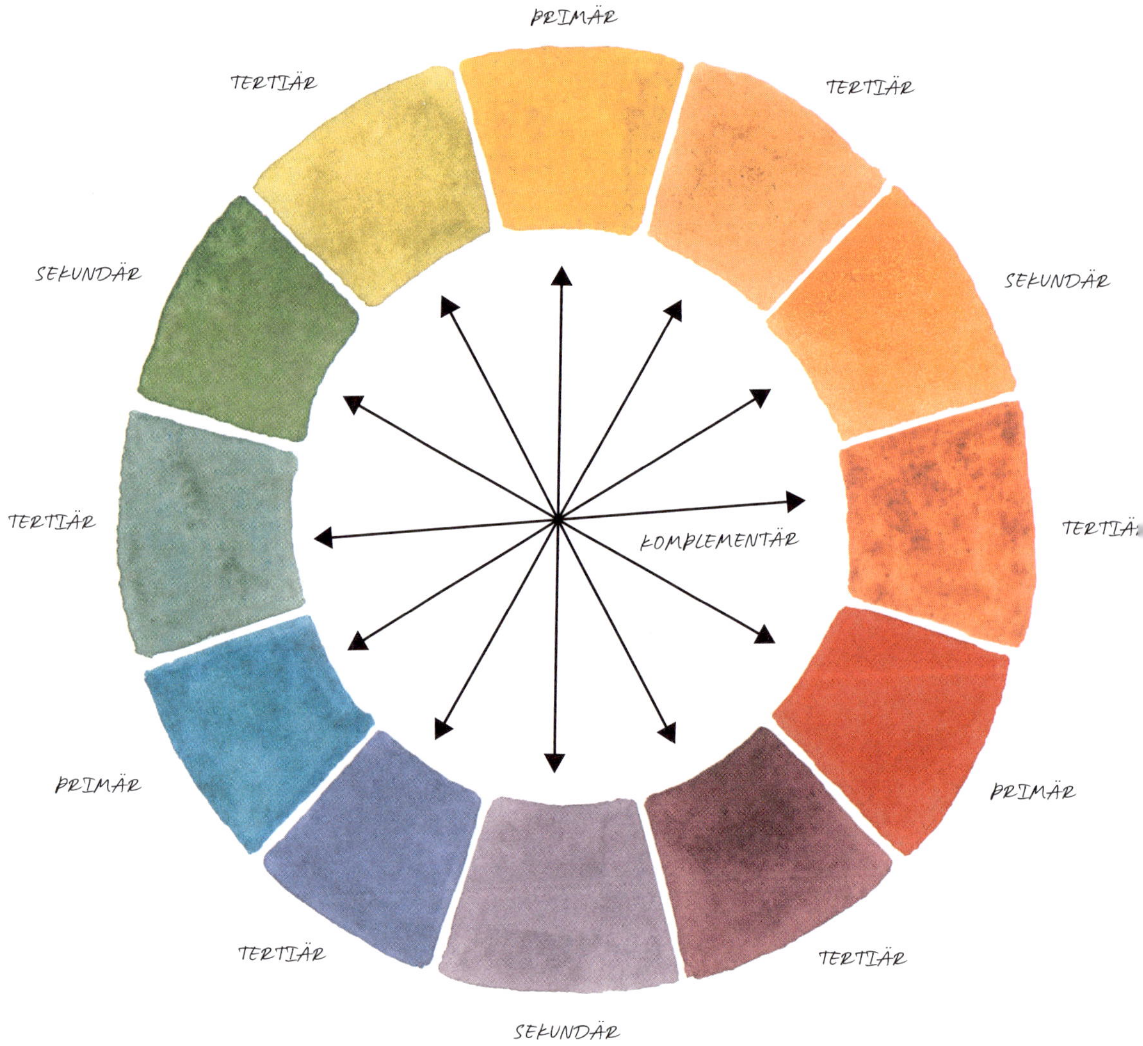

Farben, die sich im Farbkreis gegenüberliegen – die sogenannten Komplementärfarben – neutralisieren sich. Wenn Sie diese Farben mischen, entsteht ein schmutziges Braun. Mischen Sie Komplementärfarben in geringen Mengen mit anderen Farben, wird die ursprüngliche Farbe weniger satt und erdiger. Das ist vor allem zum Mischen von blassen Rot- oder Orangetönen hilfreich.

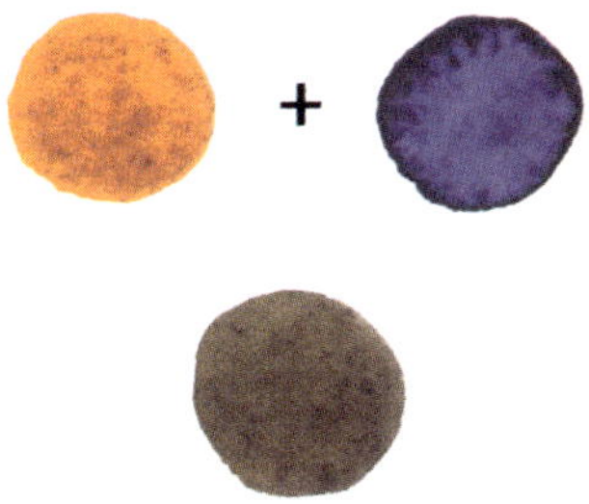

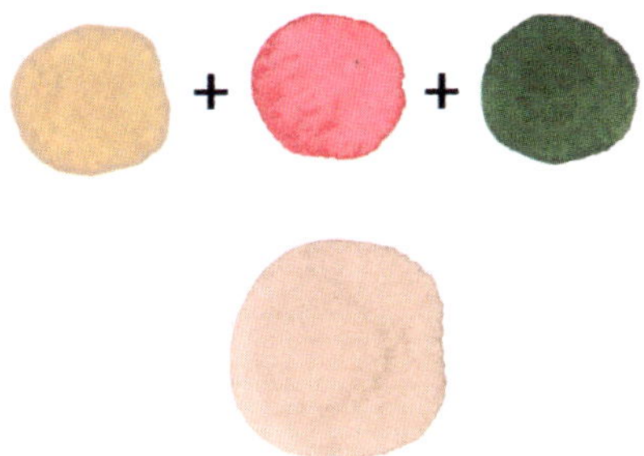

Weitere Mischtechniken

Sie können Farben auf der Palette mischen oder mit der Nass-auf-Nass-Technik direkt auf dem Papier, um den gewünschten Ton zu erhalten (siehe Seite 22). So sehen Sie den neuen Farbton und die ursprüngliche Farbe.

Interessante Farbtöne entstehen auch, wenn Sie Schichten aus zwei unterschiedlichen Farben auftragen. Das ergibt einen neuen Ton mit einem Hauch des ersten Farbtons aus der untersten Schicht.

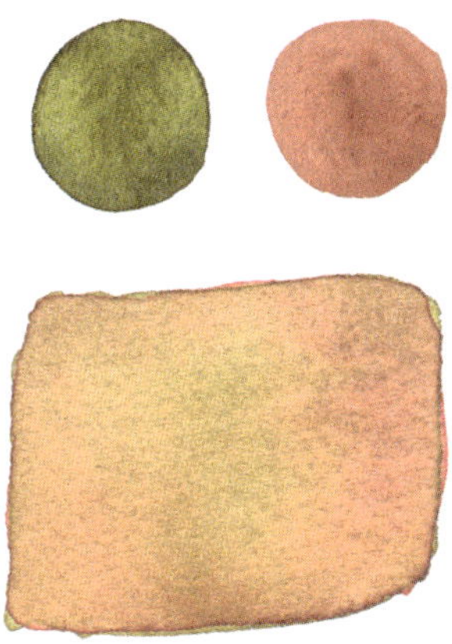

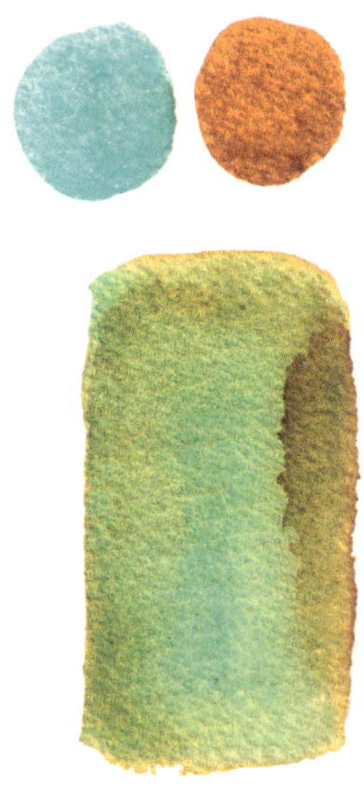

Wilde Farben

Sie müssen die Farben Ihrer Motive nicht immer genau übernehmen, um ein gutes Bild zu malen. Sie können auch wilde Farbkombinationen wählen, sofern der Tonwert richtig dargestellt wird. Tonwerte definieren die Helligkeit oder Dunkelheit eines Tones. Fügen Sie der Farbe Wasser hinzu, wird sie heller. Je dicker die Farbe ist, desto dunkler ist der Tonwert und desto intensiver der Farbton. Unterschiedliche Tonwerte erzielen Sie, indem Sie mehrere Farbschichten auftragen (siehe Seite 23).

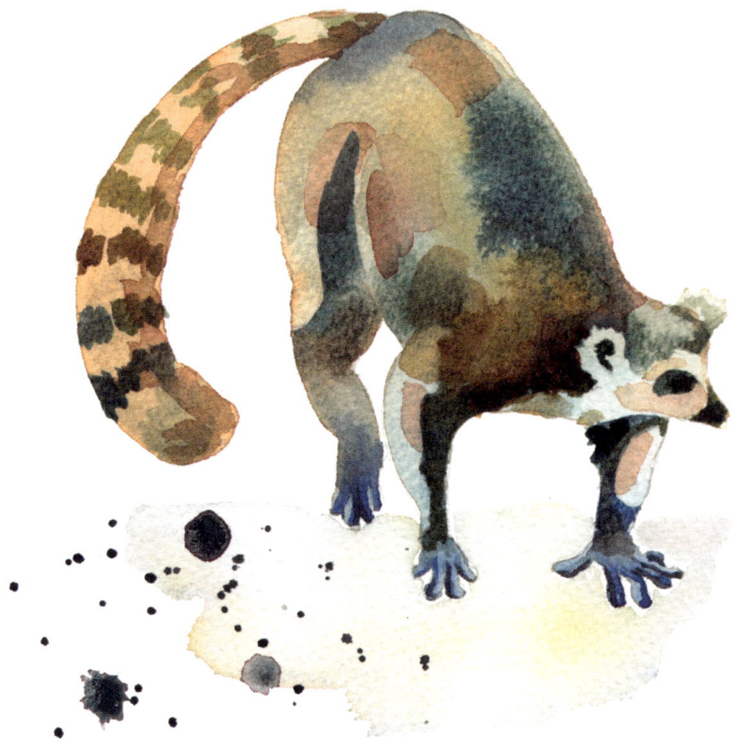

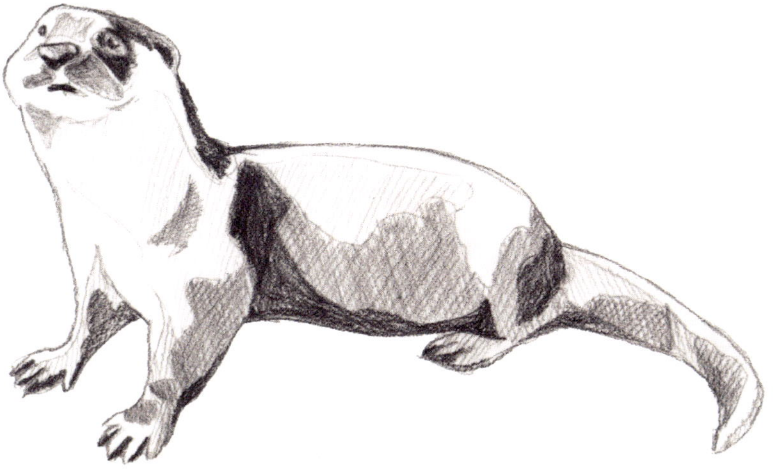

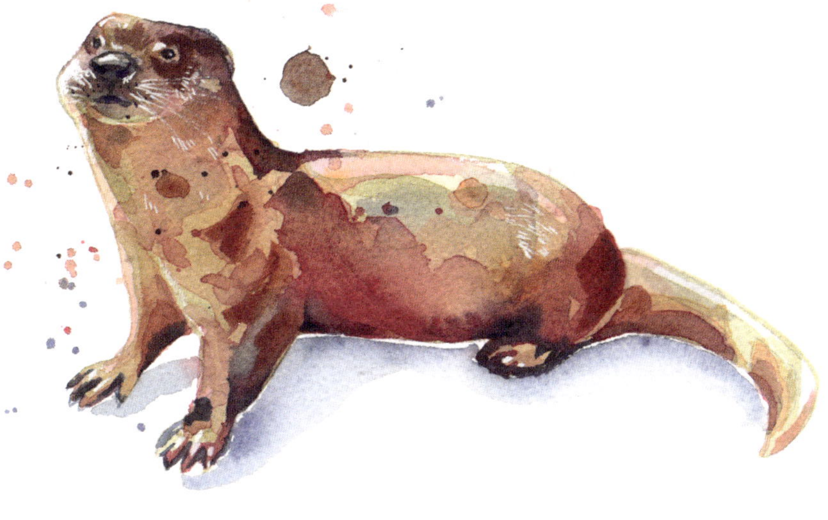

Tipp: Wenn Sie Tonwerte tiefer erkunden möchten, wandeln Sie Ihre Vorlage in ein Schwarz-Weiß-Foto. So werden die Kontraste stärker, und Sie können helle und mittlere Töne sowie Schatten besser erkennen. Auch wenn Sie die Augen zusammenkneifen, nehmen Sie die Farbtöne eines Bildes deutlicher wahr.

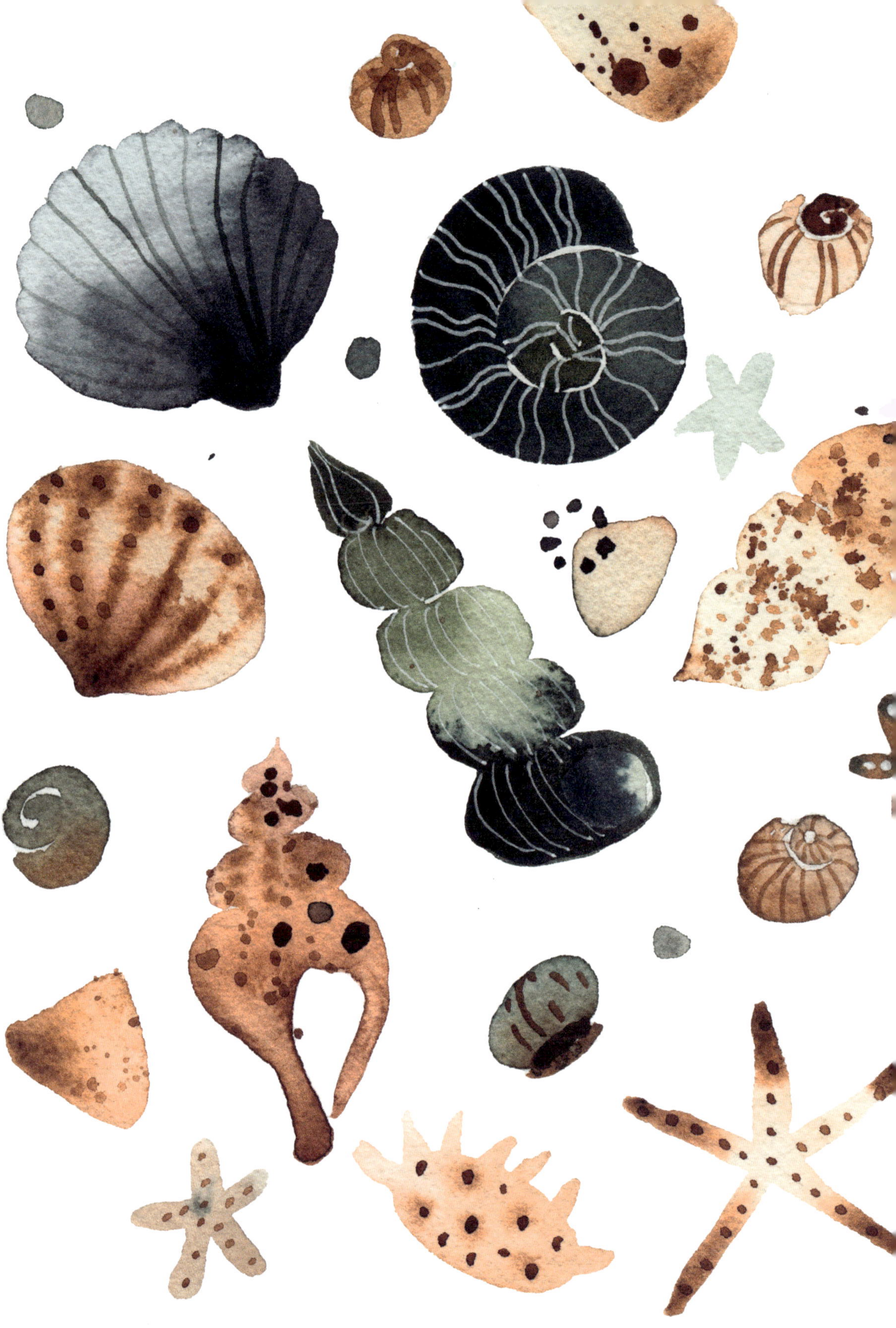

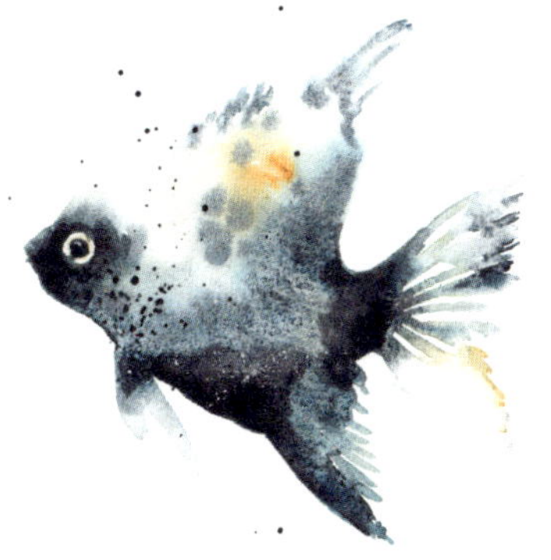

PROJEKTE

Malen und experimentieren Sie viel – das ist der beste Weg, um das Aquarellieren zu lernen. In diesem Kapitel stelle ich Ihnen verschiedene Projekte vor. Sie erfahren Schritt für Schritt, wie Sie mit unterschiedlichen Maltechniken verschiedene Tiere malen können. Ziel ist es, unterschiedliche Malweisen kennenzulernen. Beobachten Sie, wie Sie mit diesen eine Vielfalt an Texturen aus der Tierwelt malen können, wie zum Beispiel Haut, Schalen und Pelz. Es gibt nicht den einen richtigen Weg, um ein Motiv zu malen. Daher ermutige ich Sie: Probieren Sie die verschiedenen Techniken aus, und finden Sie heraus, welche für Sie am besten funktioniert.

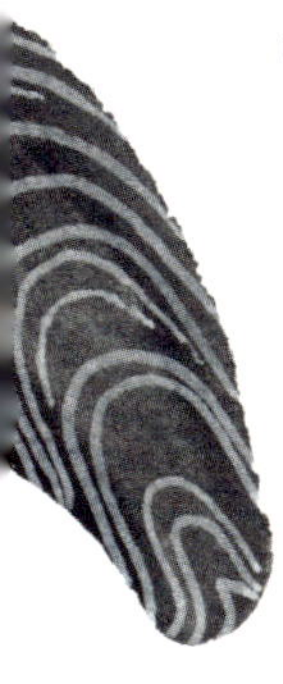

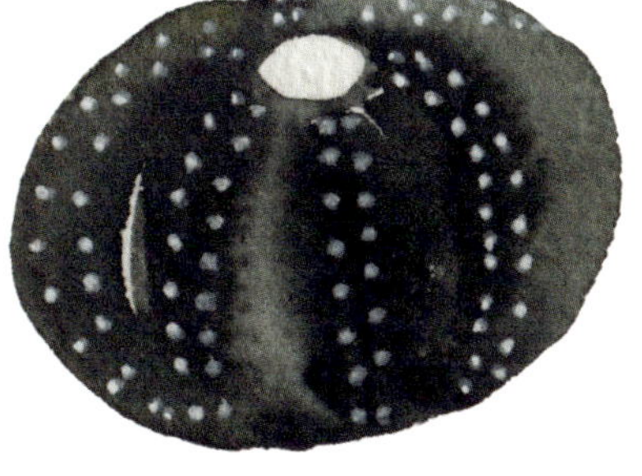

BEVOR ES LOSGEHT

Ich liste alle Farben, die ich in den folgenden Projekten verwendet habe, auf. So können Sie die Farbpalette leicht nachahmen. Aber seien Sie mutig und verwenden Sie Ihre eigenen Farben. Die Welt der Farben ist es wert, erforscht zu werden. Die Projekte sind eine gute Gelegenheit dazu. Nutzen Sie die Materialien, die Sie mögen oder zur Hand haben. Ich verwende zum Beispiel gern Chinacridon Gold (Goldgelb). Aber wenn Sie diese Farbe nicht haben, müssen Sie nicht sofort ins nächste Geschäft laufen, sondern können einfach Gelb- und Orangetöne mischen.

Fertigen Sie für jedes Projekt zuerst eine Bleistiftskizze des Motivs an, die Sie auf das Aquarellpapier übertragen (siehe Seite 30).

Dazu brauchen Sie:

- ein beliebiges Papier für Bleistiftskizzen (ich verwende Reispapier)
- einen Bleistift
- Aquarellpapier
- einen Radiergummi oder einen knetbaren Radiergummi
- Aquarellfarben
- weiße Gouache
- einen weißen Posca-Stift (0,7 mm)
- eine Palette zum Mischen der Farben
- Pinsel: Ich verwende vor allem einen Mopppinsel Nr. 2 (wenn ich keinen anderen Pinsel hätte, würde ich damit wirklich alles malen!)
- verschiedene Wasserbehälter für kalte und warme Farbtöne
- Papier- oder Stofftücher zum Trocknen der Pinsel
- eine Schere
- Kleber

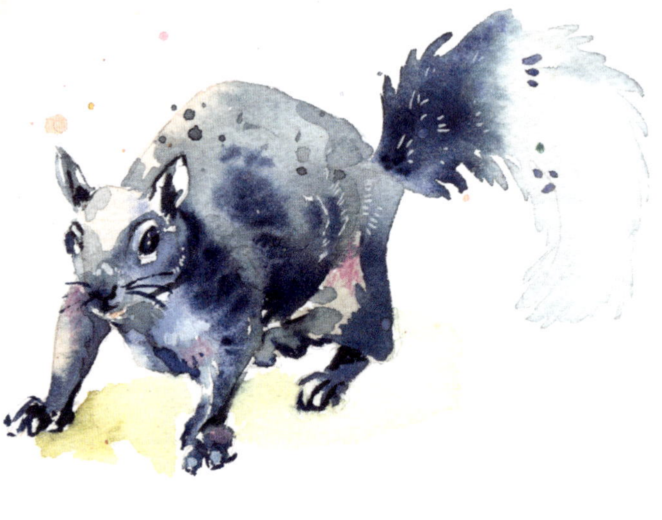

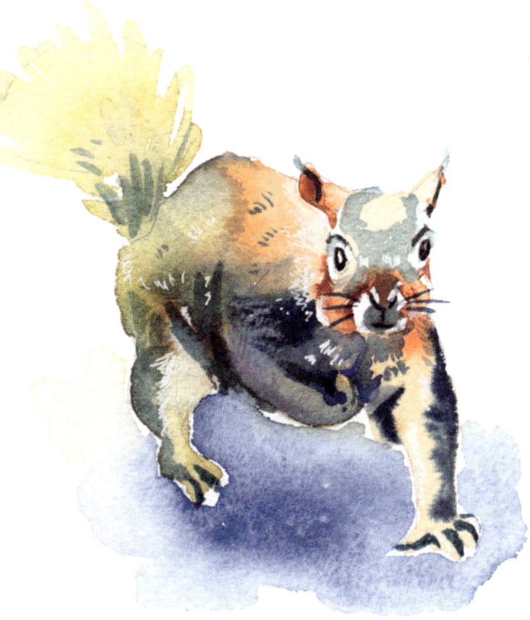

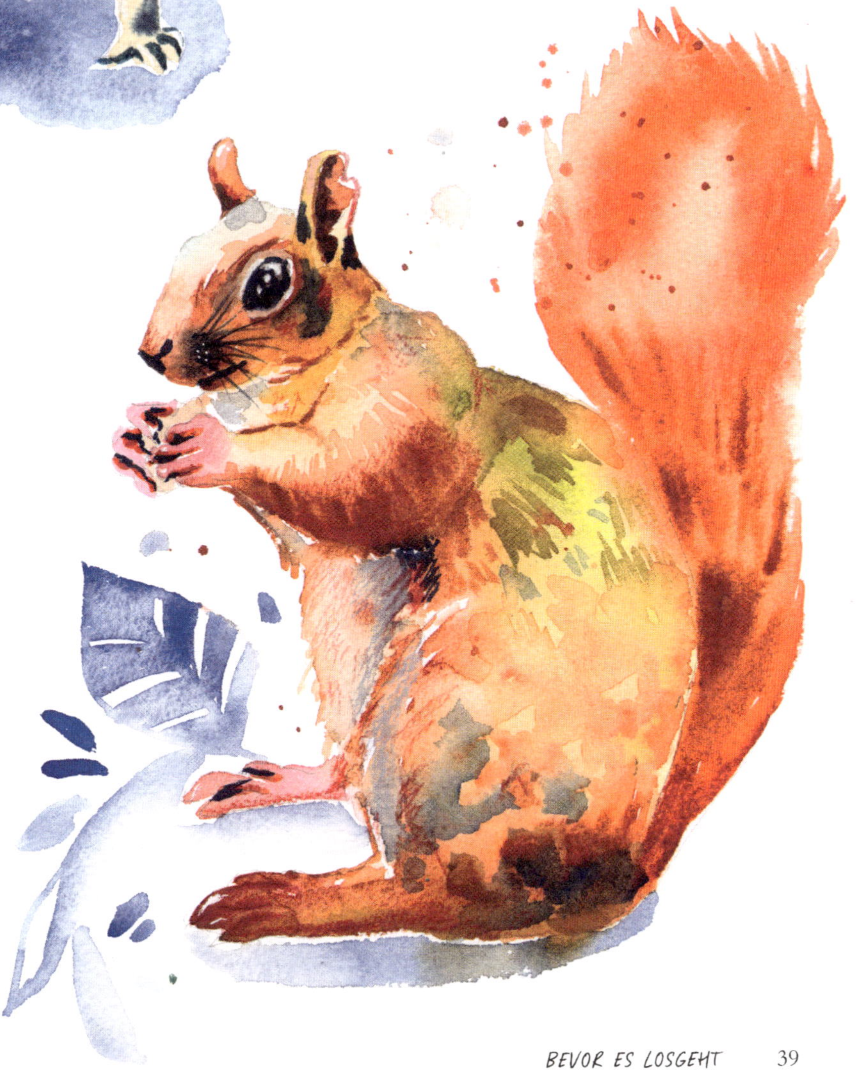

GLANZVOLLER MARIENKÄFER

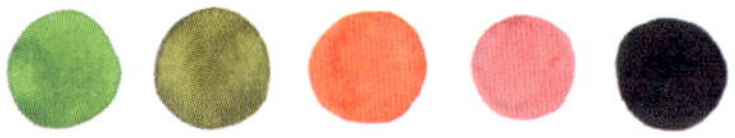

• *Helles Permanentgrün, Goldgrün, Scharlachrot, neutral getöntes Aquarell, Permanentrosa*

In diesem Projekt probieren Sie eine der wichtigsten Aquarelltechniken aus: das Lasieren. Durch Lasieren verleihen Sie dem Bild Tiefe, indem Sie auf die jeweils getrocknete vorherige Schicht weitere Schichten Aquarellfarbe auftragen. So können Sie dieses an sich wilde und unvorhersehbare Medium gut kontrollieren.

Der Marienkäfer ist ein hübscher Käfer mit vielfältigen Mustern, doch am bekanntesten ist die Art mit dem roten Körper und den schwarzen Punkten. Sein gewölbter Körper eignet sich sehr gut zum Lasieren, denn nur mit Licht und Schatten kann er plastisch dargestellt werden. In dieser Übung malen Sie einen Marienkäfer aus einem Blickwinkel von 45 Grad, sodass seine Oberseite und die Ihnen zugewandte Seite gut sichtbar sind.

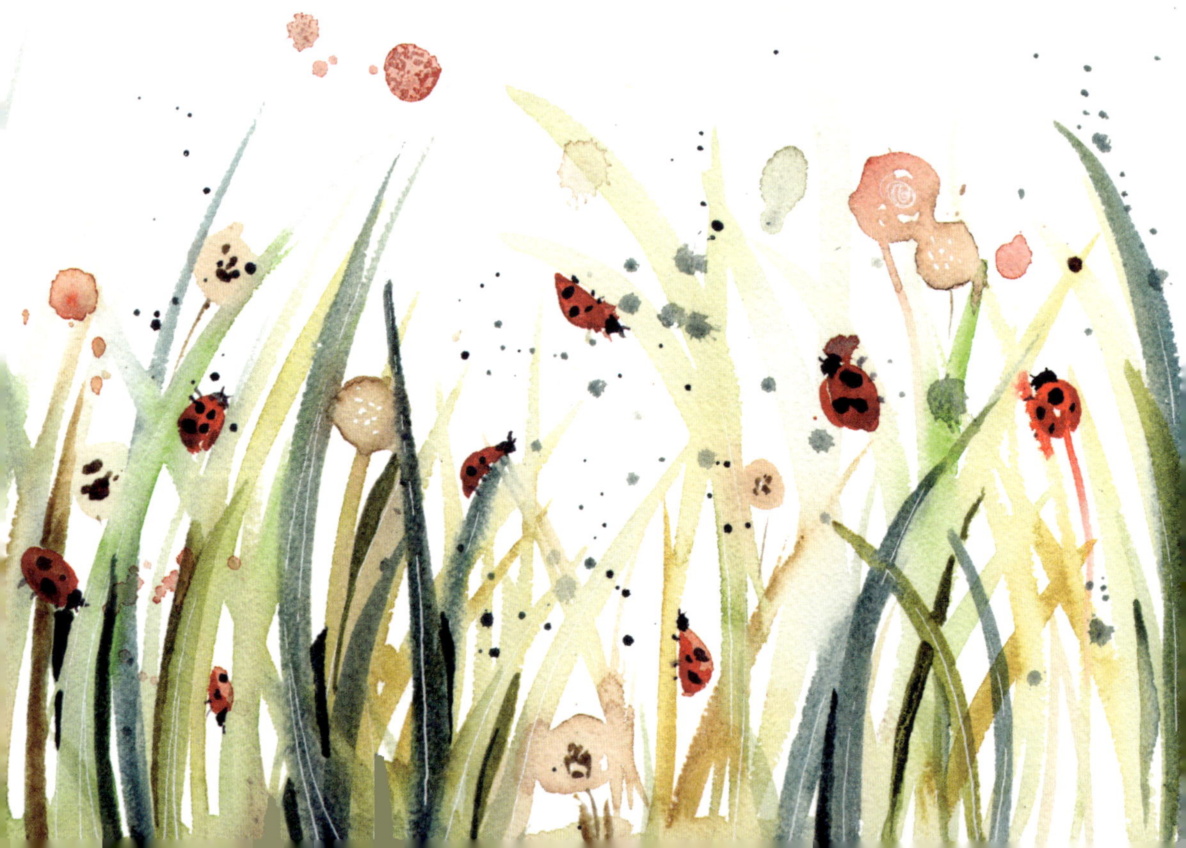

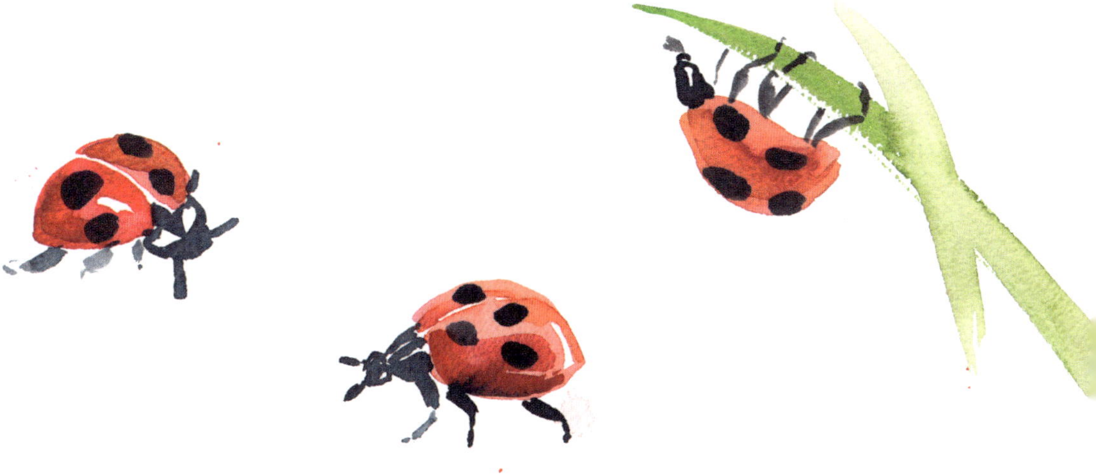

1. Skizzieren Sie zunächst eine Kuppelform mit zarten gebogenen Linien als Grundform für den Marienkäfer aus dem 45-Grad-Blickwinkel. Setzen Sie die Mittellinie des Körpers etwas näher an die Oberkante. Damit erzeugen Sie den Eindruck, dass mehr von einer als von der anderen Körperhälfte zu erkennen ist, sodass eine dreidimensionale Wirkung entsteht. Übertragen Sie die Skizze auf das Aquarellpapier.

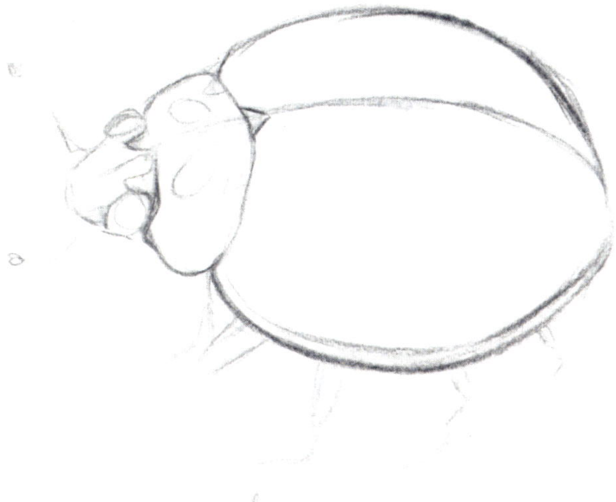

2. Mischen Sie helles Permanentgrün auf der Palette in ungefähr gleichen Teilen mit Goldgrün. Tauchen Sie den Mopppinsel in die Mischung und malen Sie ein paar kurvige, abstrakte Pinselstriche unter die Zeichnung. Fügen Sie Spritzer hinzu (siehe Seite 24) und reinigen Sie den Pinsel anschließend mit sauberem Wasser. Malen Sie mit der Spitze des sauberen Pinsels einige Kurven auf die grüne Form – das Wasser entfernt das Pigment, sodass eine Art Blattader entsteht.

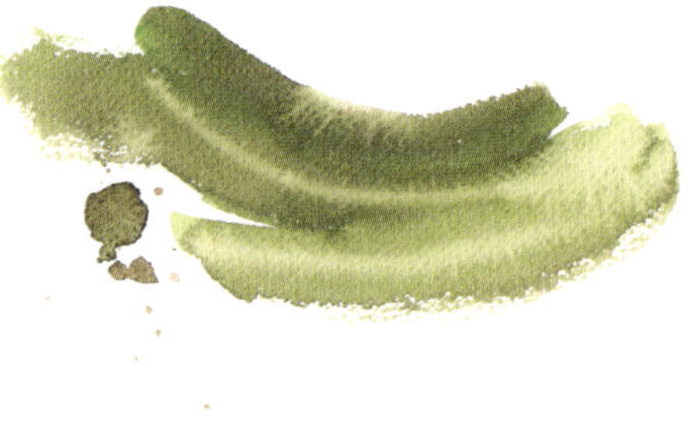

3. Mischen Sie sehr wässriges Scharlachrot und malen Sie damit die Deckflügel. Lassen Sie den höchsten Punkt des Körpers frei von Farben – das ist ein Glanzpunkt. Malen Sie auf die noch nasse Farbe eine gebogene Linie entlang der Unterseite der Deckflügel. Die Linie kann die Unterkante der Flügel berühren, sollte aber nicht mit ihr verschmelzen. Malen Sie nun mit einer Mischung aus Wasser und neutral getöntem Aquarell die Brust und den Kopf. Lassen Sie auch hier eine kleine Fläche zwischen den einzelnen Körperteilen unbedeckt, um die Struktur zu definieren. Lassen Sie diese Schicht vollständig trocknen.

4. Mischen Sie nun Scharlachrot mit etwas weniger Wasser als zuvor. Die Farbe sollte ziemlich hell sein, denn sie wird allein dadurch dunkel, dass Sie sie auf die trockene Farbe malen. Malen Sie weitere Striche auf die Flügel, aber lassen Sie den Bereich um den Glanzpunkt frei. Nun entsteht langsam das Volumen des Körpers. Mischen Sie danach einen etwas dunkleren Ton des neutral gefärbten Aquarells. Malen Sie eine weitere Schicht auf die dunklen Körperteile, aber achten Sie darauf, die hellen Punkte freizulassen. Schenken Sie dem Käfer mit schnellen Pinselstrichen drei Beine. Lassen Sie diese Schicht vollständig trocknen.

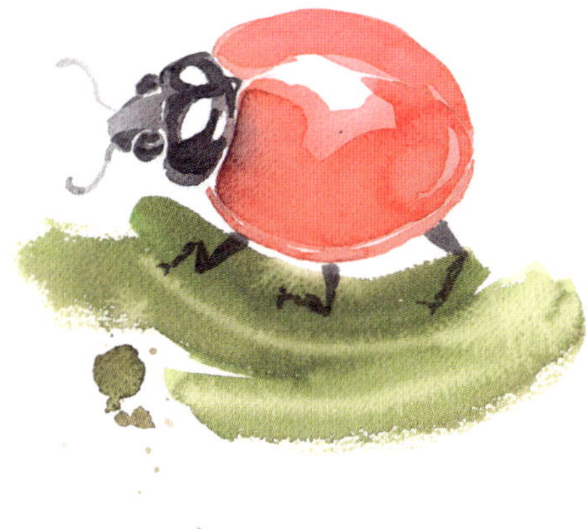

5. Mischen Sie Scharlachrot mit Permanentrosa zu einem eher dunklen Pinkton und tragen Sie diesen schwerpunktmäßig auf den unteren Teil der Flügel auf. Brust, Kopf, Augen, Fühler und Beine bekommen eine weitere Schicht in neutral getöntem Aquarell. Beim Aufbau der Schichten ist es wichtig, die vorherige Schicht nicht vollständig zu bedecken. Konzentrieren Sie sich stattdessen darauf, dunklere Bereiche an den Stellen zu erzeugen, an denen in der Natur Schatten entstehen würden. Damit erzeugen Sie die Tiefe und Dimension des Bildes. Lassen Sie das Bild nun vollständig trocknen.

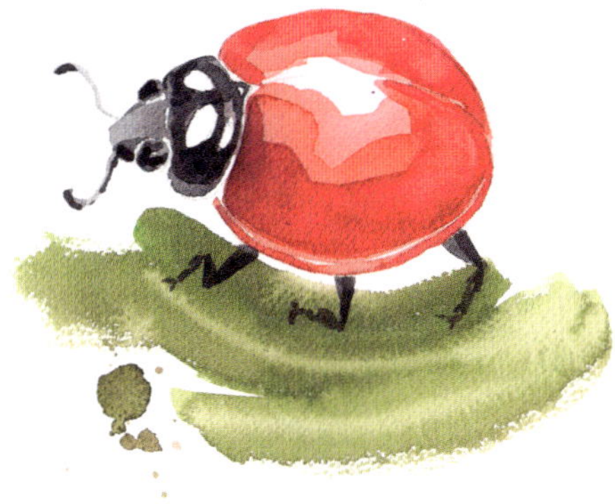

6. Nun geht es an die Details. Tauchen Sie den Pinsel in neutral getöntes Aquarell und malen Sie Punkte auf den Rücken des Marienkäfers. Die Mittellinie zwischen den beiden Deckflügeln und einige kleinere Details am Kopf malen Sie mit der Pinselspitze. Nun noch ein paar Farbspritzer und die Komposition ist fertig!

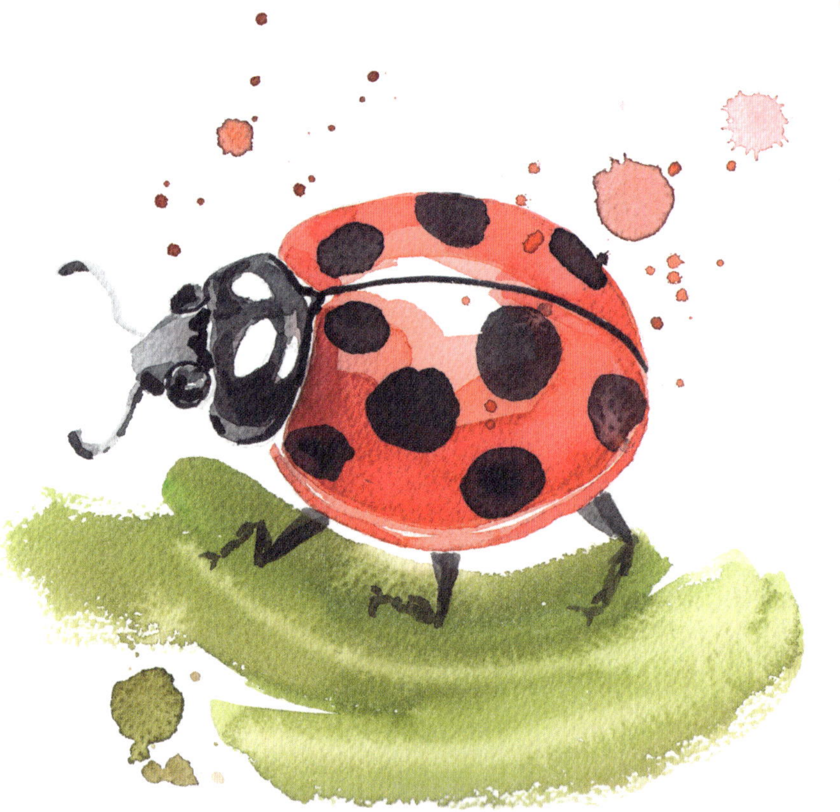

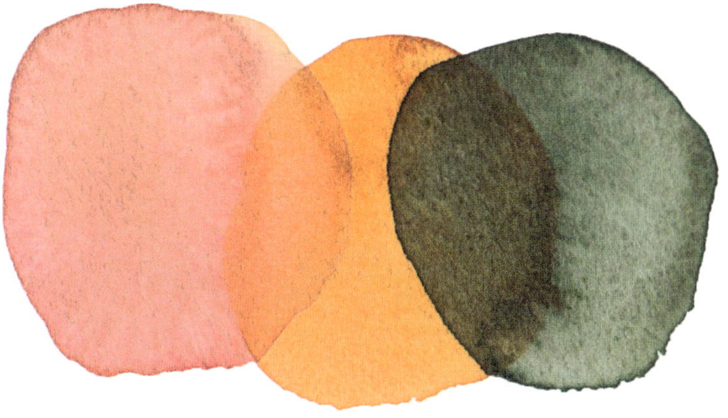

Wildes Malen

Lasieren ist eine hilfreiche Technik, die sich auf jedes Bild anwenden lässt. Üben Sie sie, indem Sie verschiedene Tiere malen. Wichtig ist, dass Sie an Stellen, die dunkler sein müssen, mehrere Schichten auftragen, und für Glanzpunkte oder Hervorhebungen Lücken lassen. Experimentieren Sie mit unterschiedlichen Farben, die Sie in Schichten übereinanderlegen. An den überlappenden Stellen entstehen neue Farben.

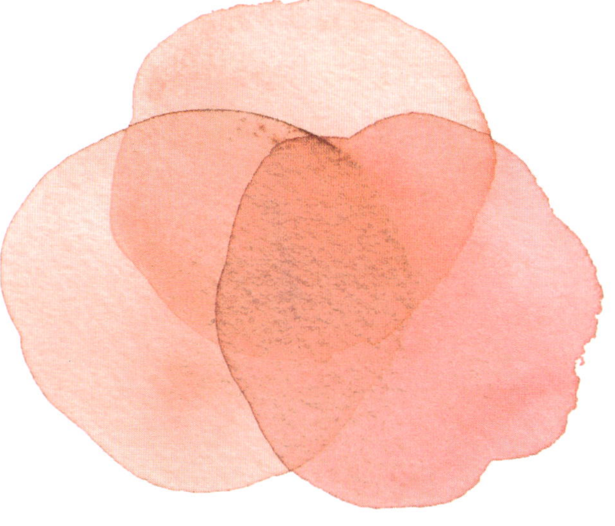

BUNTE KÄFER

• Kadmiumgelb hell, Goldgrün, Kobaltblau, Primärblau (Cyan), Chinacridon Gold dunkel

Die Nass-in-Nass-Technik ist eine weitere grundlegende Aquarelltechnik, die viel Spaß macht. Dazu wird nasse Farbe auf zuvor angefeuchtetes Papier aufgetragen. Das Pigment verteilt sich nahezu unkontrolliert, wodurch unvorhersehbare, aber schöne Effekte entstehen.

Käfer gibt es in ganz unterschiedlichen Formen, Farben und Mustern. Deshalb sind sie ein tolles Motiv, an dem Sie Aquarellieren und die Nass-in-Nass-Technik üben können. In dieser Übung malen wir einen bunten Prachtkäfer. Wir werden versuchen, seinen wunderschönen Farbverlauf wiederzugeben – dabei lassen wir die Aquarellfarbe selbst ein wenig zaubern.

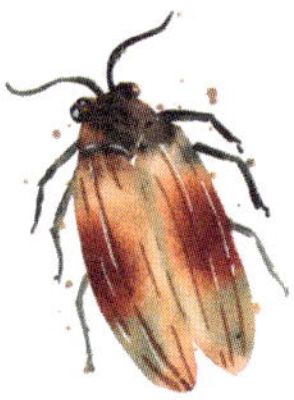

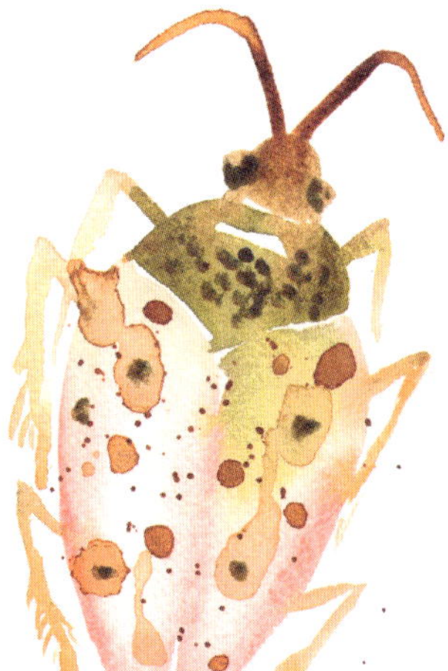

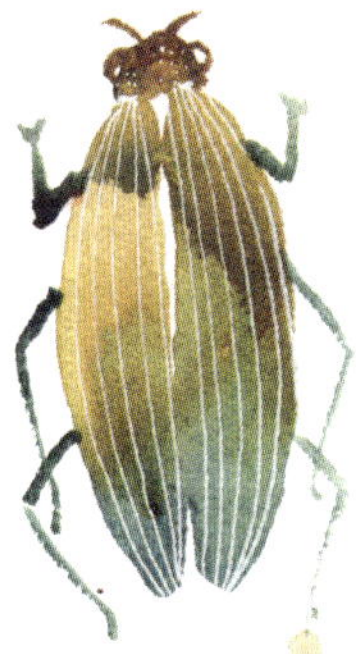

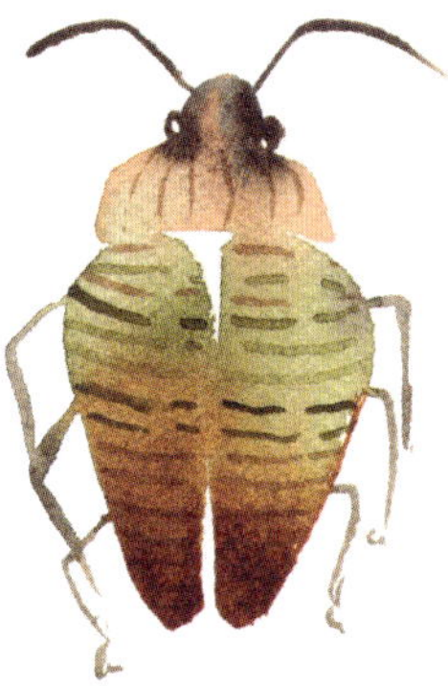

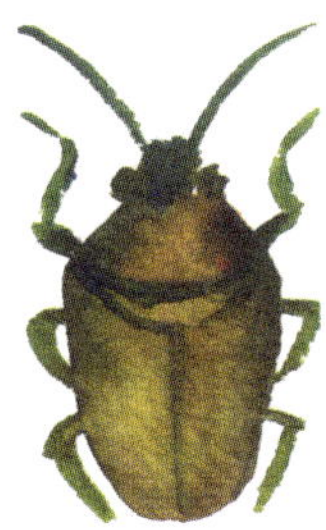

1. Den Körper des Käfers sollten Sie symmetrisch malen, als ob sich die Körperhälften spiegeln würden. Anhand der Mittellinie definieren Sie den Abstand zwischen Mitte und Rand der Körperhälften – er sollte auf beiden Seiten identisch sein. Übertragen Sie die Skizze auf das Aquarellpapier.

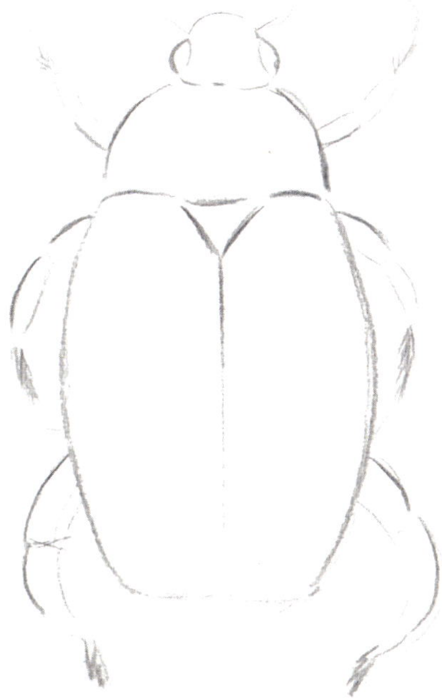

2. Malen Sie zuerst die Deckflügel. Tauchen Sie dazu den Mopp-pinsel in leicht getöntes Wasser und befeuchten Sie den gesamten Flügelbereich. Zwischen den Flügeln bleibt eine weiße Linie, damit statt eines einzelnen flachen Flügels zwei Flügel entstehen. Tauchen Sie den Pinsel in halbfeuchtes blasses Gelb und lassen Sie einen Tropfen auf die beiden oberen Flügelteile fallen.

3. Tauchen Sie den Pinsel in halb-feuchtes Goldgrün und malen Sie damit entlang der verlaufenen gelben Farbe.

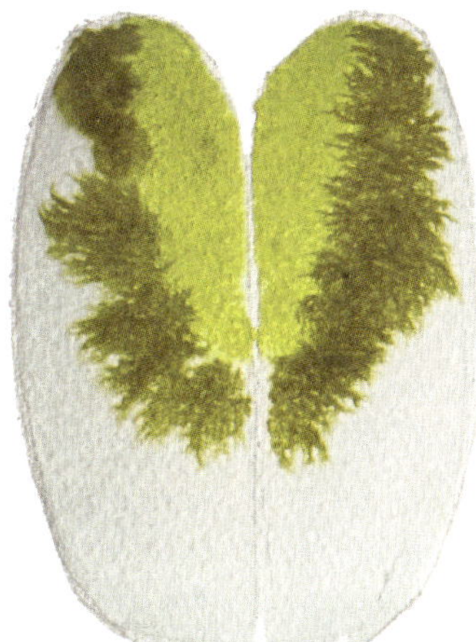

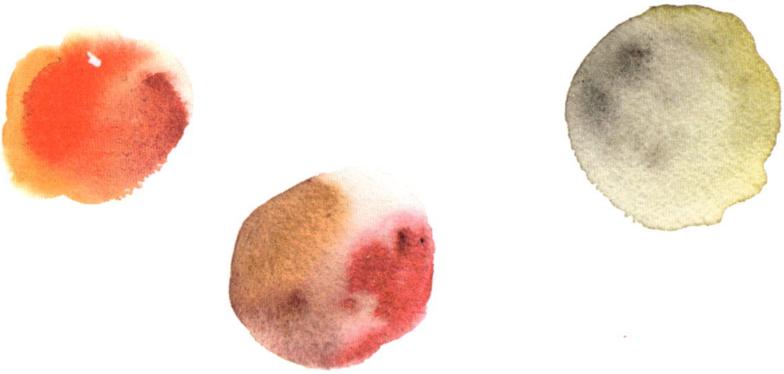

Tipp: Mit sauberem Wasser befeuchtete Papierbereiche sind schwer zu erkennen. Nehmen Sie stattdessen Wasser aus dem Behälter, das durch das Reinigen des Pinsels bereits gefärbt ist. Das Wasser auf dem Papier hat dann einen hellen Farbton und der befeuchtete Bereich ist besser zu erkennen.

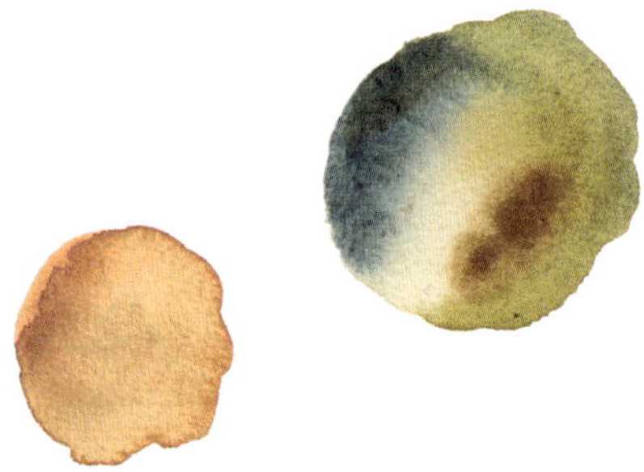

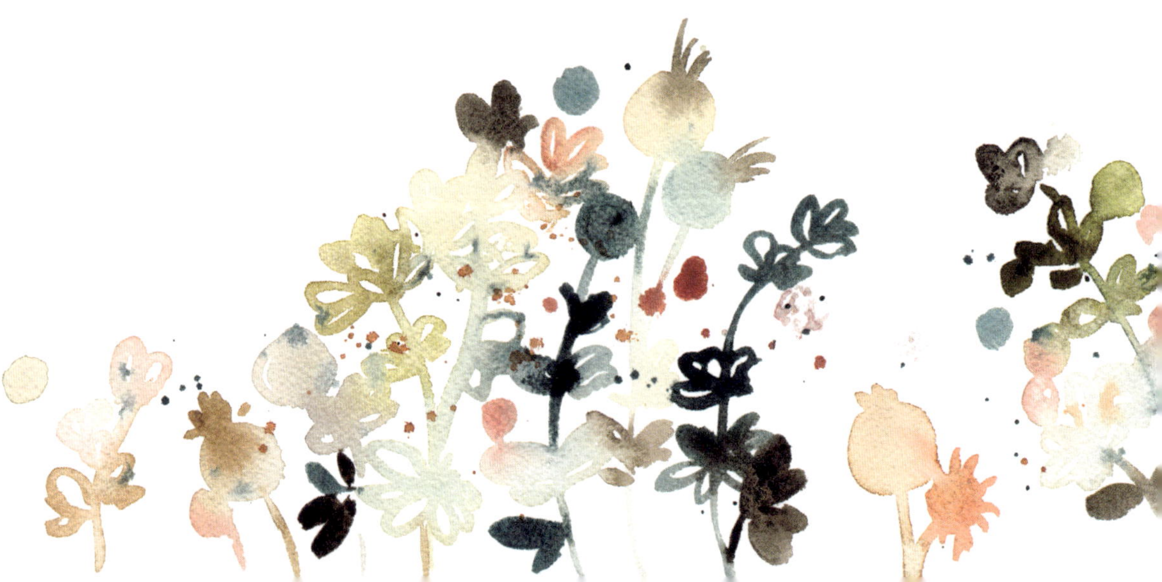

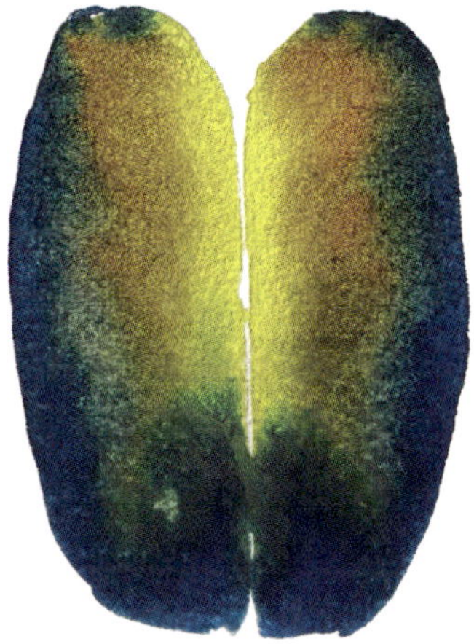

4. Tragen Sie nun Kobaltblau in der gleichen halbfeuchten Konsistenz neben dem Goldgrün auf. Dann setzen Sie Primärblau neben das Kobaltblau. Die Farbe verläuft damit schrittweise von hell nach dunkel zu den Rändern.

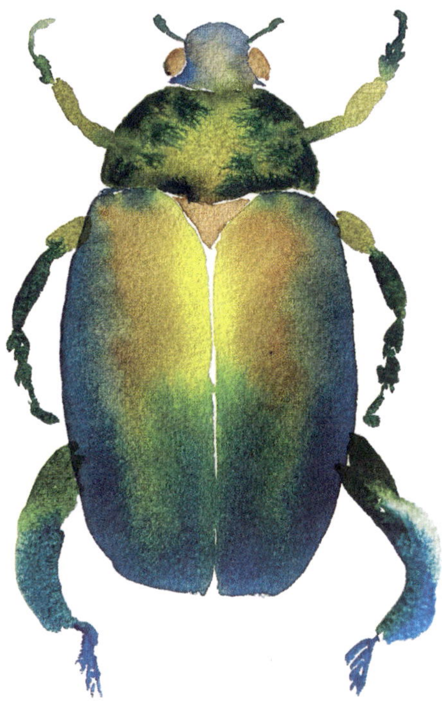

5. Befeuchten Sie die Brust des Käfers wie in Schritt 1 mit getöntem Wasser und tragen Sie ein halbfeuchtes blasses Gelb auf die Mitte und auf das Goldgrün an den Rändern auf.

6. Für die Beine beginnen Sie am Körper: Erst malen Sie sie in Goldgrün und gehen bis zu den vom Körper entfernten Teilen schrittweise zu Primärblau über. Fügen Sie nun in Höhe der noch feuchten Brust Primärblau an den Rändern und einen kleinen Tupfer in der Mitte hinzu. Malen Sie den Kopf mit Primärblau und Goldgrün und lassen Sie diese Farben ineinander verlaufen. Mit Chinacridon Gold dunkel malen Sie die Augen und ein Dreieck zwischen den Deckflügeln und der Brust. Lassen Sie das Bild trocknen.

7. Malen Sie mit wässrigem Primärblau dünne Linien entlang der Flügel des Käfers. Tupfen Sie dann mit Goldgrün einige Punkte auf seine Brust. Wenn die Farbe trocken ist, können Sie die Textur noch deutlicher hervorheben, indem Sie weiße Punkte mit dem Posca-Stift malen.

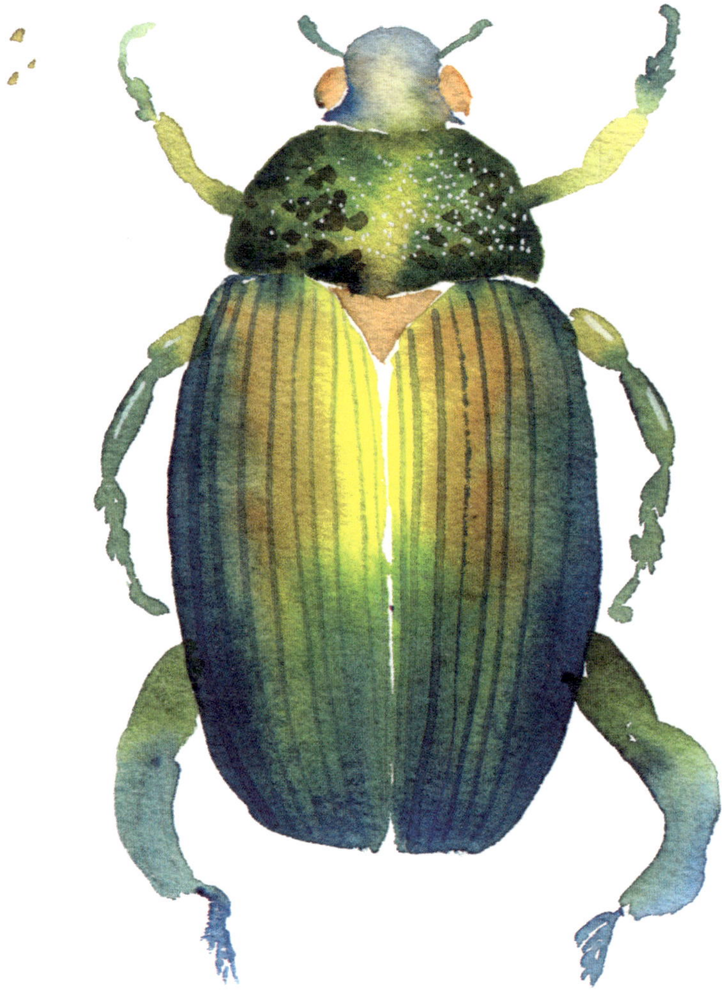

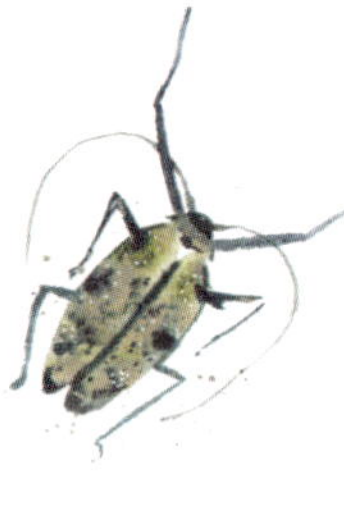

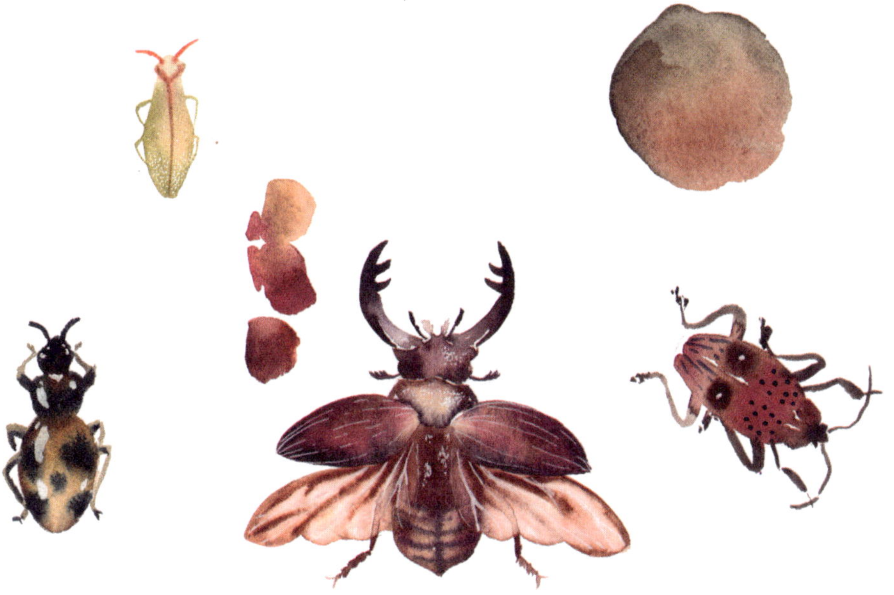

Wildes Malen

Malen Sie noch mehr Käfer, um die verschiedenen Verlaufseffekte und Farben auszuprobieren, die Sie mit der Nass-in-Nass-Technik erzielen. Die Ergebnisse sind nicht vorhersehbar und können stark variieren. Aber je mehr Bilder Sie malen, desto mehr schöne Käfer werden Sie schaffen. Die Nass-in-Nass-Technik ist vielseitig und kann auch als Grundlage für die nächste Schicht angewendet werden. Kombinieren Sie sie mit dem Lasieren, und lernen Sie dabei die schönsten Seiten von Aquarellfarben kennen.

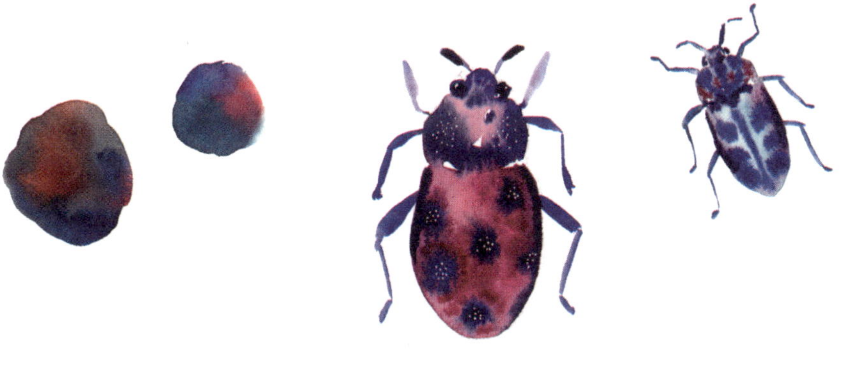

FLAUSCHIGER ROTER PANDA

• *Chinacridon Gold, Chinacridon Orange gebrannt, Perylenbraun, Permanentmagenta, Ultramarinblau, Mayablau Echtes Aquarell, Goldgrün, weiße Gouache*

In dieser Übung wenden Sie zwei gegensätzliche Aquarelltechniken an: die Nass-in-Nass- und die Trockentechnik. Wie die Namen schon sagen, ist bei der einen Technik viel Wasser und bei der anderen möglichst wenig Wasser im Spiel. Zuerst tragen Sie nasse Farbe auf nasses Papier auf, danach malen Sie mit einem trockenen Pinsel Schichten darüber. Diese Technik ist schon ein wenig fortgeschritten und erfordert eventuell etwas Übung. Die Ergebnisse können sich jedoch sehen lassen.

Zum Üben dieser Technik malen Sie einen flauschigen roten Pandabären. Rote Pandas sind niedliche Tiere mit einem auffällig weichen orangefarbenen Fell – die besten Voraussetzungen für einen flauschigen Aquarelleffekt. Der Pelz ist voller kontrastierender Farben – ein schwarzer Bauch und schwarze Beine, einige weiße Striche im Gesicht, eine weiße Schnauze und ein geringelter Schwanz. Das alles können Sie in mehreren Farbschichten malen.

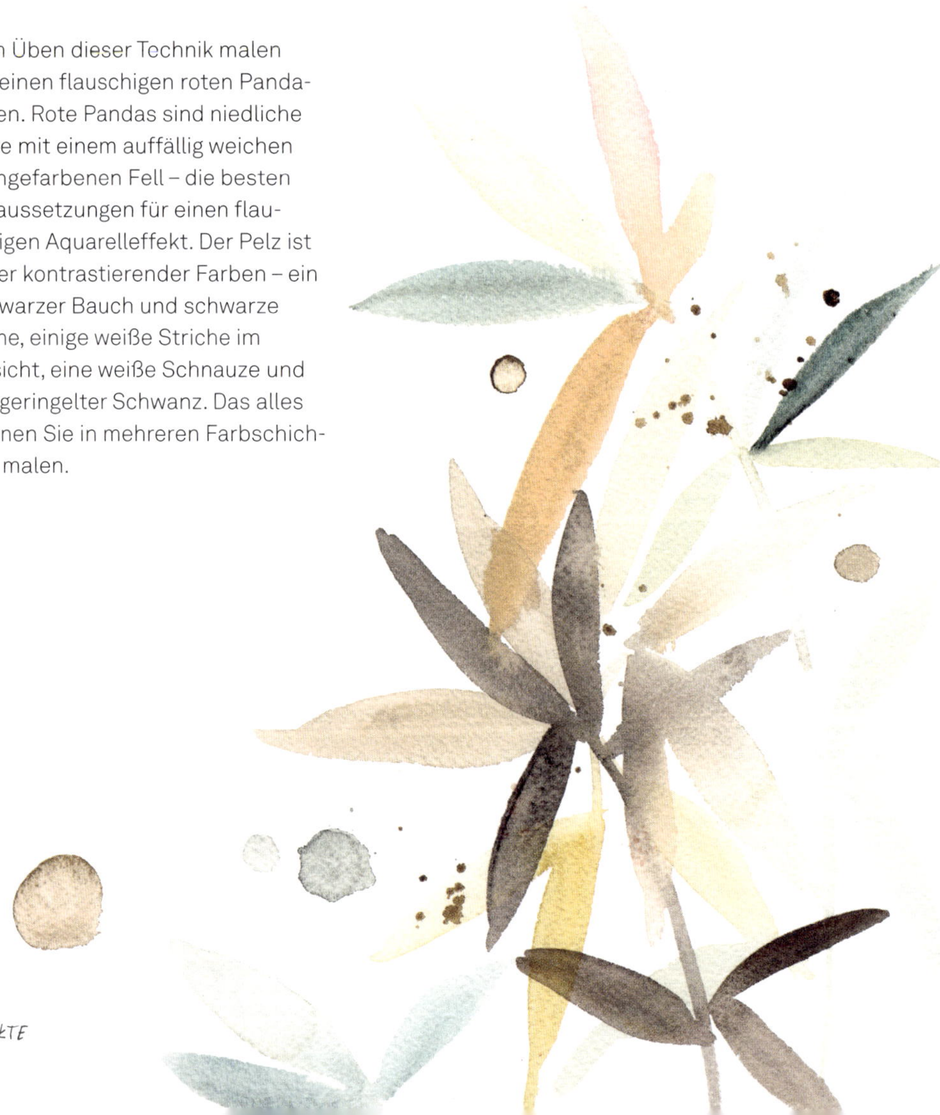

Vorbereitung

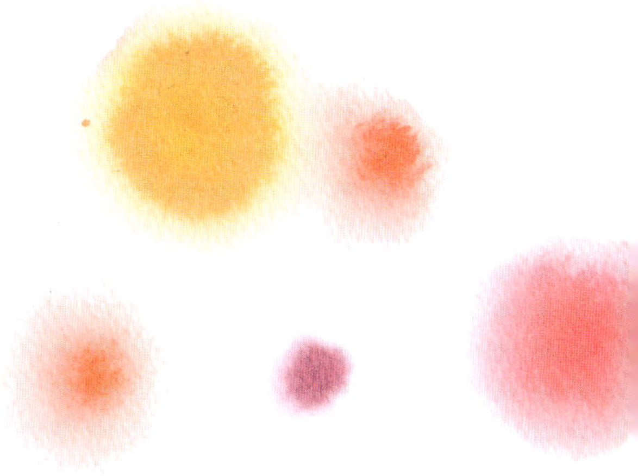

Bevor Sie mit dem Malen loslegen, sollten Sie das verwendete Papier kennenlernen, damit Sie ein Gefühl entwickeln, wie die Aquarellfarbe verlaufen wird. Hier spielt die Qualität des Papiers eine wichtige Rolle: Hochwertigeres Papier trocknet tendenziell langsamer, und Sie haben mehr Zeit, das Pigment zu gestalten. Ich selbst würde für diese Technik immer Künstlerpapier verwenden. Allerdings habe ich auch schon gute Ergebnisse auf einem kostengünstigen Papier erzielt.

Experimentieren Sie mit dem Wasser-Farbe-Verhältnis und den Wartezeiten vor dem Auftragen von Pigment. Gerne würde ich Ihnen ein fertiges »Rezept« an die Hand geben, aber jedes Papier und jede Farbe reagiert anders. Befeuchten Sie einen Teil des Papiers mit sauberem Wasser und tragen Sie sofort etwas Farbe auf. Beim nächsten Mal warten Sie 30 Sekunden, bevor Sie die Farbe auftragen. Danach warten Sie 1 Minute, später 2 Minuten usw. Je nachdem, wann Sie die Farbe auftragen, verteilt sie sich auf andere Weise. Das genaue Ergebnis sehen Sie allerdings erst, wenn Papier und Farbe vollständig getrocknet sind. Wiederholen Sie diese Schritte mit unterschiedlichen Wassermengen in der Farbe. Schauen Sie sich an, wie die Farbe verläuft, wenn sie sehr nass ist und wenn Sie sie mit sehr wenig Wasser direkt aus dem Näpfchen oder der Tube nehmen.

Tipp: Häufig wird unterschätzt, wie sehr Farbe noch während des Trockenprozesses verläuft. Manchmal sieht sie direkt nach dem Auftragen perfekt aus, aber das Pigment verteilt sich weiter. Die gute Nachricht: Sie benötigen keine Uhr, um die perfekte Trocknungszeit zu ermitteln. Das Gefühl dafür entwickelt sich wie alles andere: durch Übung.

1. Es ist verführerisch, das Bild eines flauschigen Tieres mit dem Fell zu beginnen. Aber dabei geht die Fellstruktur verloren. Skizzieren Sie die grobe Silhouette einer Pose mit kurzen, winkeligen Linien und fügen Sie die Gesichtszüge hinzu. Die genaue Textur des Fells malen Sie mit Aquarellfarben, daher sollten Sie sich in der Skizze darauf konzentrieren, die Form des Tiers zu erfassen.

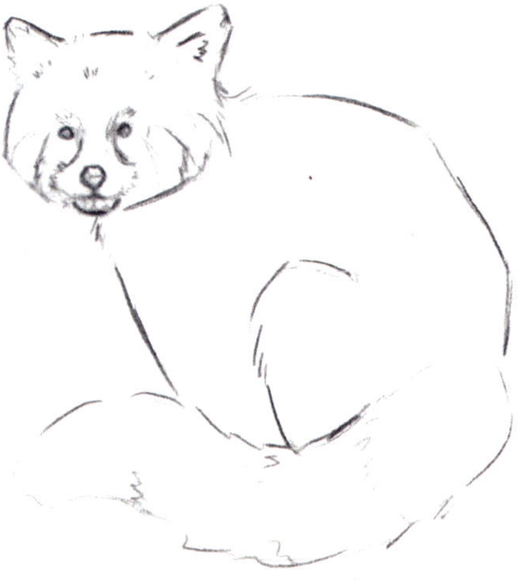

2. Befeuchten Sie das gesamte Papierblatt oder einen deutlich größeren Bereich als das Motiv mit einem Mopppinsel. Mischen Sie zu gleichen Teilen Chinacridon Gold und Chinacridon Organe zu einem intensiven gelb-orangenen Farbton. Beginnen Sie erst nach der Wartezeit, die Sie in den vorherigen Schritten herausgefunden haben, mit dem Malen. Malen Sie innerhalb der Skizze, aber wundern Sie sich nicht, wenn die Farbe über die Linien hinaus verläuft – das ist absolut richtig.

3. Tragen Sie auf die noch feuchte erste Schicht an den Schattenbereichen des Pandakörpers ein halbfeuchtes Perylenbraun auf. Malen Sie auch Streifen auf dem Schwanz und im Gesicht. Lassen Sie einige Gesichtsbereiche weiß, aber wenn die Farbe trotzdem dort hineinläuft, ist das nicht schlimm. Reinigen und trocknen Sie einfach den Pinsel und nehmen Sie die Farbe in diesen Bereichen wieder auf (siehe Seite 23). Malen Sie die Ohren auf dem fast trockenen Papier in einem sehr hellen Orangeton. Lassen Sie diese Schicht vollständig trocknen.

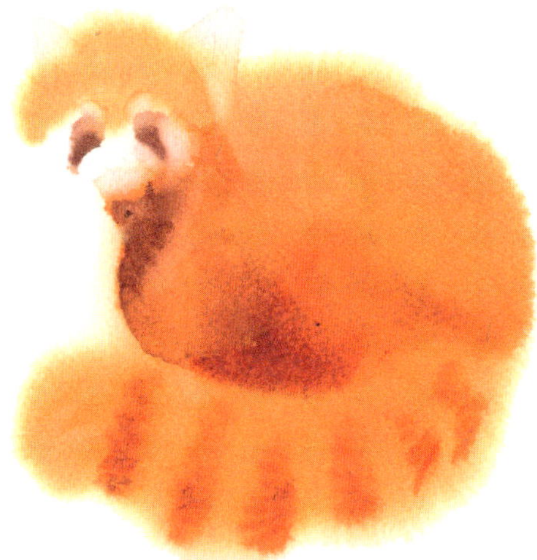

4. Nun geht es an die Fellstruktur. Dazu wenden Sie die Trockentechnik an. Mischen Sie Permanentmagenta im Näpfchen mit etwas Wasser, um die Farbe zu aktivieren. Tauchen Sie den Pinsel so in diese Farbe, dass er wenig Wasser aufnimmt, und trocknen Sie ihn mit einem Papiertuch vorsichtig ab. Der Pinsel sollte feucht sein, aber noch Farbe tragen. Mit diesem Pinsel kritzeln Sie nun auf den dunklen Bereichen des Fells. Fügen Sie an einigen Stellen etwas Wasser hinzu, um die Textur abwechslungsreich zu gestalten und ein einheitliches Fellmuster zu vermeiden. Zum Weichzeichnen der Gesichtsstruktur tragen Sie ein wenig Wasser auf. Lassen Sie diese Schicht vollständig trocknen.

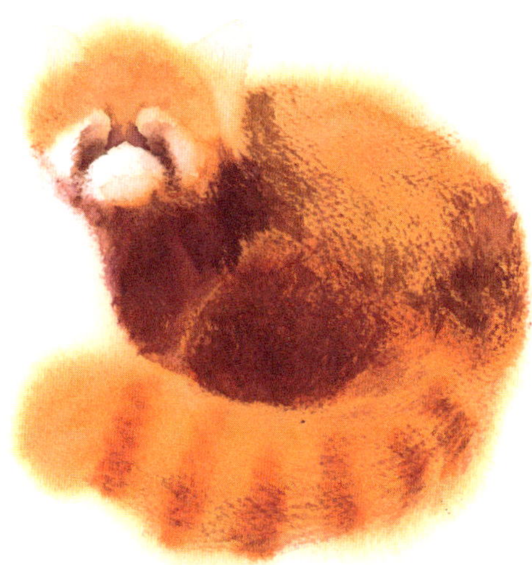

5. Tragen Sie nun mit dem trockenen Pinsel weitere dunkle Schichten auf. Auch der Pelz bekommt mehr Farben: Chinacridon Gold für die helleren, Permanentmagenta für die mittleren und Ultramarinblau für die dunkelsten Teile des Körpers. Die Merkmale des Pandabären entwickeln sich nun immer mehr. Machen Sie die Augenpartie mit einem nassen Pinsel weicher.

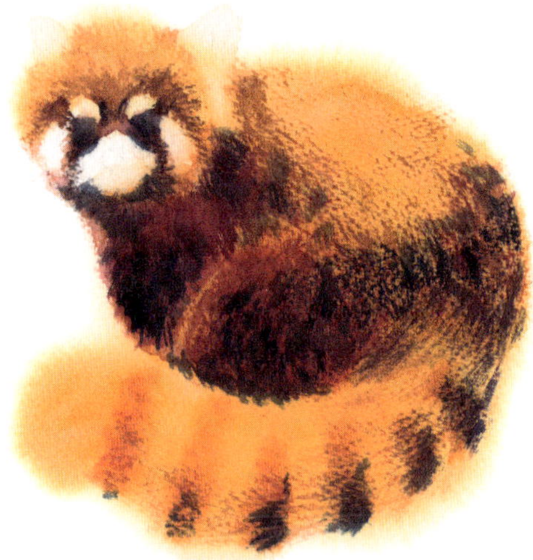

6. Mit dem Detailpinsel definieren Sie die Ohrenpartie durch Streifen in wässrigem Ultramarinblau. Die Nase des Pandas malen Sie in reinem Ultramarinblau: Sie ist ein ungleichmäßiges, oben helleres und weiter unten dunkleres Sechseck. Malen Sie in einer verwischten vertikalen Linie einen weichen blauen Schatten von der Nase in Richtung Kinn. Die Augen gestalten Sie in reinem Ultramarinblau.

7. Malen Sie nun noch die Details im Gesicht und am Mund des Pandas. Zeichnen Sie mit dem Posca-Stift Reflexionen in die Pupillen und die Wasserlinie. Die Schnurrhaare entstehen durch schnelle Handbewegungen. Auch im Fell können Sie weiße Details hinzufügen.

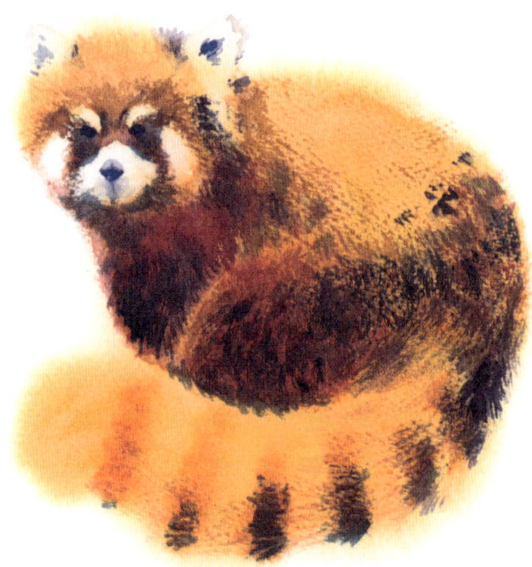

8. Die Blätter malen Sie in zwei verschiedenen Farben: Mayablau und Goldgrün. Tauchen Sie den Schwertpinsel in die wässrige Farbe und malen Sie ganz zarte, transparente Bambusblätter an den Seiten und hinter dem Pandabären.

Mit weißer Gouache fügen Sie im Vordergrund einige Blätter hinzu. Damit schaffen sie eine Umgebung, in der sich Ihr Panda wohlfühlt. Zum Schluss verteilen Sie noch einige dunklere Spritzer der beiden Aquarellfarben und hellere Spritzer in weißer Gouache über das Bild.

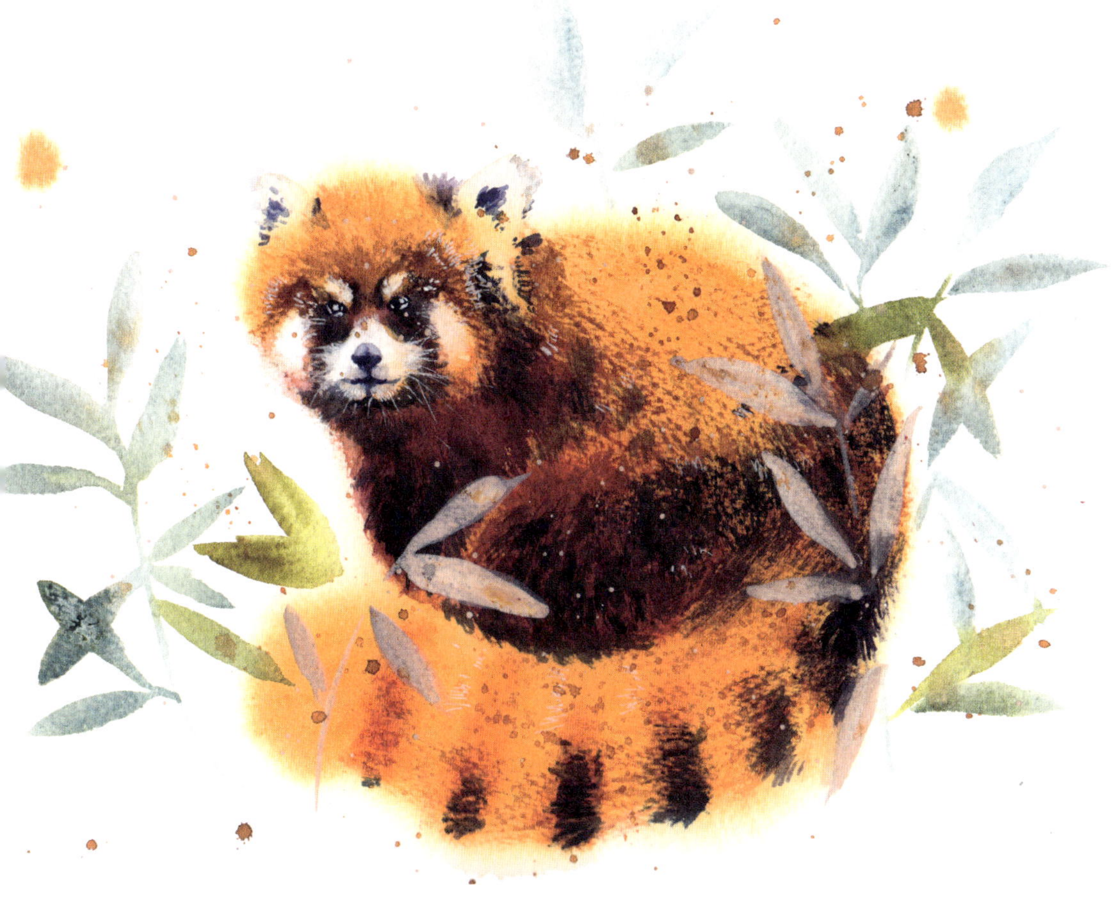

Wildes Malen

Probieren Sie diese Technik auch mit anderen flauschigen Tieren aus: Riesenpandas, Lemuren, Katzen, Füchse ... sie werden alle toll aussehen! Auch können Sie bestimmte Teile von Tieren, wie den Schwanz eines Eichhörnchens oder die Ohrbüschel eines Koalas, in der Nass-in-Nass-Technik malen.

FARBENFROHER FROSCH

- *Chinacridon Gold, Chinacridon Orange, Goldgrün, Indigoblau*

Die Technik des Pulling (Verwischens) von Farben, eine Variante des Weichzeichnens, erzeugt einen weichen Verlauf von dunkler zu heller Farbe. Zuerst wird eine dicke Farbschicht mit wenig Wasser aufgetragen. Anschließend zieht das Wasser eines nassen Pinsels das Pigment aus der Farbe heraus. Diese Technik erzeugt einen schönen minimalistischen Stil.

Frösche sind wegen ihrer interessanten Anatomie und ihrer vielfältigen Hautmuster ein perfektes Motiv. Mit ihren leuchtenden Farben und Flecken gefallen mir Baumsteigerfrösche (auch Farbfrösche genannt) besonders gut. Wir malen in dieser Übung einen Frosch mithilfe der Wischtechnik, denn damit lassen sich weiche Schatten perfekt darstellen, und Sie können die Tiefe des Motivs gut hervorheben.

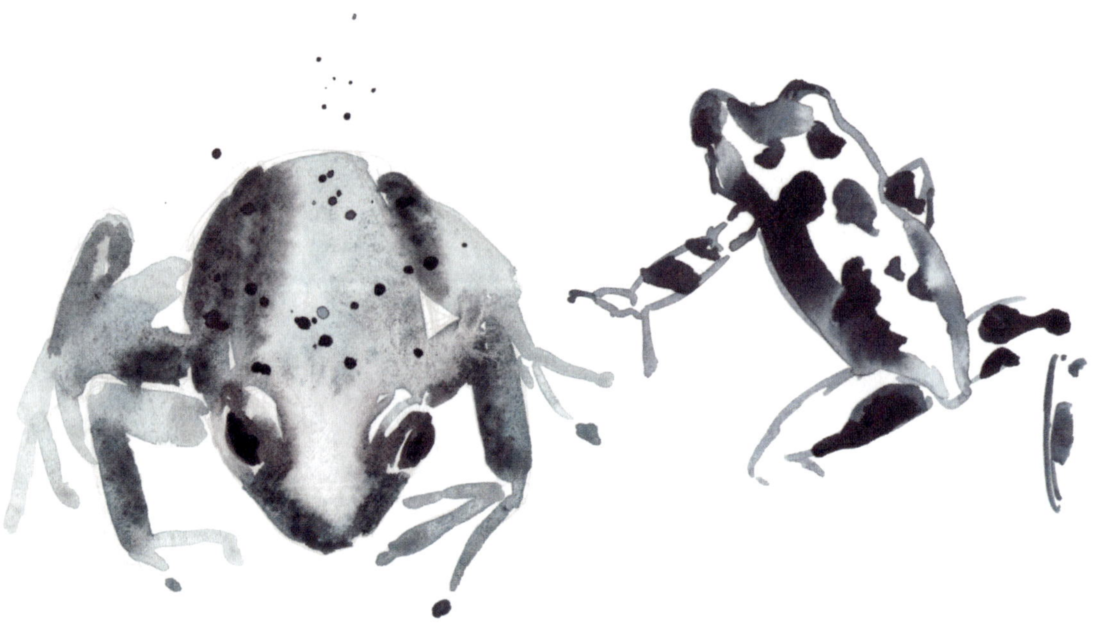

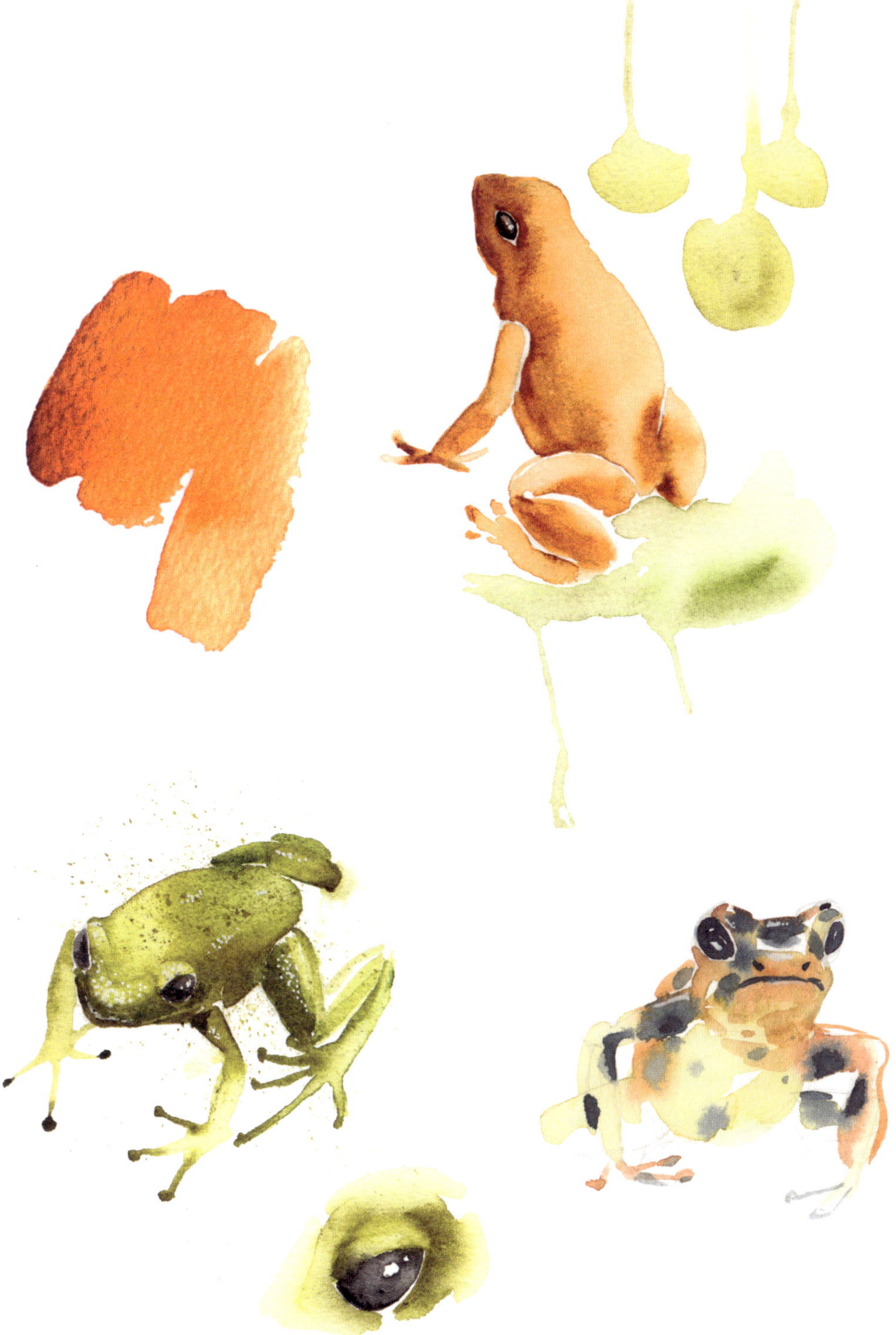

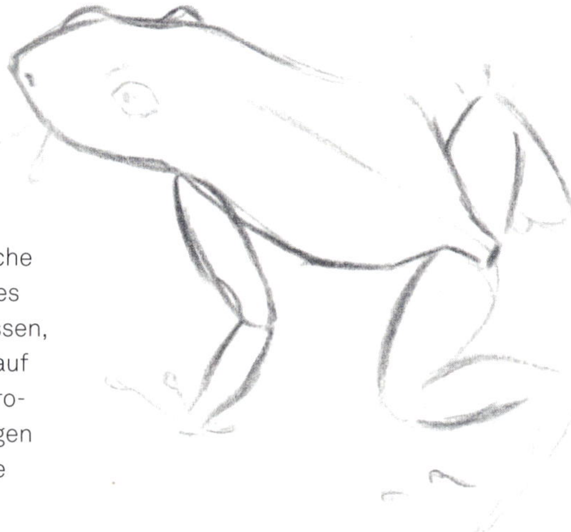

1. Frösche haben eine sehr plastische Körperform. Beim Skizzieren eines Frosches dürfen Sie nicht vergessen, die Augen zu betonen, die oben auf dem Kopf sitzen. Die Füße des Frosches sind nach innen, die Ellbogen nach außen gedreht. Die Gelenke sollten klar erkennbar sein.

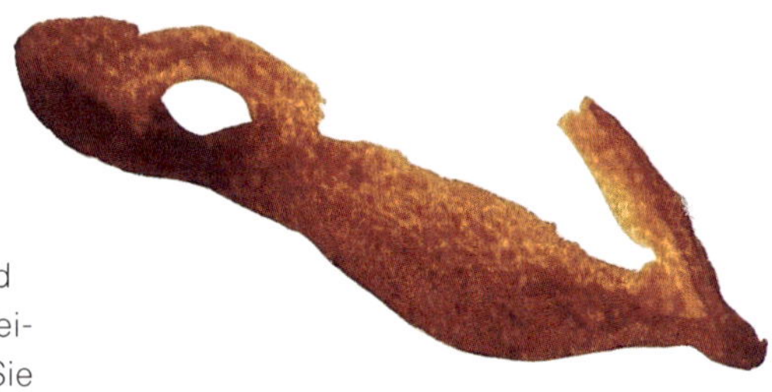

2. Mischen Sie Chinacridon Gold und Chinacridon Orange zu gleichen Teilen zu einer dicken Farbe. Malen Sie in dieser Farbe mit einem Mopppinsel die schattigen Teile des Körpers als erste Schicht. Reinigen Sie den Pinsel oberflächlich und verwischen Sie das Pigment von der bemalten Fläche in Richtung oberem Körperrand. Der Körper sollte nun unten dunkler und oben heller sein. Wenn nach dem Reinigen zu viel Wasser auf dem Pinsel ist, nehmen Sie es mit einem Papiertuch auf.

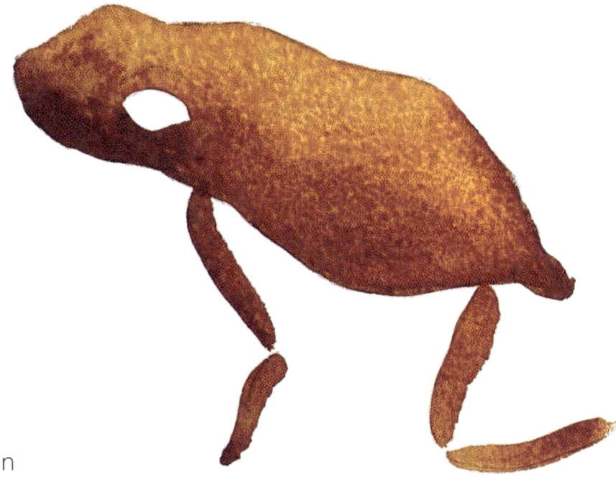

3. Wiederholen Sie diese Schritte für die Beine des Frosches. Beginnen Sie mit den dunkelsten Bereichen und vollenden Sie die Form, indem Sie das Pigment mit einem sauberen, nassen Pinsel aus dem dunklen Bereich herausziehen.

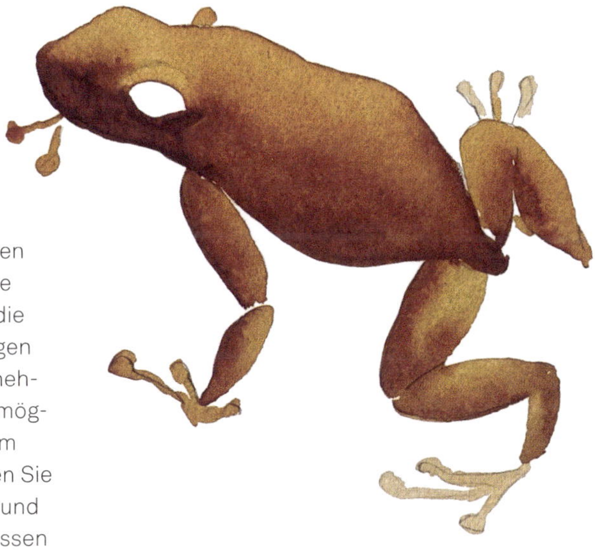

4. Auf der noch nassen Farbe heben Sie mit der Lifting-Technik (siehe Seite 23) die Augen hervor, um die runde Form darzustellen: Reinigen Sie den Pinsel vollständig und nehmen Sie mit einem Papiertuch möglichst viel Wasser auf. Mit diesem sauberen, feuchten Pinsel hellen Sie das Pigment aus dem Bereich rund um die Augen auf. Vielleicht müssen Sie diesen Schritt wiederholen, weil die Farbe gelegentlich wieder zurückläuft. Malen Sie die Füße mit der Pinselspitze und in einem sehr hellen Ton.

5. Tauchen Sie den Pinsel nun in halbfeuchtes Goldgrün und malen Sie einen Fleck unter dem Froschkörper. Daraus entsteht der Schatten. Lassen Sie die Ränder dieses Flecks mit einem sauberen Pinsel und Wasser verschwimmen. So entsteht der Eindruck, dass der Schatten in Körpernähe dunkler und weiter vorne heller ist. Lassen Sie diese Schicht vollständig trocknen.

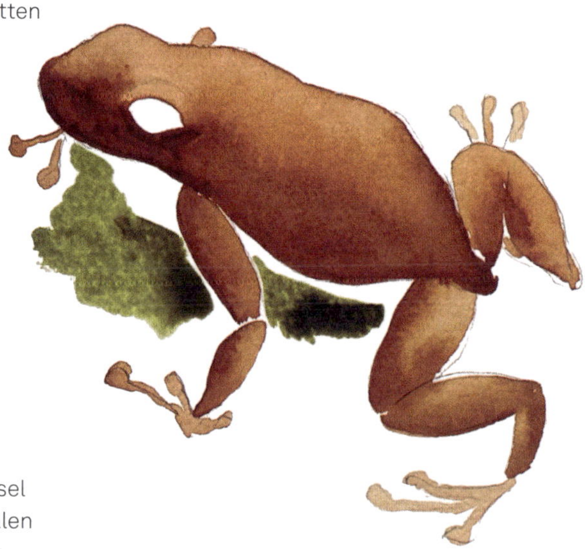

6. Tauchen Sie einen Detailpinsel in dickes Indigoblau, und malen Sie damit eine Pupille, in der Sie eine Stelle für die Reflexion in Weiß lassen. Malen Sie nun mit halbfeuchtem Indigoblau Flecken auf den Froschkörper. Die blauen Flecken überlappen das Orange des Körpers, sodass ein neuer grau-schwarzer Ton entsteht. Lassen Sie diese Schicht vollständig trocknen.

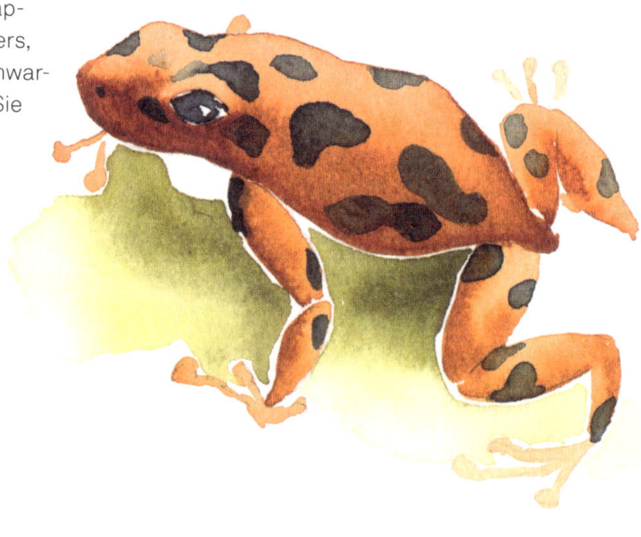

7. Tauchen Sie den Pinsel in die Orangemischung, die Sie für den Körper verwendet haben, und tippen Sie mit dem Finger an den Pinsel, um kleine Spritzer über dem Körper des Tieres zu verteilen. Mit dem Posca-Stift malen Sie Punkte auf der Haut, die wie Reflexionen auf dem nassen Körper aussehen.

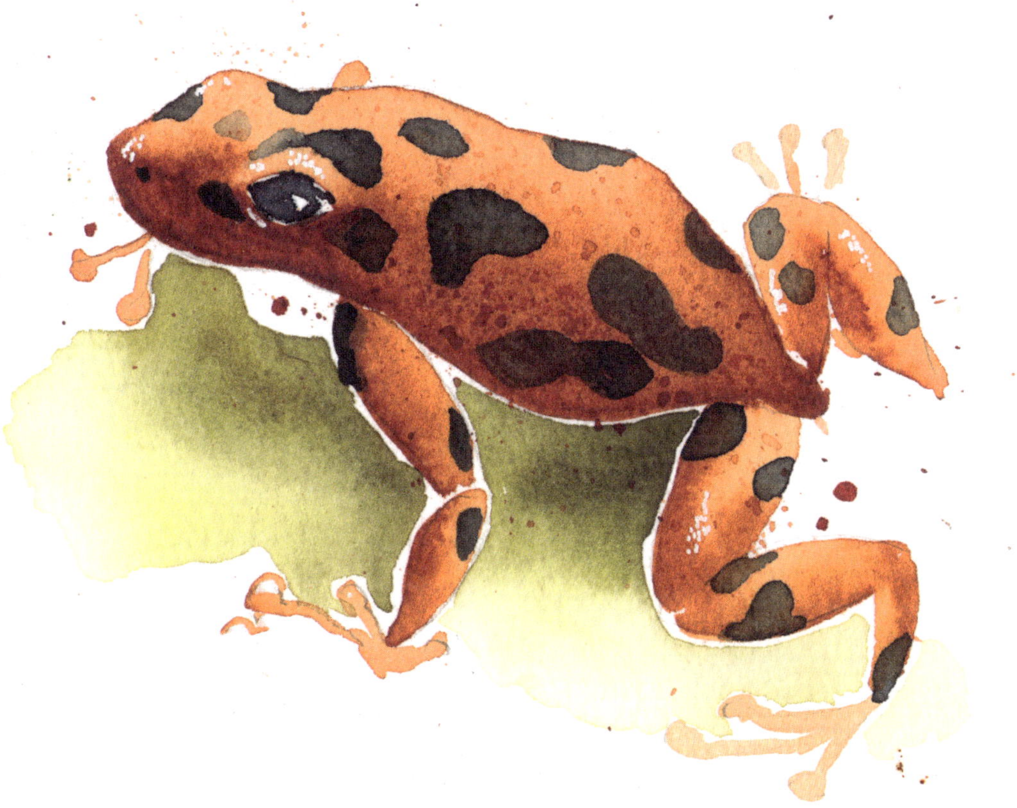

Wildes Malen

Sie können die Wischtechnik auch mit anderen Techniken kombinieren.

BLUMIGER HASE

• *Indigoblau, Rose Dore, weiße Gouache*

In dieser Übung malen Sie einen einfachen Hasen. Die Textur seines Fells heben Sie durch den Blumenkohl-Effekt der Aquarellfarbe hervor. Hasen sind sehr scheue Tiere, die sich immer über die Schulter schauen und ständig auf der Hut vor Feinden sind.

Aquarellmaler lieben oder meiden den Blumenkohl-Effekt (auch Blooming-Effekt genannt). In einem realistischen Gemälde ist dieser Effekt ein Fehler, aber moderne Künstler haben sich ihn zu eigen gemacht. Denn dieser vermeintliche Fehler kann vorteilhaft sein. Die »Blüten« von Aquarellfarben entstehen – ob vom Künstler beabsichtigt oder unbeabsichtigt –, wenn Sie Wasser auf ein dickeres Pigment auf dem Papier auftragen. Meist wird das Wasser auf die noch nasse Farbe aufgetragen. Das Wasser drückt das Pigment zur Seite, wodurch eine Art Blüte entsteht.

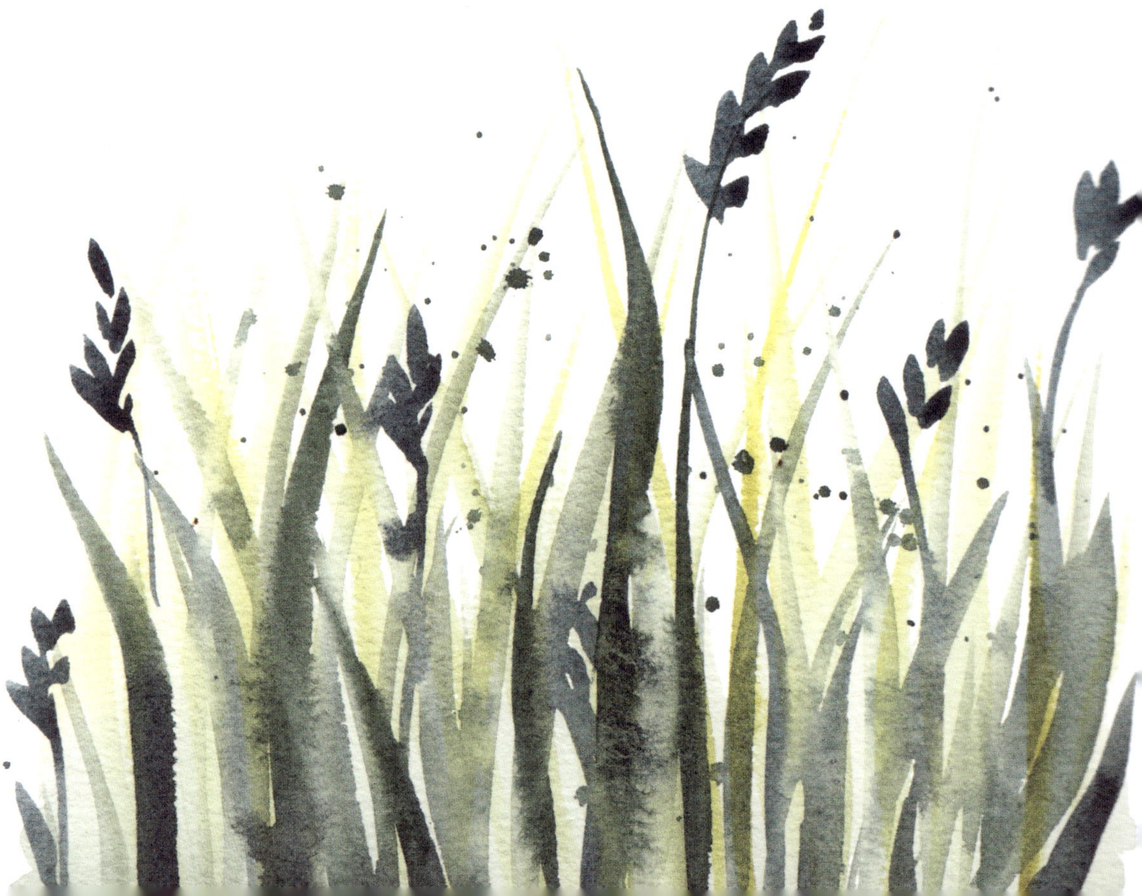

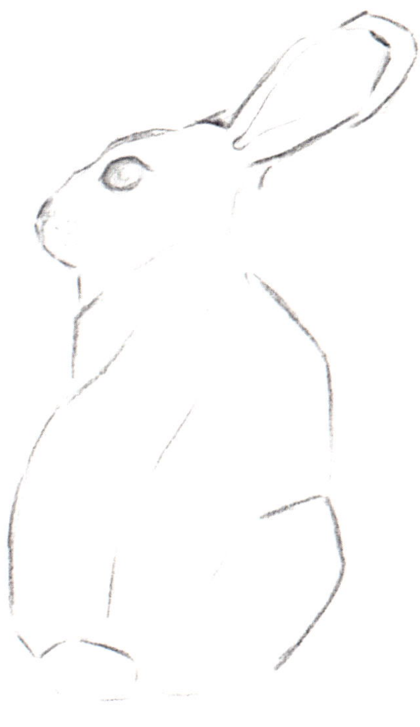

1. Wenn Sie einen Hasen in einer leicht gedrehten Rückenansicht porträtieren möchten, heben Sie die Wirbelsäule, die Hüften und die Schultern hervor. Zeichnen Sie für die Wirbelsäule eine Linie, die die Rotation des Körpers erkennen lässt. An deren Ende sitzt der Schwanz. Hasen haben auffallend große Augen und Ohren.

2. Tauchen Sie den nassen den Mopppinsel in Indigoblau. Malen Sie die dunkleren Körperteile und einen Strich für die Wirbelsäule. Die Farbschichten sollten gleichmäßig und frei von Wasserflecken sein.

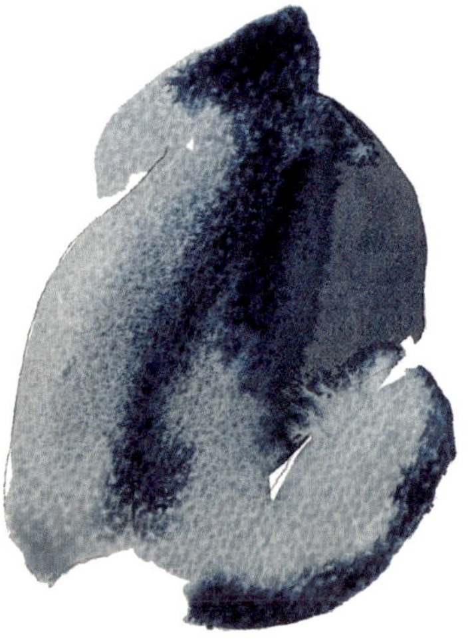

3. Auf die nasse Farbe aus Schritt 2 setzen Sie mit einem sehr wässrigen Pinsel einige weiße Stellen in die Farben.

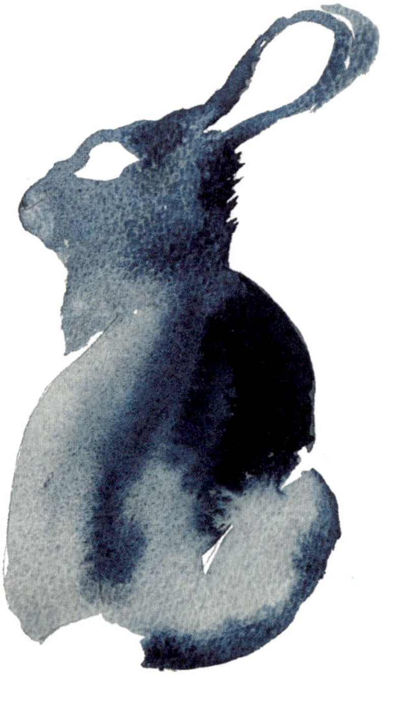

4. Malen Sie in einer dicken Farbschicht weitere Schatten und hellen Sie einzelne Stellen mithilfe von Wasser auf. Die Augenpartie, die Innenseite des Ohres und der Schwanz bleiben weiß. Wenn die »Blüten« noch deutlicher hervorstechen sollen, trocknen Sie die unterste Schicht mit einem Föhn. Je schneller die Farbe trocknet, desto deutlicher tritt der Effekt in der Regel hervor. Berühren Sie das Pigment möglichst nicht, während die erste Schicht trocknet. Die Aquarellfarbe entfaltet beim Trocknen ihre Wirkung.

5. Wenn die erste Schicht vollständig getrocknet ist, befeuchten Sie Kopf und Nacken erneut mit Wasser und tragen halbfeuchtes Indigoblau auf. Mit dem Detailpinsel malen Sie die Nase und umranden die Augen. Malen Sie in hellem Indigoblau einen Kreis für die Augen und füllen Sie die Innenseite der Ohren sowie den Schwanz damit. Hier bleibt ein weißer Streifen, der den Schwanz markiert. Lassen Sie diese Schicht trocknen.

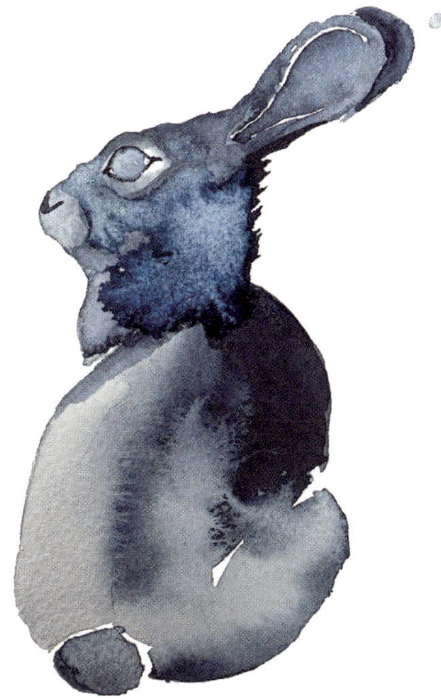

6. Nun geht es an die letzten Schatten. Definieren Sie die Schatten im Nacken und auf dem Rücken mit einem Mopppinsel und halbfeuchtem Indigoblau genauer. Damit geben Sie den Schatten eine Form. Nach dem Trocknen malen Sie mit einem Detailpinsel und dickem Indigoblau einige Falten im Nacken und zum Schluss die Pupillen. Sparen Sie dabei einige Stellen für die Reflexionen und die Wasserlinie aus. Selbst wenn diese nur angedeutet sind, sieht das Auge so viel lebendiger aus.

7. Ihr Hase sollte auch auf jeden Fall auf einem Untergrund sitzen. Malen Sie aus einem hellem, wässrigen Rose Dore ein Oval. Tragen Sie rund um den Hasen etwas mehr Farbe auf, da der Schatten in Körpernähe am dunkelsten ist. Verwischen Sie die Farbe mit dem Schwertpinsel, um Grashalme anzudeuten. Dabei drücken Sie den Pinsel am Anfang etwas fester auf und geben am Ende nach. Lassen Sie diese Schicht trocknen.

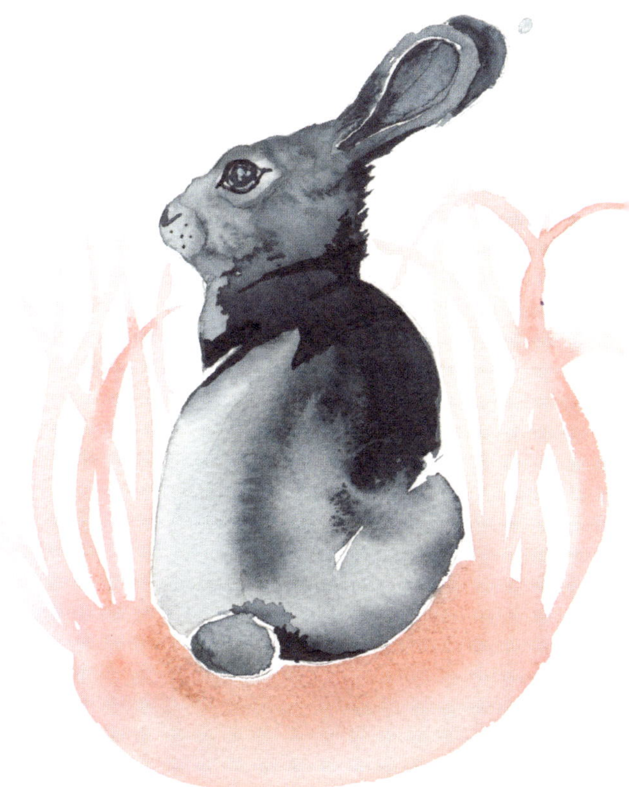

8. Fügen Sie noch einige dunklere Grashalme in der Farbe Rose Dore hinzu. Malen Sie Ähren und drücken Sie den Mopppinsel an einigen Stellen leicht auf das Papier, um Punkte zu erzeugen, die wie Getreidekörner aussehen. Für die Spritzer nehmen Sie einen mittelgroßen Rundpinsel mit halbfeuchter Aquarellfarbe eines ähnlichen Farbtons und tippen mit dem Finger gegen den Pinsel. Mit dem Detailpinsel malen Sie nun noch in einer lockeren Handbewegung die Schnurrhaare.

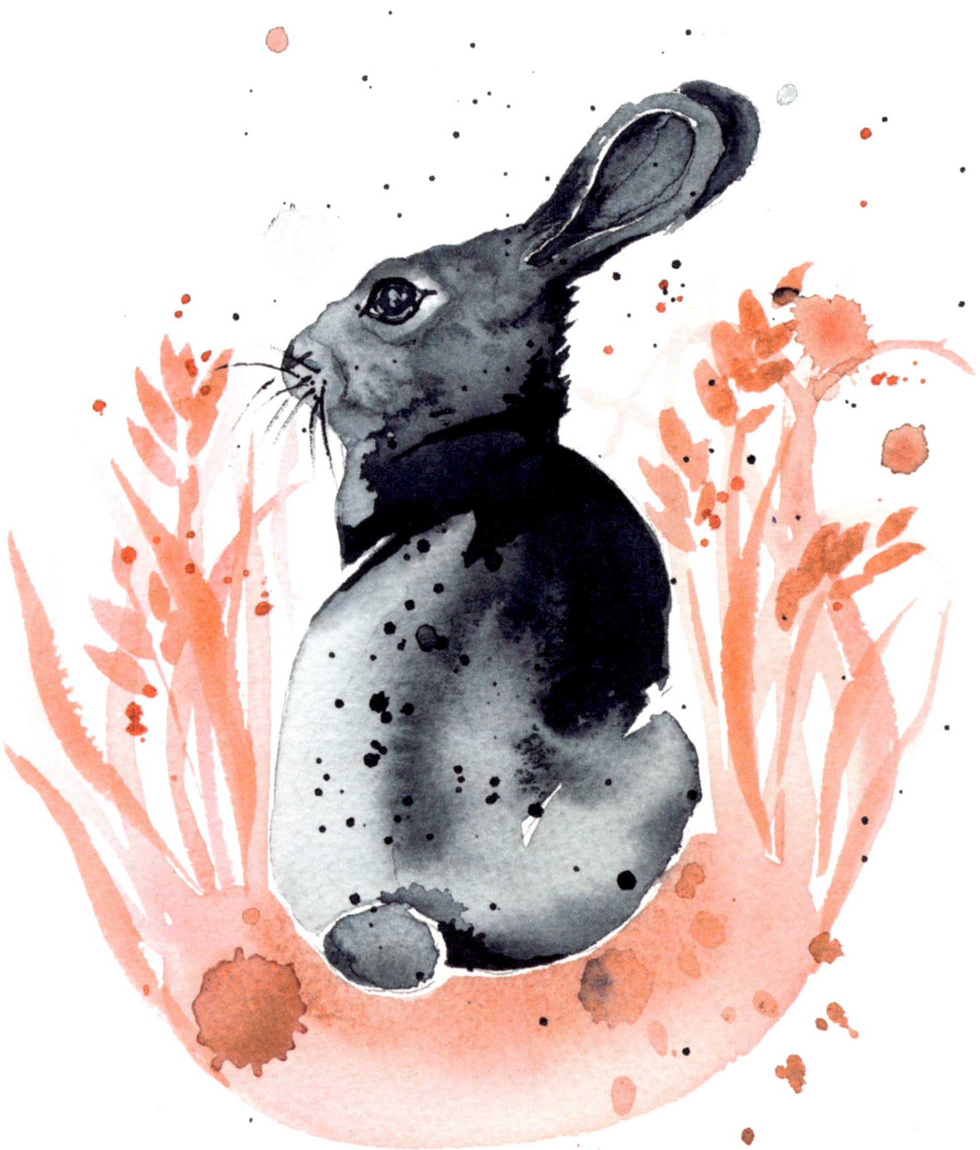

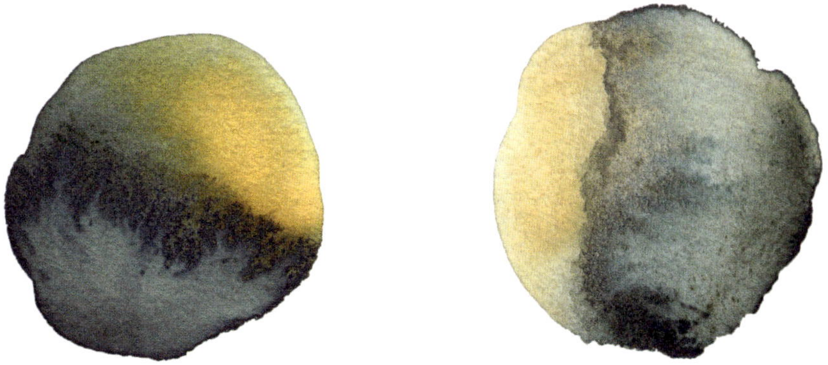

Wildes Malen

Experimentieren Sie mit dem Farbe-Wasser-Verhältnis und entdecken Sie dabei, wie die besten »Blüten« entstehen (siehe Seite 53). Diesen Blumenkohl-Effekt können Sie auch erzeugen, wenn Sie eine wässrige, helle Farbe neben einer cremigen, dunklen Farbe auftragen.

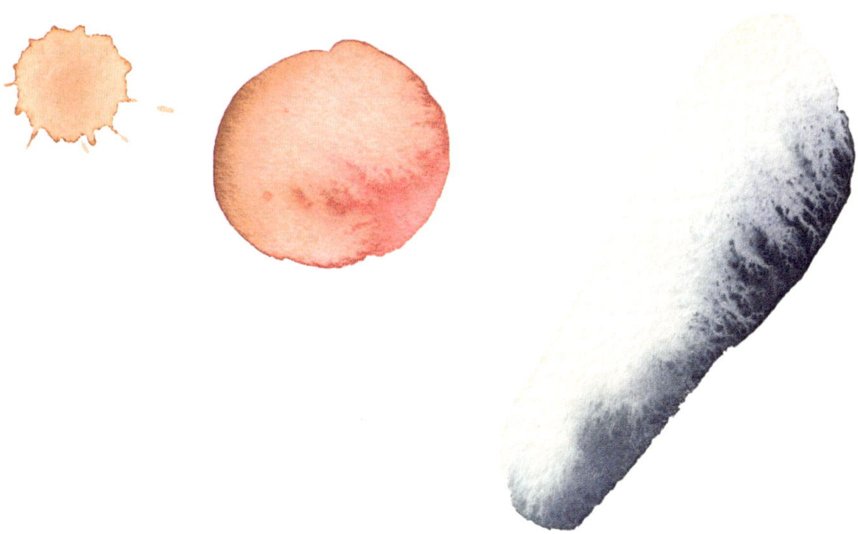

KOIFISCHE IM WASSER

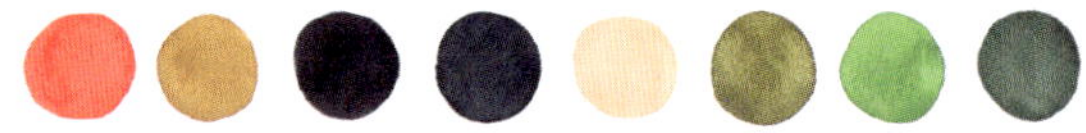

• *Scharlachrot, Chinacridon Gold, neutral gefärbte Aquarellfarbe, Indigoblau, Neapelgelb, Goldgrün, helles Permanentgrün, Saftgrün*

In dieser Übung kreieren Sie mit der Nass-in-Nass-Technik und einer Collage-Technik eine spielerische Komposition mit Koifischen in einem Teich. In einer Aquarell-Collage können Sie die Komposition besser steuern, erhalten aber trotzdem den Effekt der frei verlaufenden Farben. Das spielerische Vorgehen wird Ihnen Spaß machen.

Der Koi ist eine Zuchtform des Karpfens. Dieser wunderschöne Fisch wird häufig in Teichen und Wassergärten gehalten, weil er so dekorativ ist. Er hat rote, orange, gelbe und schwarze Flecken, die wie schwimmende Aquarellpunkte aussehen. Deshalb ist der Koi ein großartiges Motiv für die Nass-in-Nass-Technik.

1. Einen Koifisch zu zeichnen, ist nicht sehr schwer, denn die Form ähnelt einer langgezogenen Träne. Verdrehen Sie diese Form, um Schwanz und Flosse in Bewegung zu zeigen und einen lebensechten Fisch darzustellen. Achten Sie beim Ausschneiden der Form darauf, dass der Fisch von seiner Größe her zum Hintergrund passt.

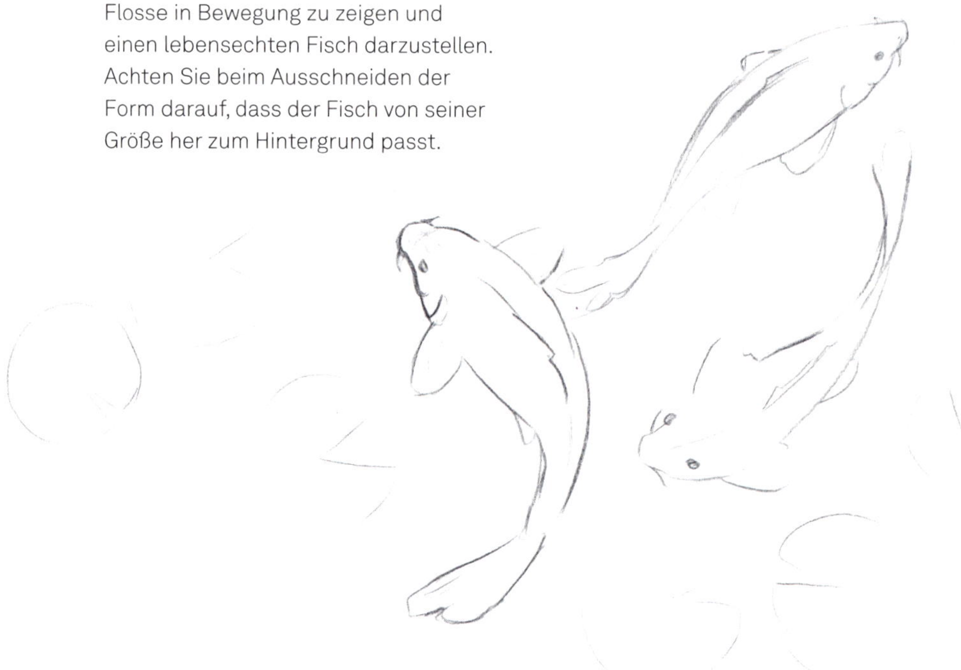

2. Geben Sie einen Tropfen Farbe in das Wasser, um es leicht zu färben. Tauchen Sie den Mopppinsel ein und malen Sie damit die Silhouette des Fisches. Mischen Sie nun Scharlachrot mit einem Hauch Chinacridon Gold. Mit dieser Farbe befeuchten Sie ungleichmäßig die Oberfläche des Fisches. Sobald die Farbe verläuft, tauchen Sie den Pinsel in neutral getöntes Aquarell und verteilen hier und da einige Punkte. Die Farbe verläuft unterschiedlich stark, je nachdem, wie lange Sie vor dem Auftragen gewartet haben (siehe Seite 22). Sie können die Rotmischung sofort auftragen, aber mit dem Schwarz ein wenig länger warten. So entsteht ein schöner, ungleichmäßiger Farbverlauf. Wiederholen Sie diese Schritte für die anderen beiden Fische.

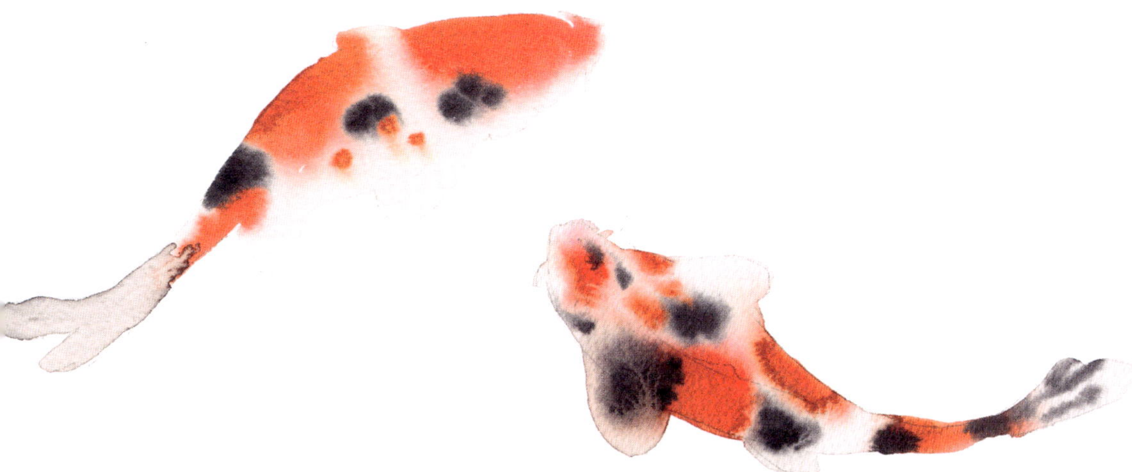

3. Wenn die Fische vollständig getrocknet sind, malen Sie mit neutralem Aquarell die Augen und setzen einige Pinselstriche für die Kiemen auf die Flossen und den Schwanz. Tauchen Sie einen mittelgroßen Pinsel in die Rotmischung aus Schritt 2 und tippen Sie leicht mit dem Finger auf den Pinsel, um einige Spritzer zu erzeugen.

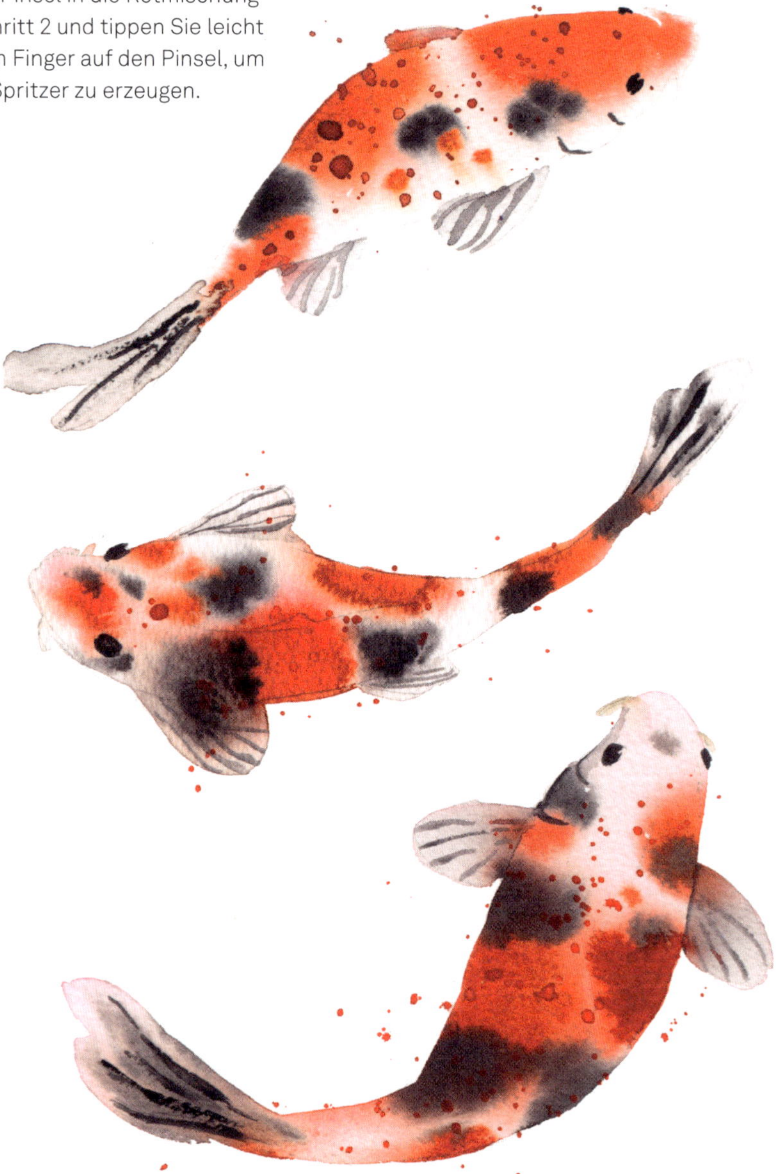

4. Bestreichen Sie mit dem Mopppinsel ein DINA-4-Papier mit Wasser. Danach tragen Sie an einigen Stellen wässriges Indigoblau auf. Mit dieser Technik entstehen durch die verlaufende Farbe wunderschöne, überraschende Formen und Effekte. Fügen Sie an einigen Stellen einen Hauch von wässrigem Neapelgelb hinzu – die Farbe sollte wirklich sehr hell sein. Sobald die erste Schicht getrocknet ist, tauchen Sie einen Pinsel in sehr wässriges Indigoblau. Der Pinsel sollte fast tropfen. Halten Sie ihn senkrecht über das Papier und schütteln Sie ihn vorsichtig, sodass das Wasser auf das Papier tropft. Damit entstehen große Spritzer.

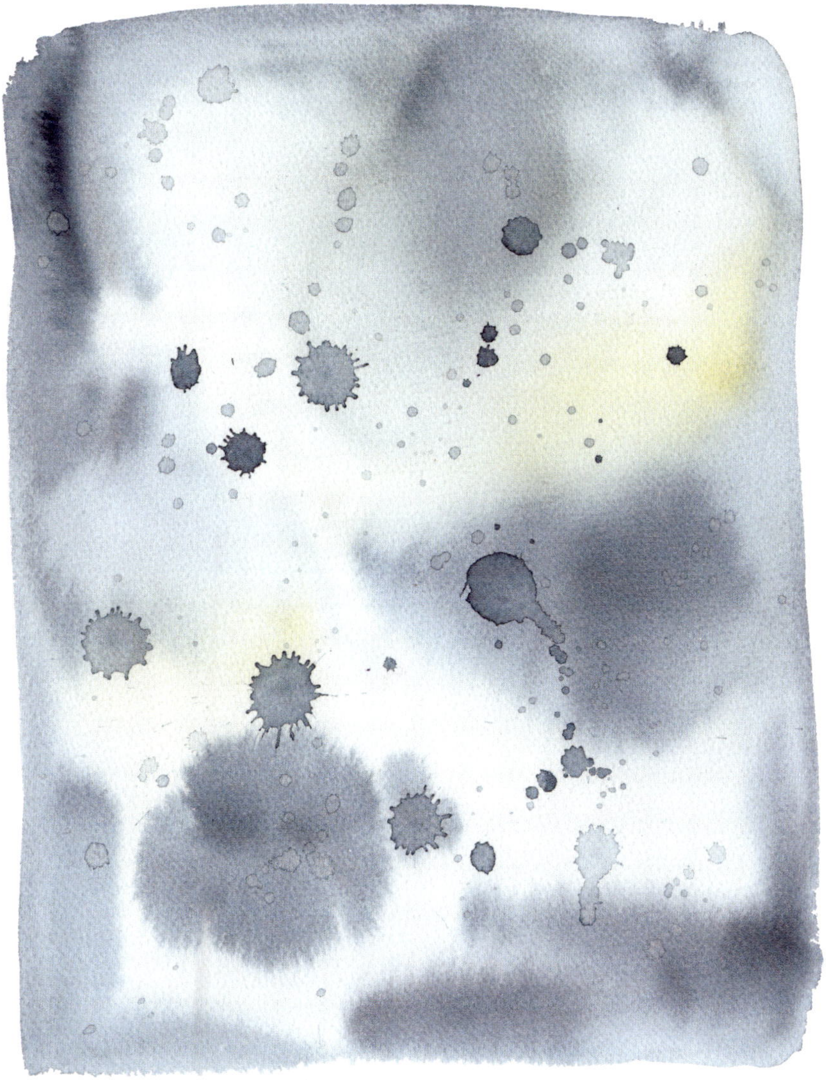

5. Wiederholen Sie Schritt 4 mit einem weiteren Blatt und grüner Farbe. Daraus entstehen die Seerosenblätter. Nehmen Sie hierfür Goldgrün, Hellgrün und Saftgrün. In welcher Reihenfolge Sie diese Farben verwenden, spielt überhaupt keine Rolle. Entspannen Sie sich einfach und beobachten Sie, wie die Aquarellfarben verlaufen.

6. Nun müssen Sie diese einzelnen Bilder noch zu einer Komposition zusammensetzen. Schneiden Sie die Fische aus, und aus dem grünen Papier schneiden Sie Seerosenblätter aus. Arrangieren Sie diese Elemente auf dem blauen Papier. Sie können auch überlappen. Wenn Ihnen die Komposition gefällt, kleben Sie die Teile auf und malen mit dem Posca-Stift noch einige Details wie zum Beispiel Adern und Flossen.

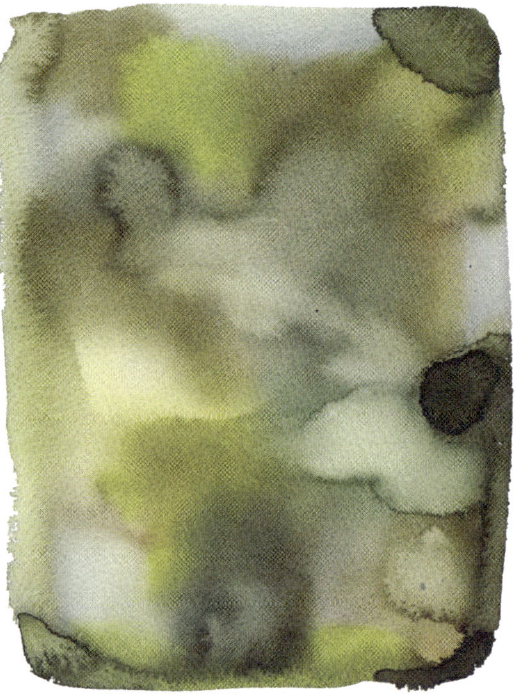

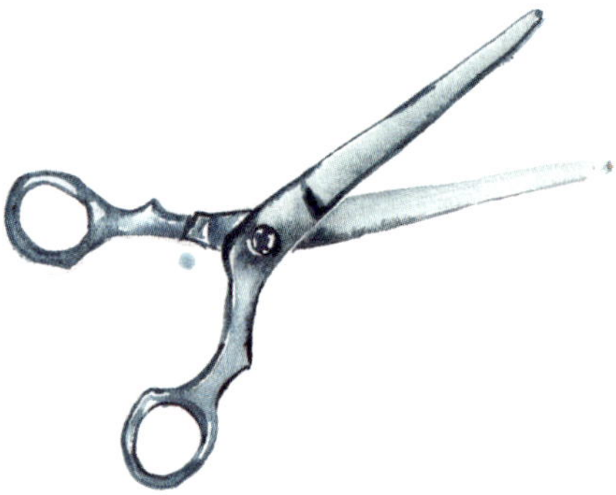

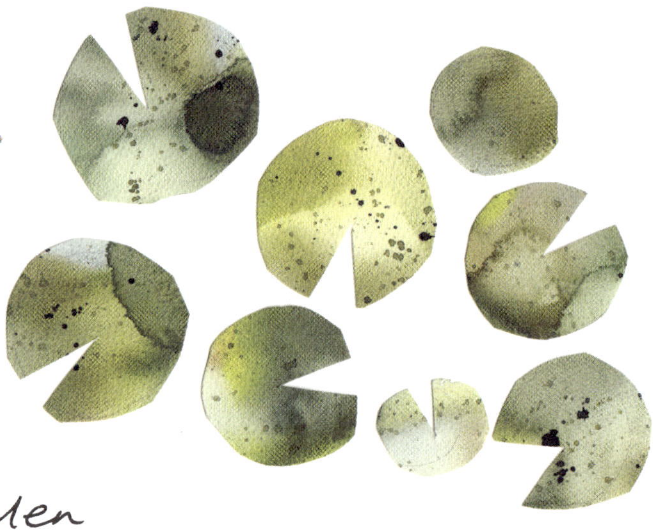

Wildes Malen

Experimentieren Sie mit unterschiedlichen Farbverläufen. So lernen Sie die Wirkung von Aquarellfarben sehr gut kennen und finden neue Wege, sie nach Ihrem Geschmack zu nutzen. Sie können zusätzlich andere Medien zum Malen verwenden: Bleistifte, Acrylfarben, Tusche, Buntstifte und Pastellfarben. Mit den verschiedenen Texturen können Sie ganz neue Bilder entstehen lassen.

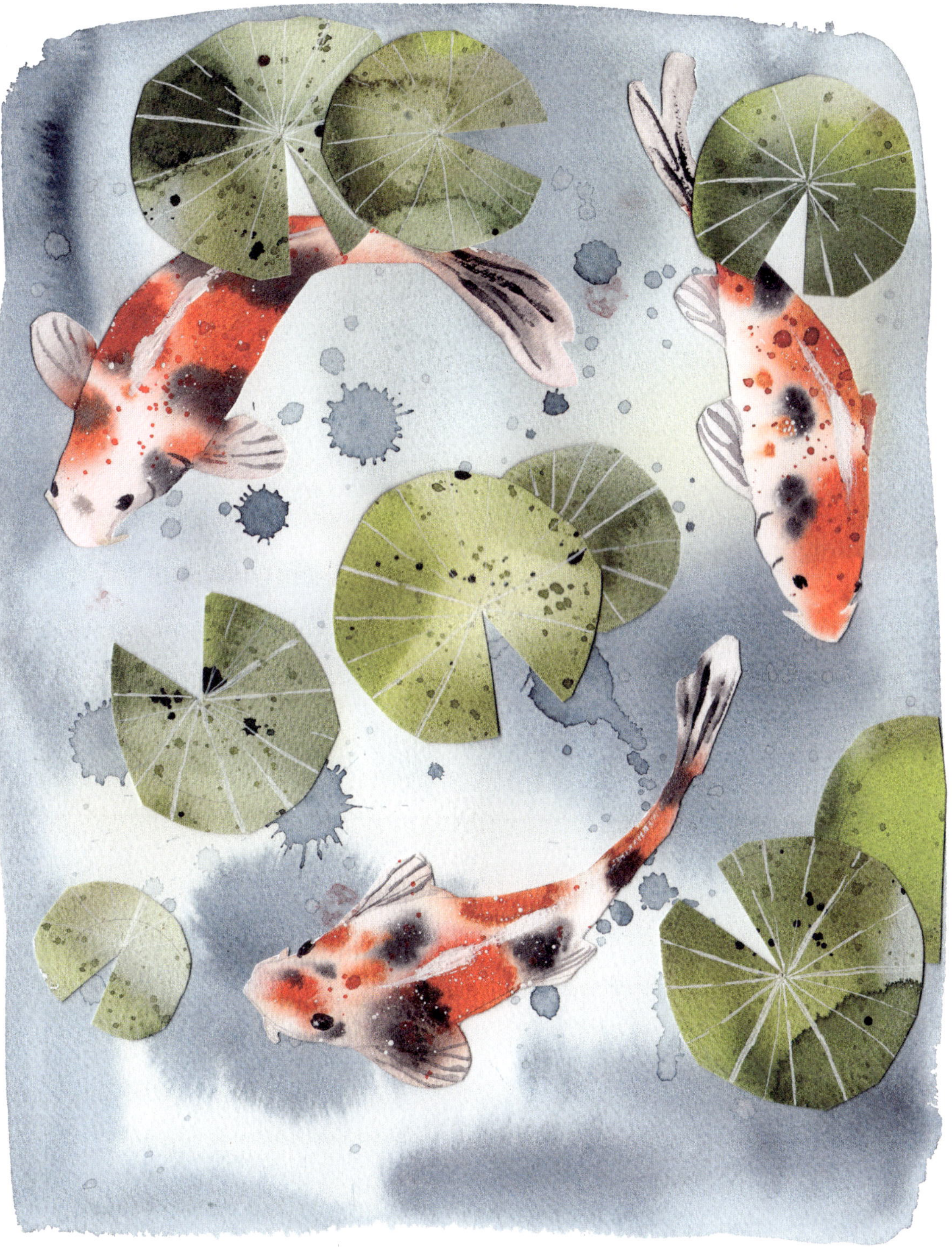

AUSDRUCKSSTARKE FLAMINGOS

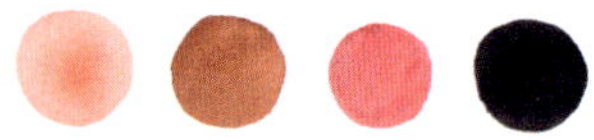

• Rose Dore, Hellrot, Permanentrosa, Scharlachrot, neutral getöntes Aquarell

Ihrem Bild ist am Ende anzusehen, ob Sie es mit sehr emotionalen oder eher dezenten Gesten gemalt haben. Je selbstbewusster Ihre Handbewegungen sind, desto ausdrucksstärker wird Ihr Bild. Haben Sie Mut! Selbst wenn Ihre Hand ein wenig zittert, tun Sie so, als sei sie ganz ruhig. Mit der Zeit lernen Sie, präziser zu malen, und die Arbeit wird entspannt und mühelos. Mit dieser Übung lockern Sie Ihre Hand und entwickeln einen dynamischen Pinselstrich.

Flamingos sind mit ihren grazil gebogenen Hälsen und dem flaumigen Federkleid ein interessantes Motiv. Sie leben in Kolonien und verharren häufig lange unbewegt in einer Position. So können wir sie ganz leicht viele Male fotografieren oder kurz skizzieren. Es ist faszinierend, einen Schwarm Flamingos zu beobachten – in der Gruppe oder auch einzeln sind sie ein wunderschöner Anblick. Je nach Art haben Flamingos verschiedene Farben, von Purpurrot bis Blassrosa.

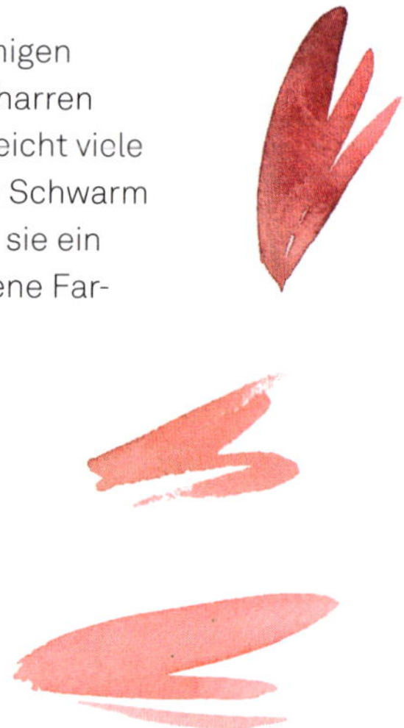

1. Konzentrieren Sie sich beim Zeichnen von Flamingos auf die außergewöhnliche Nackenform, insbesondere auf die anmutige S-Kurve. Die Federn können Sie in dünnen Strichen andeuten und damit lediglich die Position der Tiere festhalten. Stellen Sie in Ihrer Skizze drei Flamingos so zusammen, dass Sie ein Dreieck bilden.

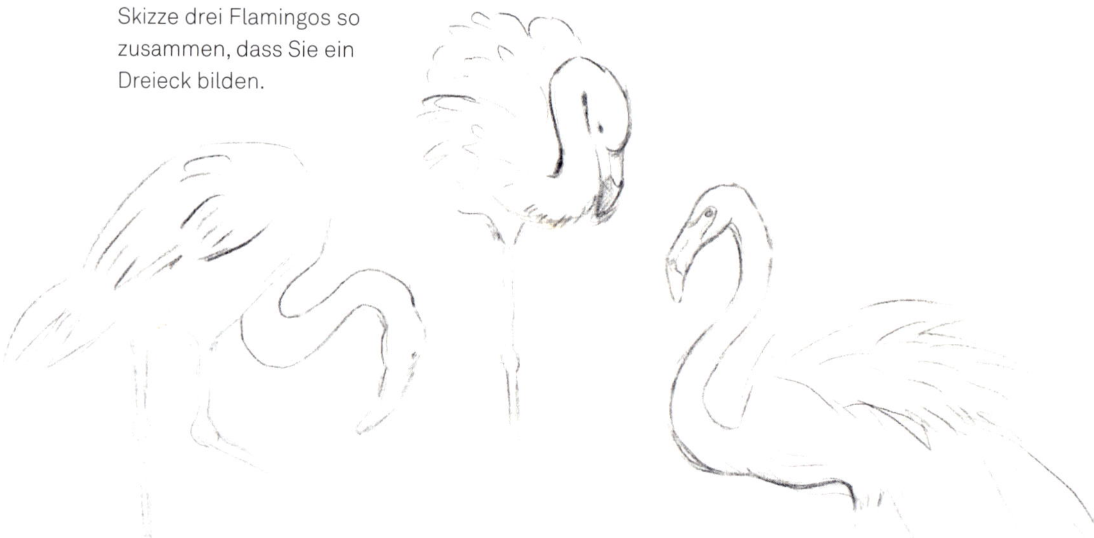

2. Mischen Sie die Farbe Rose Dore mit Hellrot zu einem hellen Orangeton. Fügen Sie der Mischung viel Wasser hinzu. Malen Sie eine gleichmäßige erste Schicht auf den Hals des ersten Vogels. Anschließend malen Sie die Federn in schnellen Strichen mit dem Mopppinsel. An der Oberseite des Körpers sollten die Pinselstriche kurz, nach unten hin länger sein. Lassen Sie Lücken zwischen den Strichen. Sie heben die helleren Teile des Federkleides hervor, die an den höher gelegenen Körperstellen liegen, auf die die Sonne scheint.

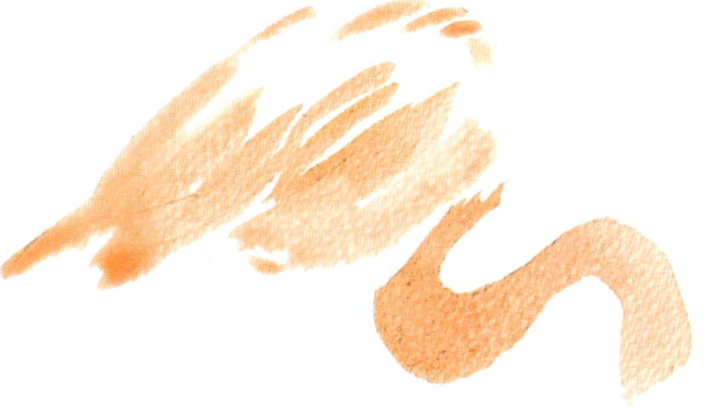

3. Weiter unten am Körper malen Sie dunklere Federn in einem mehr gesättigten Hellrot. Der vorherigen Farbmischung fügen Sie einen Hauch Permanentrosa hinzu und malen damit einige Striche auf dem Schwanz. Malen Sie auf diese noch nasse Farbe die nächste Schicht.

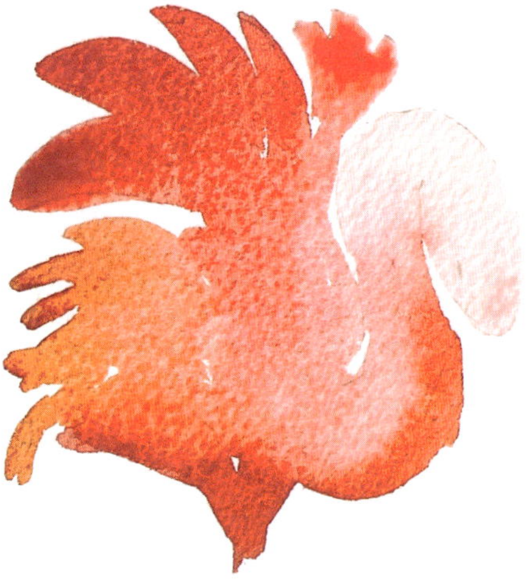

4. Malen Sie den zweiten Vogel auf die gleiche Weise. Für ihn verwenden Sie allerdings eine weniger wässrige Mischung aus Hellrot und Permanentrosa. Tragen Sie die Farbe nicht gleichmäßig auf. Einige Federn sollten eher pink, andere eher orange aussehen. Mit dickerem Pigment fügen Sie Schatten hinzu, und danach entfernen Sie in den hervorgehobenen Bereichen Farbe mithilfe der Lifting-Technik (Weichzeichnen).

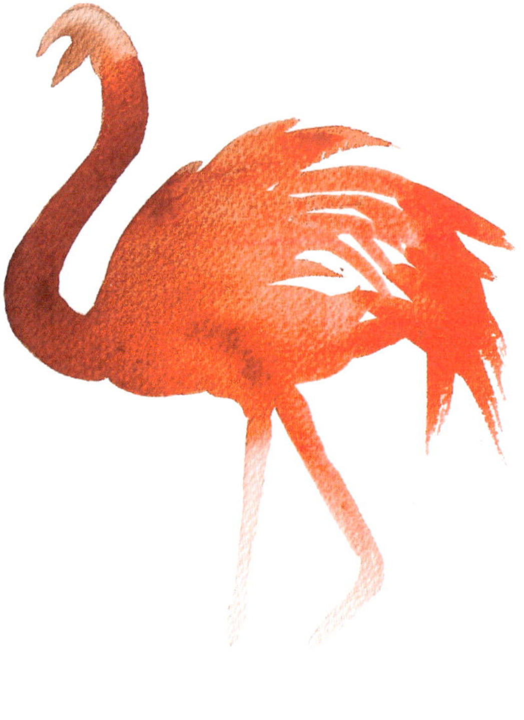

5. Für den dritten Vogel mischen Sie Scharlachrot mit Permanentrosa zu einer cremigen Farbe und gehen wie bei den beiden anderen Vögeln vor.

6. Für die Beine der drei Flamingos tauchen Sie einen sauberen Pinsel in Wasser und ziehen Pigment aus dem Körper heraus. So entsteht ein hübscher, sauberer Farbverlauf – als ob die Beine einfach verschwinden würden. Lassen Sie das Bild nun vollständig trocknen.

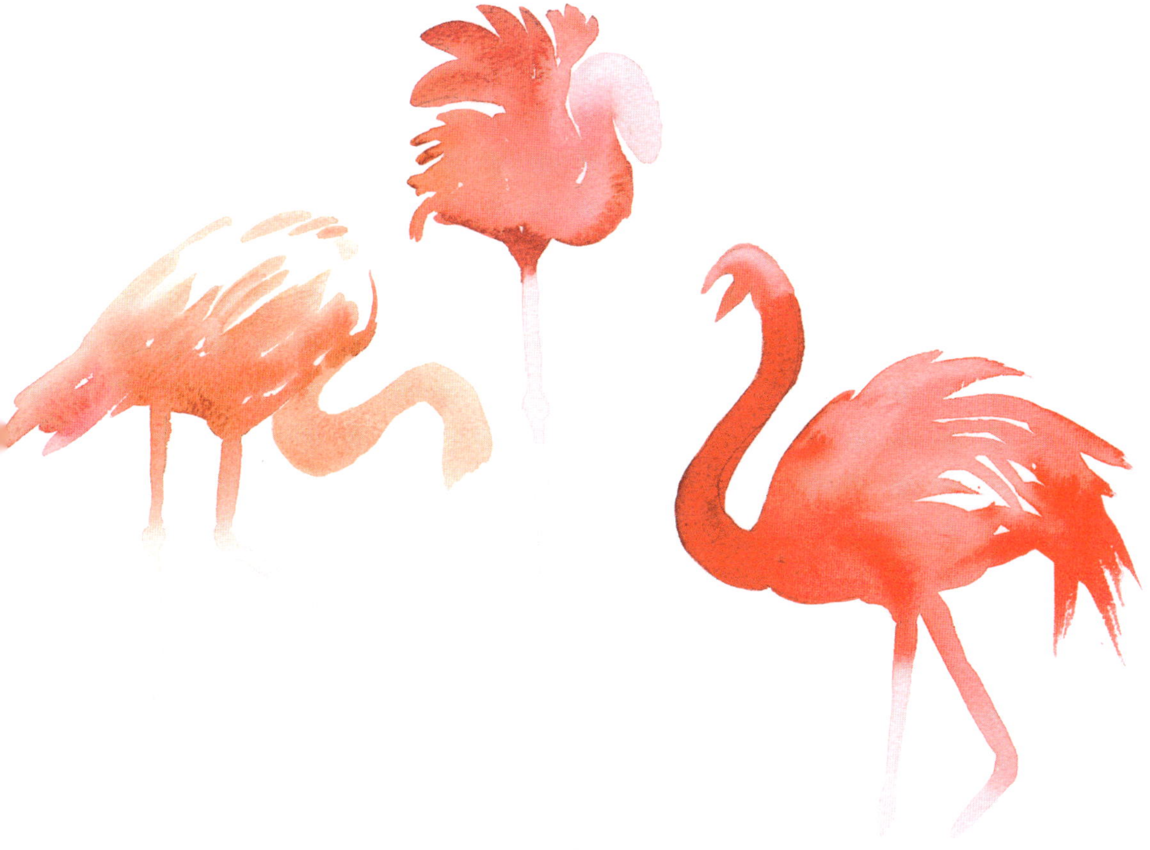

7. Nun geht es an die zweite Schicht. Mischen Sie die gleichen Farben wie für die erste Schicht der einzelnen Vögel, fügen Sie aber dieses Mal weniger Wasser hinzu. Setzen Sie dynamische Pinselstriche für die Federn, aber übermalen Sie die vorherige Schicht nicht vollständig. Am Hals malen Sie einige Schatten, behalten aber die weißen Stellen zur Definition der Form bei. Lassen Sie die zweite Schicht vollständig trocknen.

8. Die letzte Schicht malen Sie mit einem Detailpinsel und neutral getönter Aquarellfarbe. Die Schnabelspitze bekommt eine dicke dunkle Farbe, die Sie mit Wasser verlaufen lassen, um hellere Bereiche zu erzeugen. Fügen Sie weitere Details hinzu: Augen, Ringe an den Beinen und einige schmale Linien für die Federn. Betonen Sie die Schwanzspitzen mit einem Mopppinsel und ein wenig neutral getönter Aquarellfarbe. Mit einigen Farbspritzern vervollkommnen Sie Ihre Flamingos.

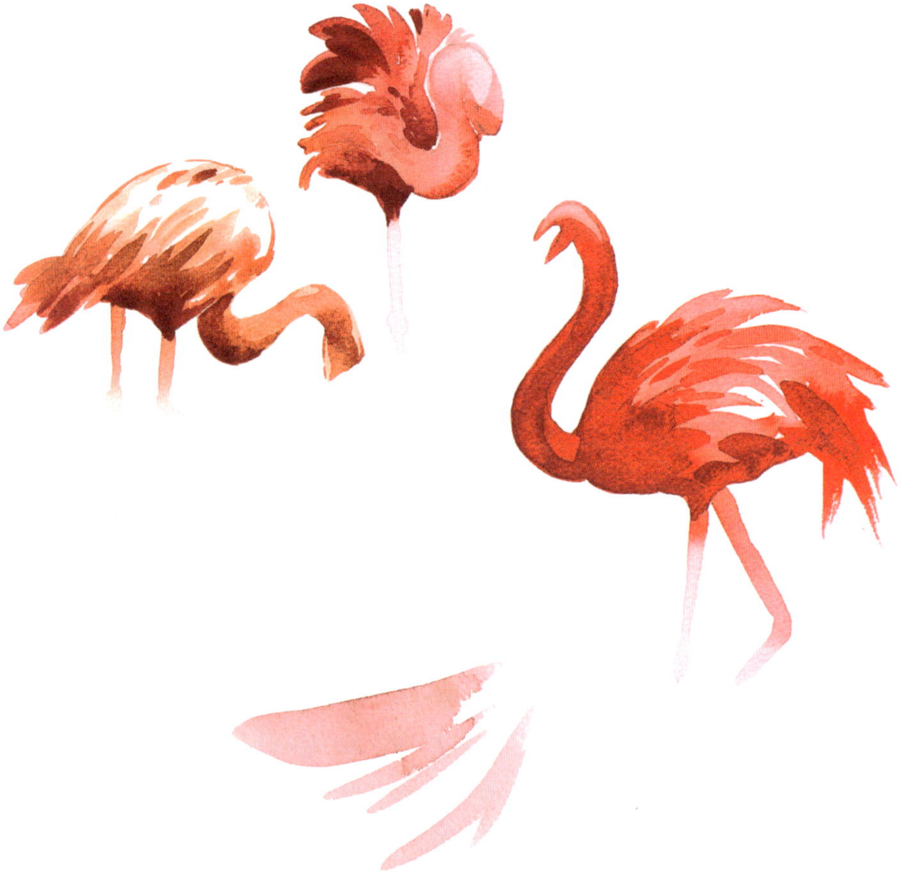

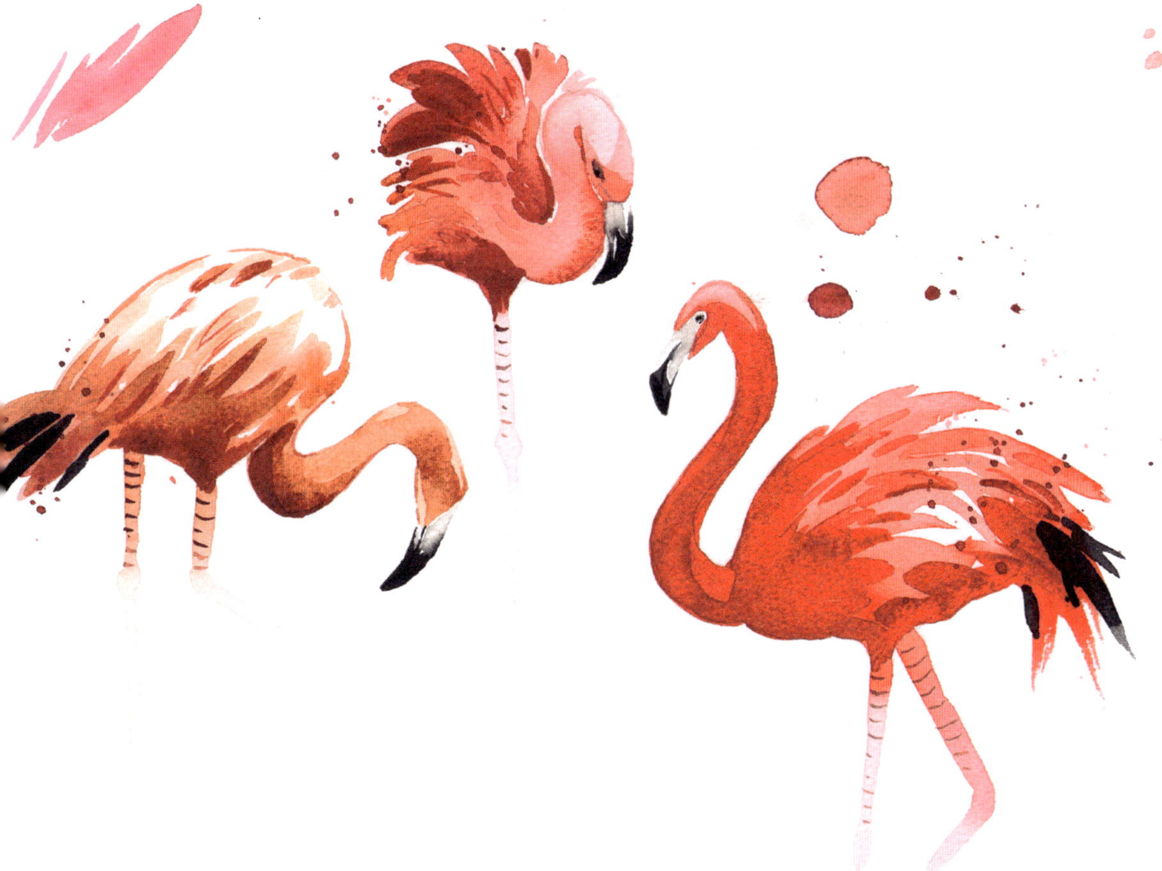

Wildes Malen

Mit schnellen Pinselbewegungen werden Ihre Werke lebendiger. Gleichzeitig sollten Sie aber auch nicht allzu viele Pinselstriche setzen. Versuchen Sie, ein Motiv ohne darunterliegende Bleistiftskizze zu malen. Je weniger Sicherheit sie haben, desto besser. Üben Sie das gleiche Motiv immer und immer wieder, und konzentrieren Sie sich dabei nicht auf die Komposition oder Anatomie, sondern nur auf Ihren Pinselstrich. Auf diese Weise werden Ihre Bilder bald ganz mühelos wirken.

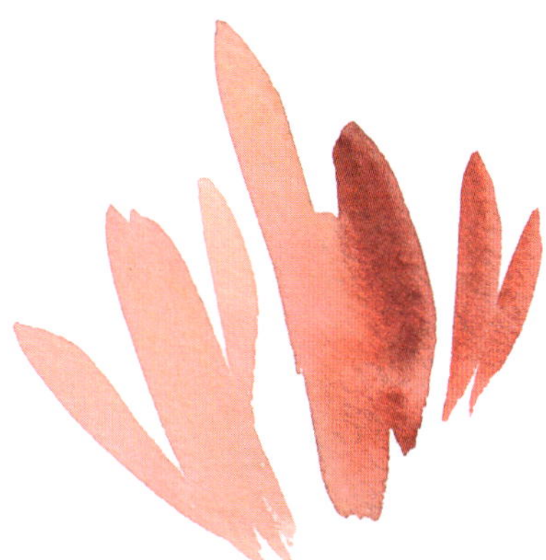

VERSTECKTE SCHLANGE

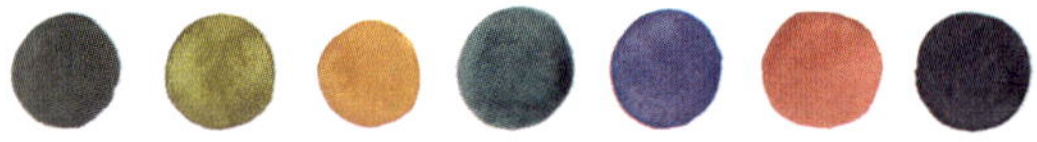

- *Perylengrün, Goldgrün, Chinacridon Gold, Echtes Mayablau, Ultramarinblau, Hellrot, Indigoblau*

Abdeckflüssigkeit ist ein spezieller Klebstoff, mit dem sich weiße Papierbereiche beim Malen verdecken lassen. Je nachdem, ob Sie einen Bereich einfach weiß lassen oder Abdeckflüssigkeit verwenden, sieht das Ergebnis unterschiedlich aus. Mit Abdeckflüssigkeit können Sie, ähnlich wie mit Farbe, Pinselstriche, Muster und Effekte wie zum Beispiel einen trockenen Pinselstrich erzeugen. Außerdem müssen Sie nicht vorsichtig um einen weißen Bereich herummalen, sondern können mit der Farbe einfach über die Abdeckflüssigkeit malen. Das spart Zeit und Mühe.

Ich liebe die glänzenden Schuppen, die schönen Farben und die filigranen Muster der Schlangenhaut. Die Baumpython hat eine dreieckige Körperform und eine gelbe und grüne Färbung mit weißen Flecken. Außerdem kann sie auf unterschiedlichste Weise an einem Zweig hängen. Die Python lebt vorzugsweise im tropischen Regenwald. Deshalb stellen Sie sie am besten inmitten von locker arrangierten Blumen dar. In dieser Übung erzeugen Sie das Punktmuster der Schlangenhaut mithilfe von Abdeckflüssigkeit.

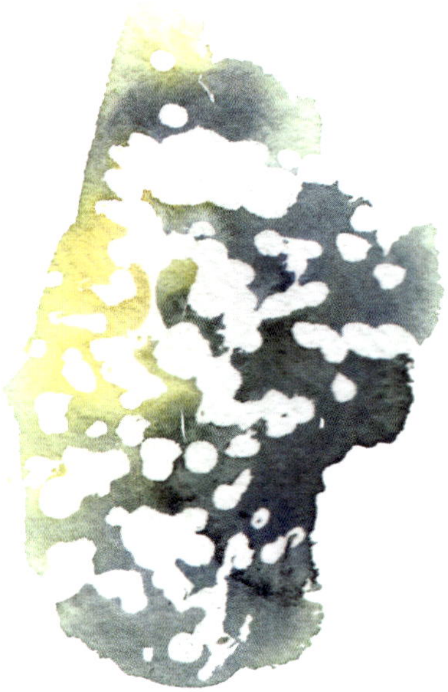

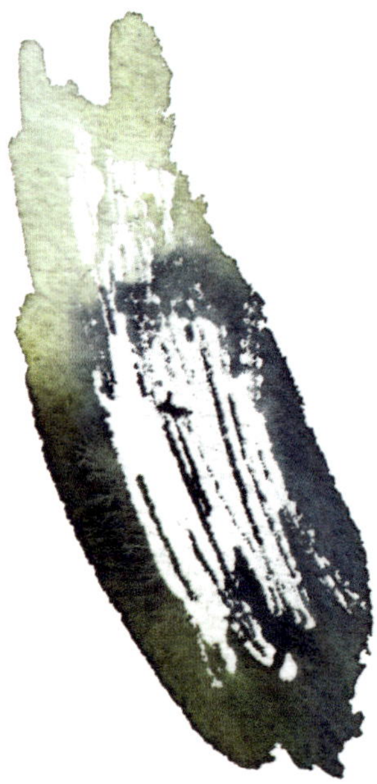

1. Achtung – ein Python ist nicht nur eine um einen Zweig gewickelte Nudel. Ihre dreieckige Körperform skizzieren Sie am besten in kurzen Strichen und mithilfe von Richtungslinien. Hängt die Schlange am Baum, sind unterschiedliche Körperseiten zu sehen. Diese können Sie sehr gut durch verschiedene Muster darstellen.

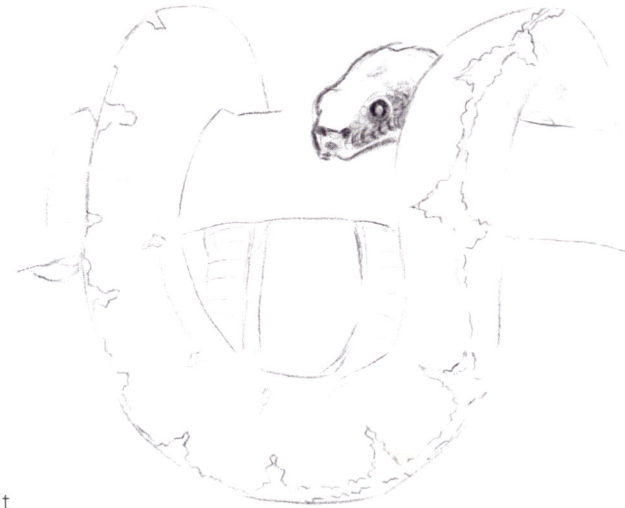

2. Tupfen Sie die Abdeckflüssigkeit mit einem Applikator oder einem alten Pinsel auf die Teile der Schlange, die Sie abdecken möchten: Ich habe ein Diamantmuster auf die Haut der Schlange gemalt. Lassen Sie die Flüssigkeit vollständig trocknen. Wenn sie auch nur noch leicht feucht ist, kann sie einen guten Pinsel ruinieren. Sie können die Trocknungszeit mit einem Föhn verkürzen.

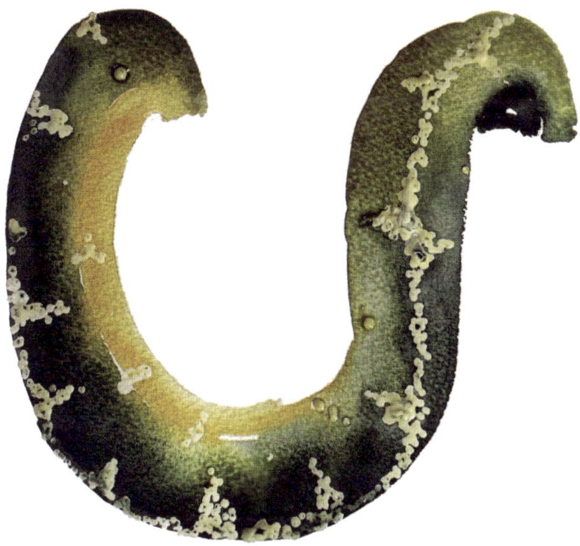

3. Für den Körper tragen Sie einen Farbverlauf aus dicker Farbe auf – verwenden Sie Perylengrün für die dunkleren Teile und fügen Sie dann nach und nach Goldgrün und Chinacridon Gold für die helleren Teile hinzu.

4. Malen Sie den Teil der Schlange, der sich hinter dem Zweig befindet, mit halbfeuchtem Chinacridon Gold. Auf den Kopf tragen Sie halbfeuchtes Perylengrün und Goldgrün auf und lassen die beiden Farben frei verlaufen. Malen Sie um die Augen herum, damit diese Stellen weiß bleiben.

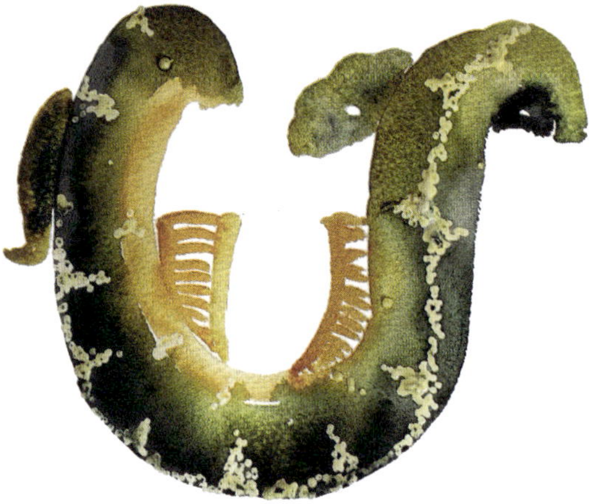

5. Mit Mayablau malen Sie einen Farbverlauf auf den Zweig, an dem die Python hängt. Malen Sie die ersten Blumen rund um die Schlange. Ihre Hand sollte sich dabei ganz leicht bewegen – denken Sie nicht zu viel nach und lassen Sie die Hand einfach machen. Nehmen Sie verschiedene Farben: Ultramarinblau, Mayablau, Hellrot, Indigoblau und einen Hauch von Chinacridon Gold.

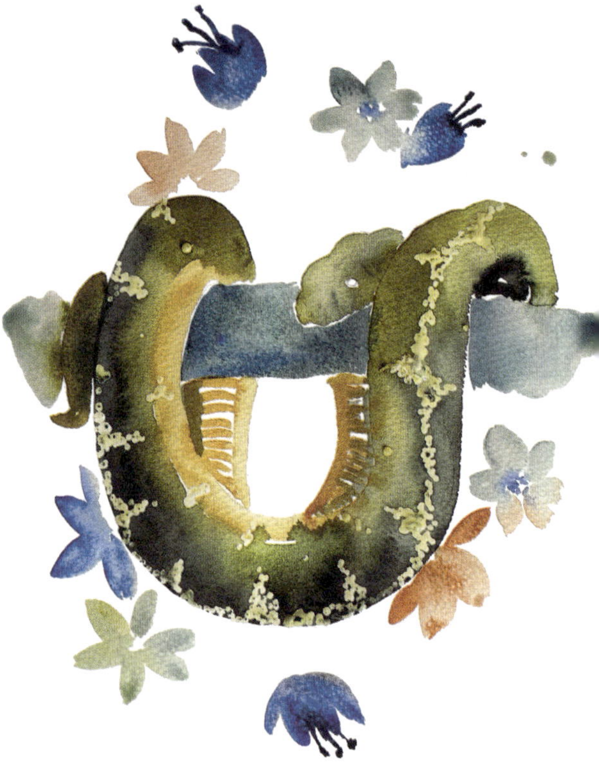

6. Nehmen Sie auch unterschiedliche Mengen an Wasser auf. Damit die Blumen heller werden und mehr in den Hintergrund rücken, sodass der Blick auf die Python fällt, nehmen Sie mehr Wasser als Farbe. Malen Sie einige Blüten nur mit sauberem Wasser. Sie dürfen Bereiche mit mehr Pigment gern berühren. Die Blüten sollen am Ende locker und halb abstrakt wirken.

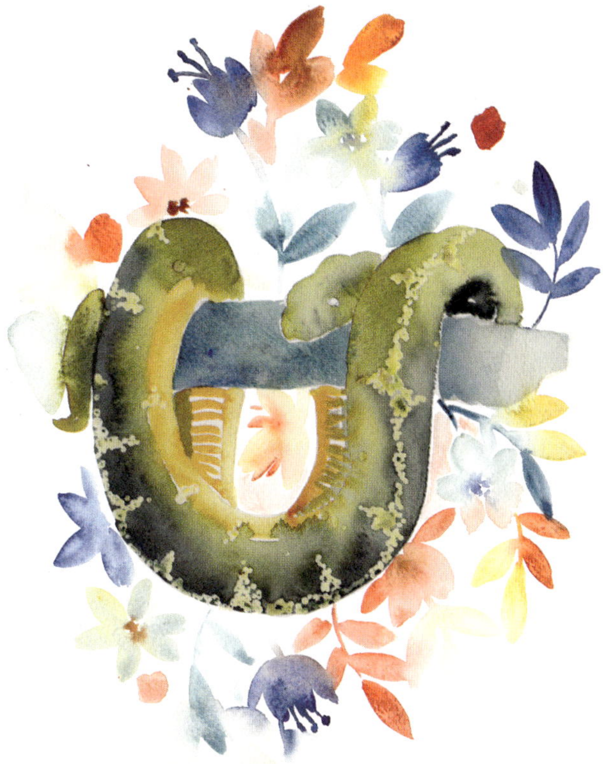

7. Wenn die Python vollständig getrocknet ist, malen Sie die Textur der Haut mit einem Rundpinsel. Nehmen Sie dazu ungefähr die gleichen Farben, aber in cremigerer Konsistenz. Verleihen Sie dem ganzen Körper in tupfenden Bewegungen eine gepunktete Textur. Nun betonen Sie die Schatten am Kopf mit einer hellen Schicht Perylengrün. Lassen Sie diese Schicht vollständig trocknen.

8. Vervollständigen Sie die Textur der Pythonhaut auf die gleiche Weise. Der Teil des Körpers, der hinter dem Zweig hängt, bekommt nun einige Schatten in hellem Perylengrün und erhält so mehr Tiefe. Malen Sie an weiteren Stellen im Bild Schatten, um Kontraste zu erzeugen und die skulpturale Form der Python zu unterstreichen. Mit einem Detailpinsel fügen Sie nun Details im Gesicht hinzu. Lassen Sie diese Schicht vollständig trocknen.

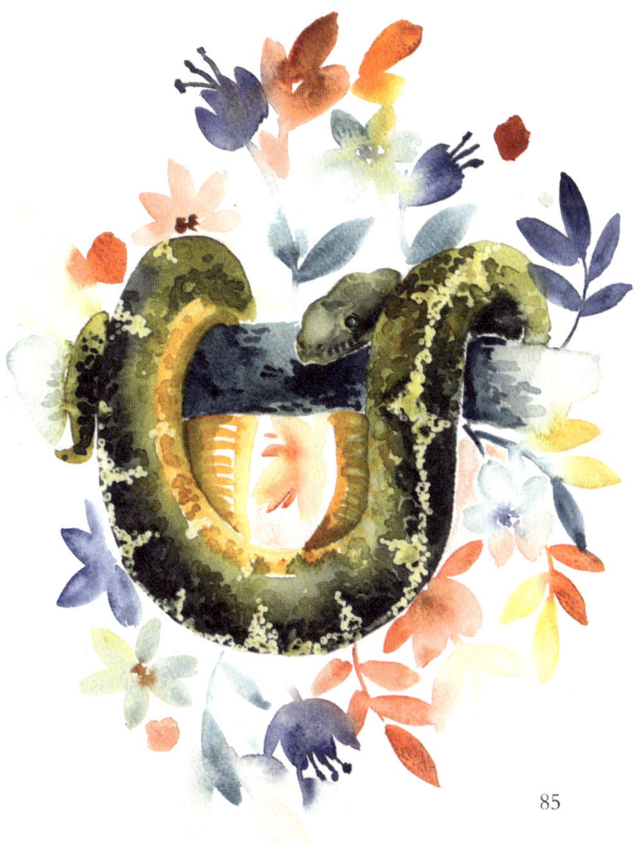

9. Radieren Sie die Abdeckflüssigkeit mit einem harten Radiergummi aus. Das Papier darf nicht feucht sein – auch nicht ein bisschen –, da Sie sonst das Bild zerstören könnten. Sobald das weiße Muster klar erkennbar ist, malen Sie in sehr hellem Goldgrün einige Schatten über die zuvor abgedeckten Bereiche, vor allem am unteren Körperrand. Nun geht es an die letzten Kleinigkeiten: Malen Sie ein wenig mehr Textur um die Augen und die Nase im Gesicht. Oben auf dem Kopf heben Sie einige Stellen mit weißem Posca-Stift hervor und verteilen ein paar grüne Spritzer über den gesamten Körper.

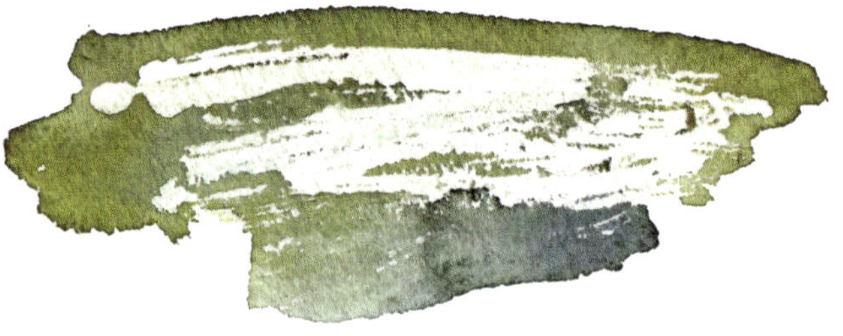

Wildes Malen

Tipps zum Auftragen von Abdeckflüssigkeit:

- Ziehen Sie sehr feine und präzise Linien mit einem Füllfederhalter. Er lässt sich später auch einfach reinigen.
- Größere Flächen können Sie mit Pinseln abdecken. Verwenden Sie einen Pinsel, der auch kaputtgehen darf, und waschen Sie ihn nach jedem Pinselstrich in Seifenwasser aus.
- Experimentieren Sie mit anderen Werkzeugen, die Sie zur Hand haben, zum Beispiel einer Zahnbürste, einem Stöckchen, Wattestäbchen oder Papier. Jedes Material erzeugt eine einzigartige Textur in Ihrem Kunstwerk. Sie sollten lediglich keine Angst haben, die Werkzeuge zu ruinieren.
- Setzen Sie natürliche und zufällig platzierte Spritzer aus Abdeckflüssigkeit.

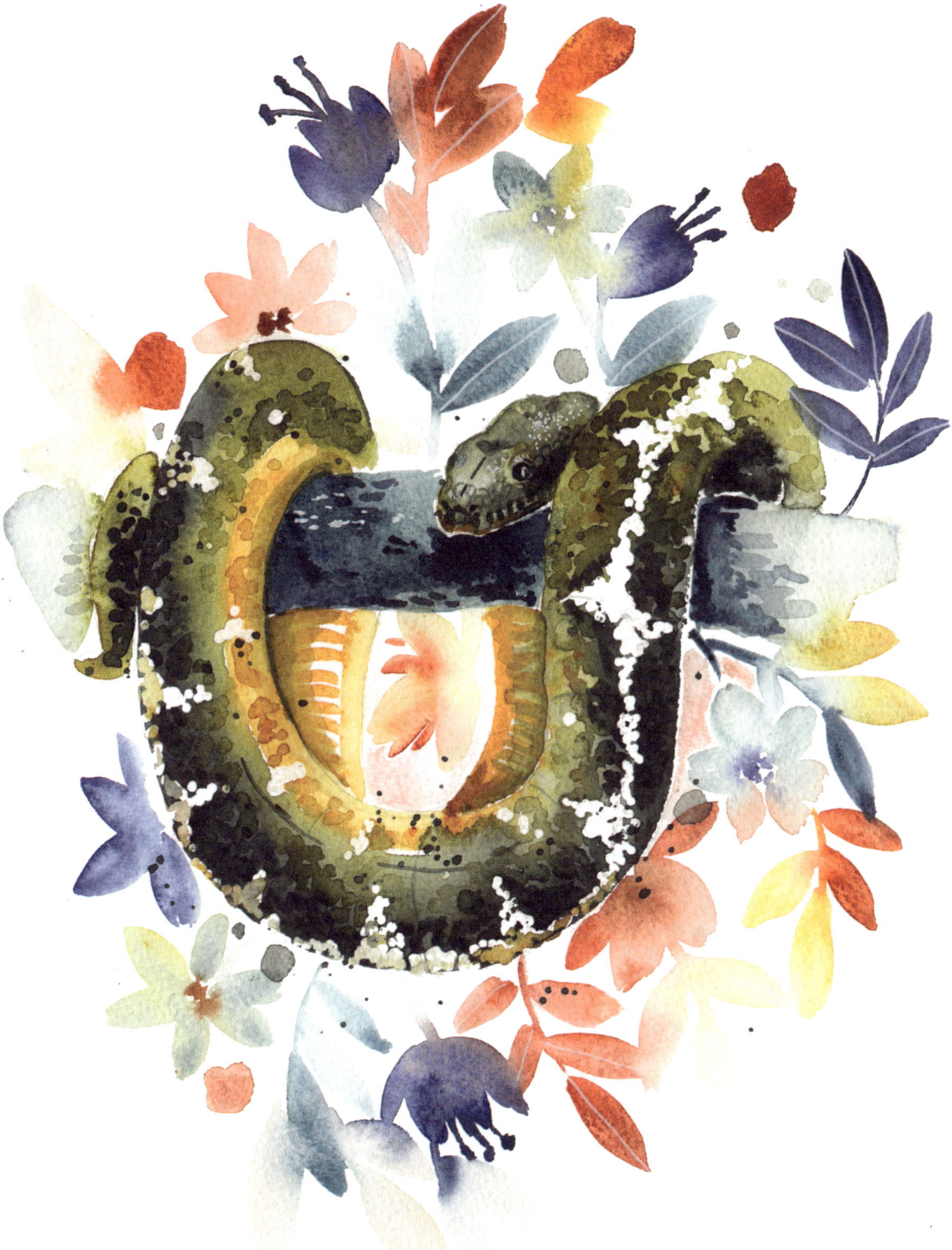

GEPANZERTE SCHILDKRÖTE

• *Mondblau, Mondschwarz, Umbra gebrannt, Mayablau*

Einige Aquarellfarben granulieren, das heißt, dass sich das Pigment auf feuchtem Papier löst, wodurch ein körniges Muster entsteht. Der perfekte Effekt für eine Textur, die einem Stein ähnelt. Es gibt sogar Aquarellfarben, die sich in zwei unterschiedliche Farben aufspalten. Granulierte Farben werden häufig in der Landschaftsmalerei verwendet, aber mir gefallen sie überall. In einem Standard-Aquarellkasten finden sich meist keine granulierenden Farben. In diesem Fall müssen Sie die Farben separat kaufen. Aber sie sind eine lohnenswerte Erweiterung zu Ihrer Farbensammlung.

In dieser Übung nutzen wir die Granulationseigenschaften der Farben, um den Panzer und die Haut einer Schildkröte zu malen. Schildkröten sind sehr alte Tiere und sehen auch genauso aus. Ihr Körper hat ganz unterschiedliche Texturen: der Panzer gleicht einem Stein, die Beine sind mit dicken Schuppen bedeckt und der Nacken ist sehr faltig.

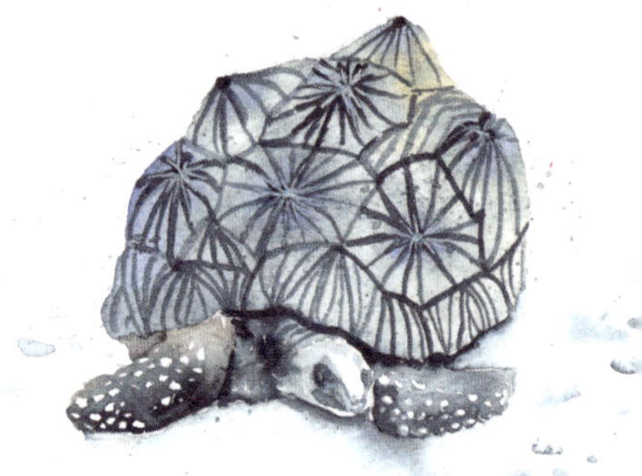

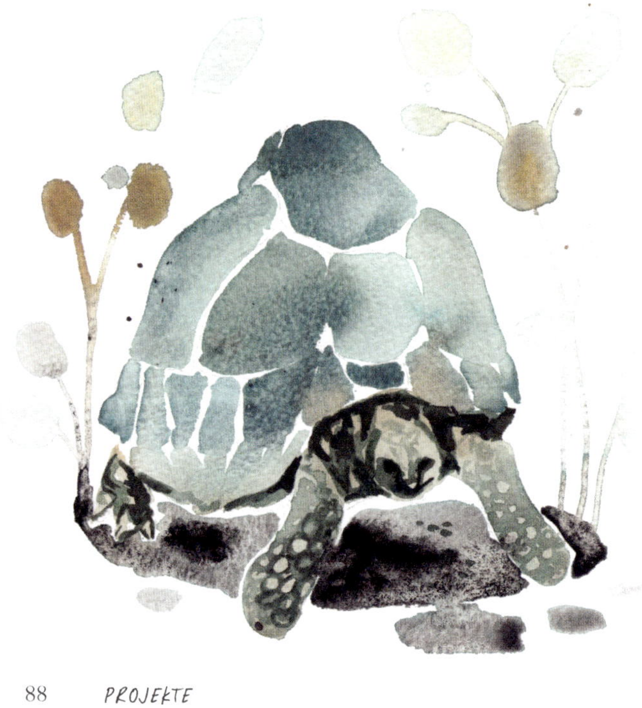

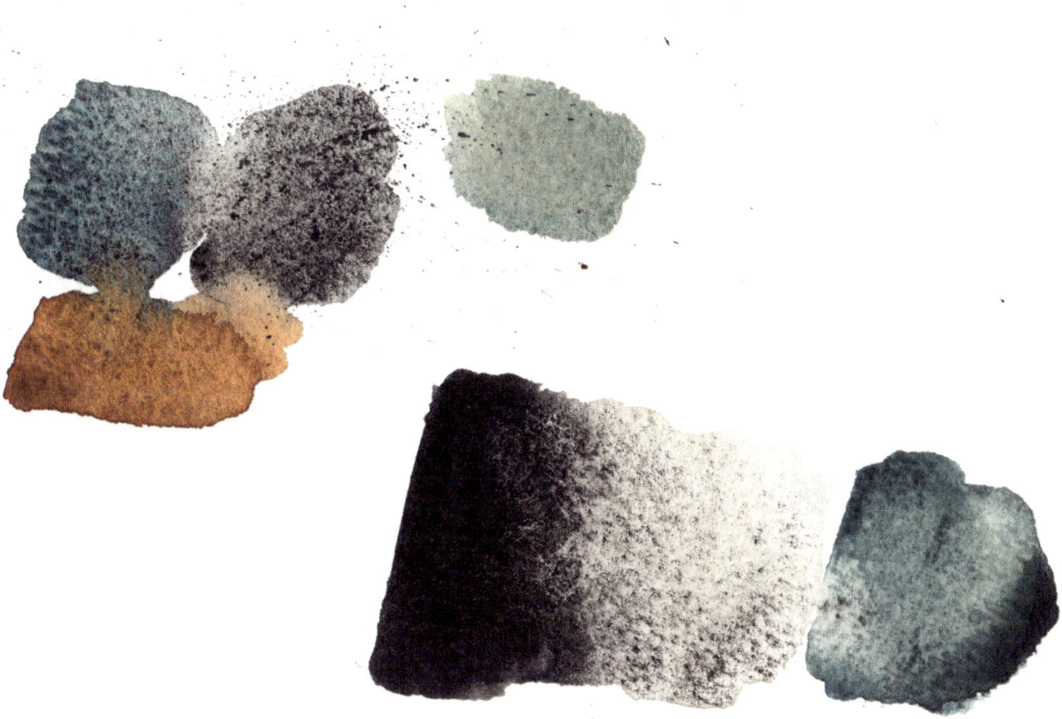

1. Skizzieren Sie eine Schildkröte mit Panzer und flacher Unterseite. Zeichnen Sie auf dem Panzer ein Muster aus verschieden großen Platten. Die Schildkröte hat vorn ein längeres, gebeugtes Bein und größere Hinterfüße.

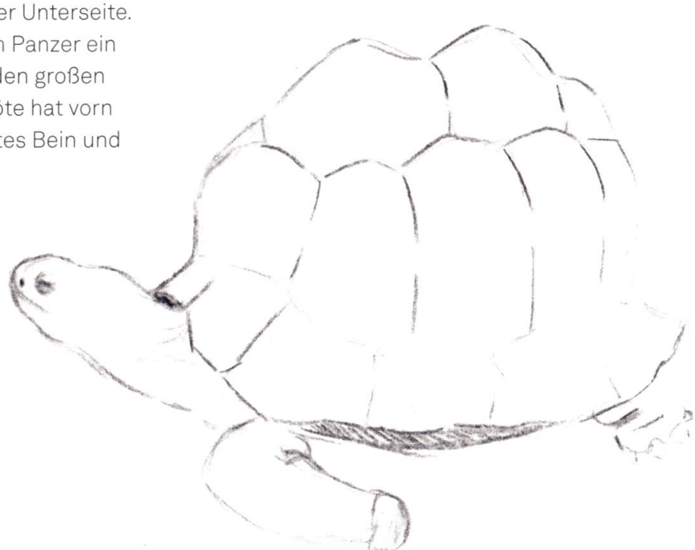

2. Beginnen Sie mit den einzelnen Platten auf dem Panzer der Schildkröte. Tragen Sie dazu Mondblau und Mondschwarz an beliebigen Stellen auf, und variieren Sie das Farbe-Wasser-Verhältnis, sodass interessante Flecken entstehen. Zwischen den einzelnen Platten lassen Sie weiße Lücken. Trotzdem sollten die Farben so verteilt sein, dass sie zwischen den Platten verlaufen und sich mischen. Tupfen Sie hier und da auf die noch feuchte Farbe mehr Pigment, damit ein stärkerer Kontrast entsteht.

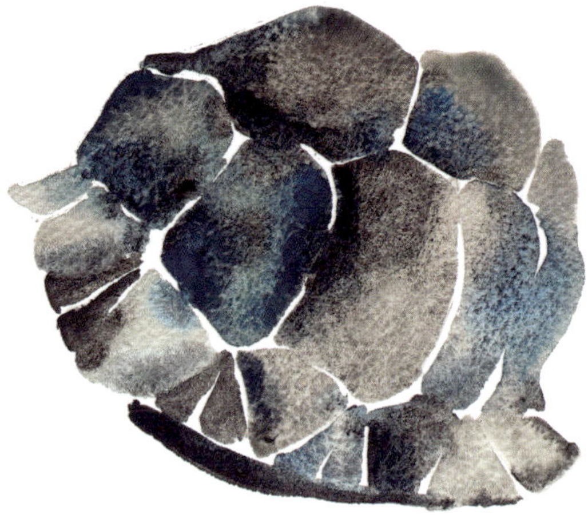

3. Mit einem kleineren Pinsel und halbfeuchter Umbra gebrannt malen Sie miteinander verbundene Kreise für die Beine, sodass insgesamt ein Muster entsteht. Für die Schatten auf den Beinen füllen Sie einige dieser Kreise aus, damit nicht alle gleich und natürlich aussehen. Fügen Sie außerdem Mondblau auf den dunkelsten Stellen der Beine hinzu.

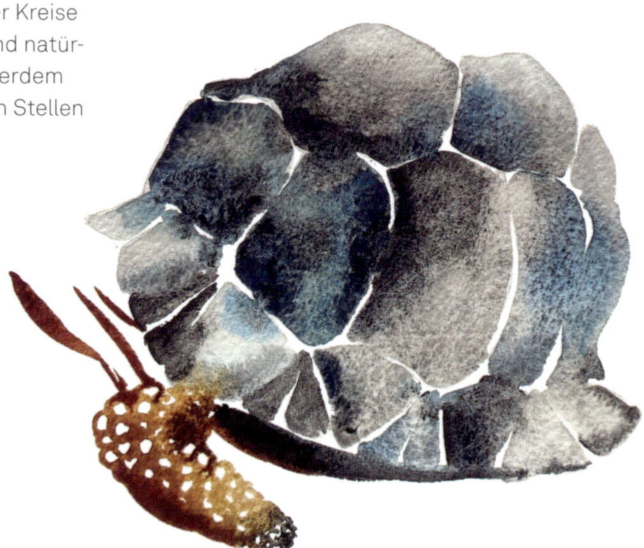

4. Malen Sie den Nacken mit einem kleinen Pinsel in langen Pinselstrichen. Wenige Striche in cremiger Umbra gebrannt genügen. Spülen Sie den Pinsel aus und setzen Sie noch ein paar Striche nur mit Wasser. Wasser und Farbe sollten sich zu einem ungleichmäßigen Farbton mischen. Auf der Oberseite des Kopfes malen Sie mit Mondblau und einigen weißen Highlights eine andere Textur.

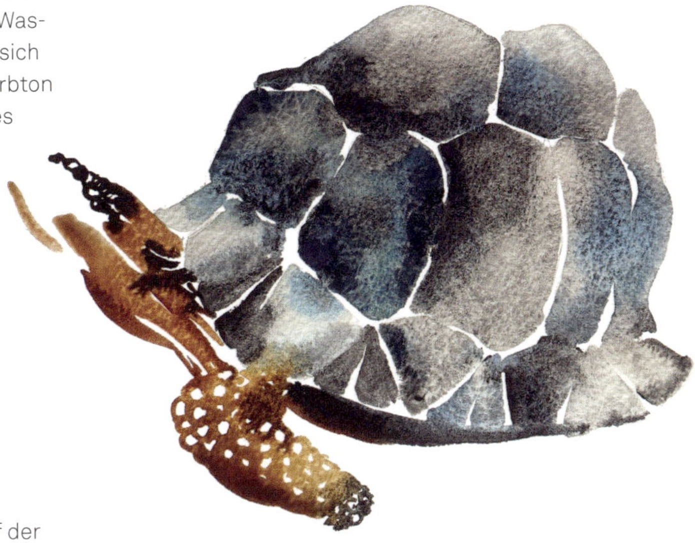

5. Vervollständigen Sie den Kopf der Schildkröte mit der Pulling-Technik (siehe Seite 53) und etwas Wasser. Die Augenpartie lassen Sie dabei aus, damit sie ein wenig trocknen kann. Bevor sie vollständig getrocknet ist, malen Sie einen Hauch Mondblau rund um das Auge, damit die Farbe nicht zu viel mit dem restlichen Gesicht verläuft. Malen Sie ein weiteres Bein in der gleichen Technik wie in Schritt 3. Schauen Sie sich Ihre Schildkröte nun an. An Stellen, die ein wenig Schatten vertragen können, tragen Sie Mondschwarz auf. Lassen Sie die erste Schicht vollständig trocknen.

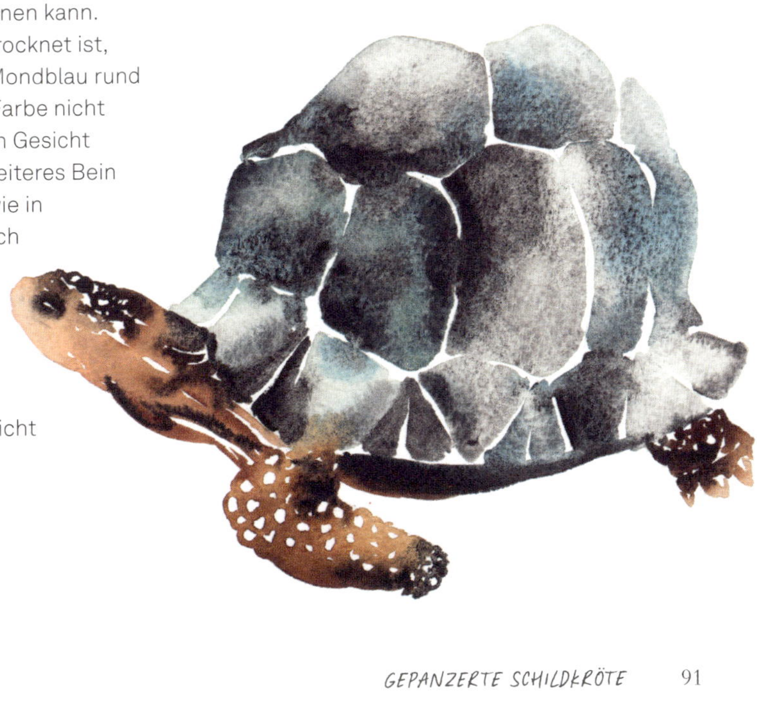

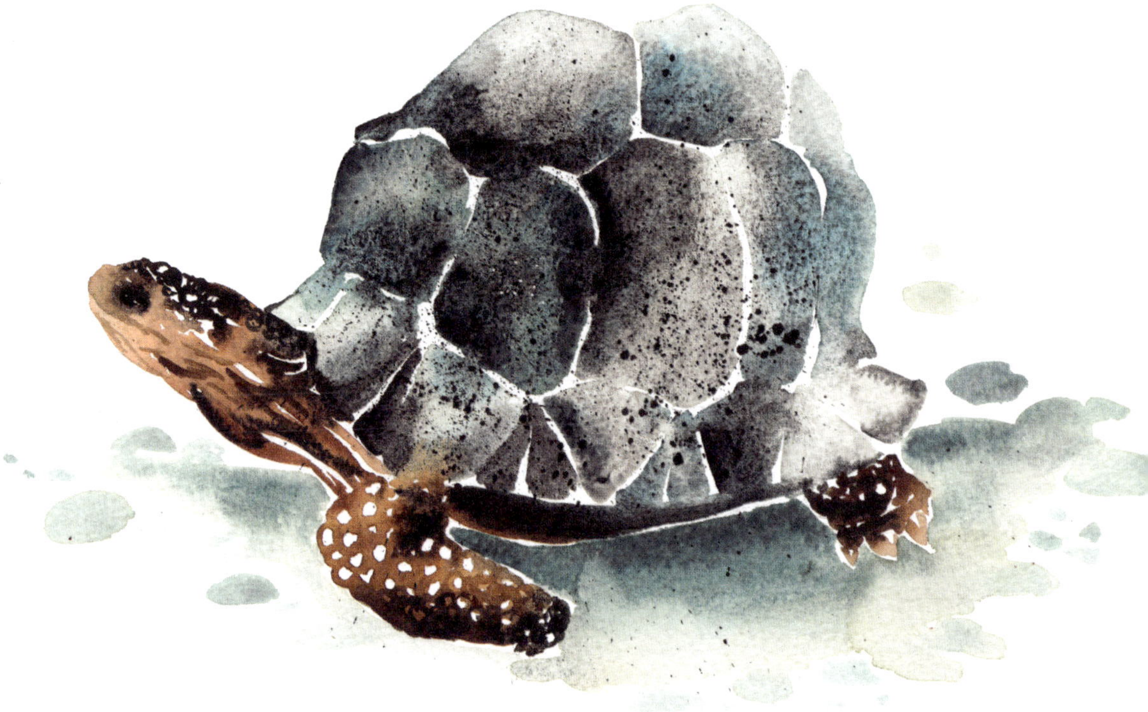

6. Malen Sie nun mit einem kleinen Pinsel weiter. Mit halbfeuchter bis wässriger Umbra gebrannt malen Sie Falten auf dem Nacken, dem Kopf und den Beinen der Schildkröte. Malen Sie auf den Beinen in den farbigen Bereichen der ersten Schicht sehr kleine Kreise, sodass die Beine eine schöne Textur bekommen. Für den Boden verwenden Sie eine andere granulierende Farbe: Mayablau. Malen Sie mit dem Mopppinsel einen sehr lockeren Farbverlauf und einige separate Flecken um die Schildkröte herum. Die Textur des Panzers heben Sie mit einem Detailpinsel und Mondblau hervor. Tippen Sie leicht mit dem Pinsel gegen Ihren Finger, um kleine Spritzer zu erzeugen, die wie Schmutzspritzer aussehen.

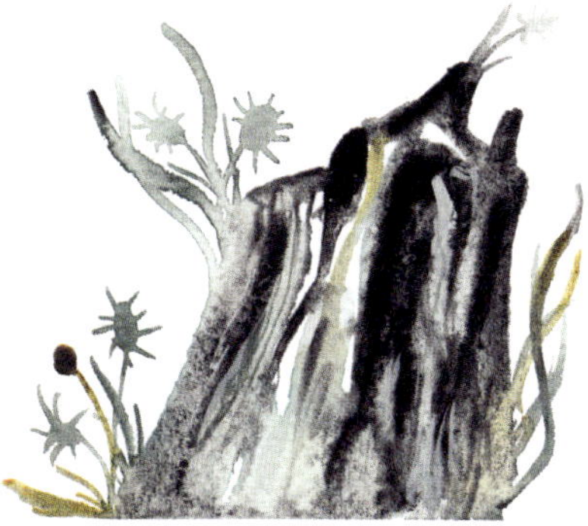

Wildes Malen

Lassen Sie sich auf Überraschungen ein! Granulierende Farben eignen sich hervorragend zum Malen von Steinoberflächen, können aber jedes Motiv bereichern. Manchmal entstehen auch spannende Texturen für Motive, von denen man eine glatte Oberfläche erwarten würde.

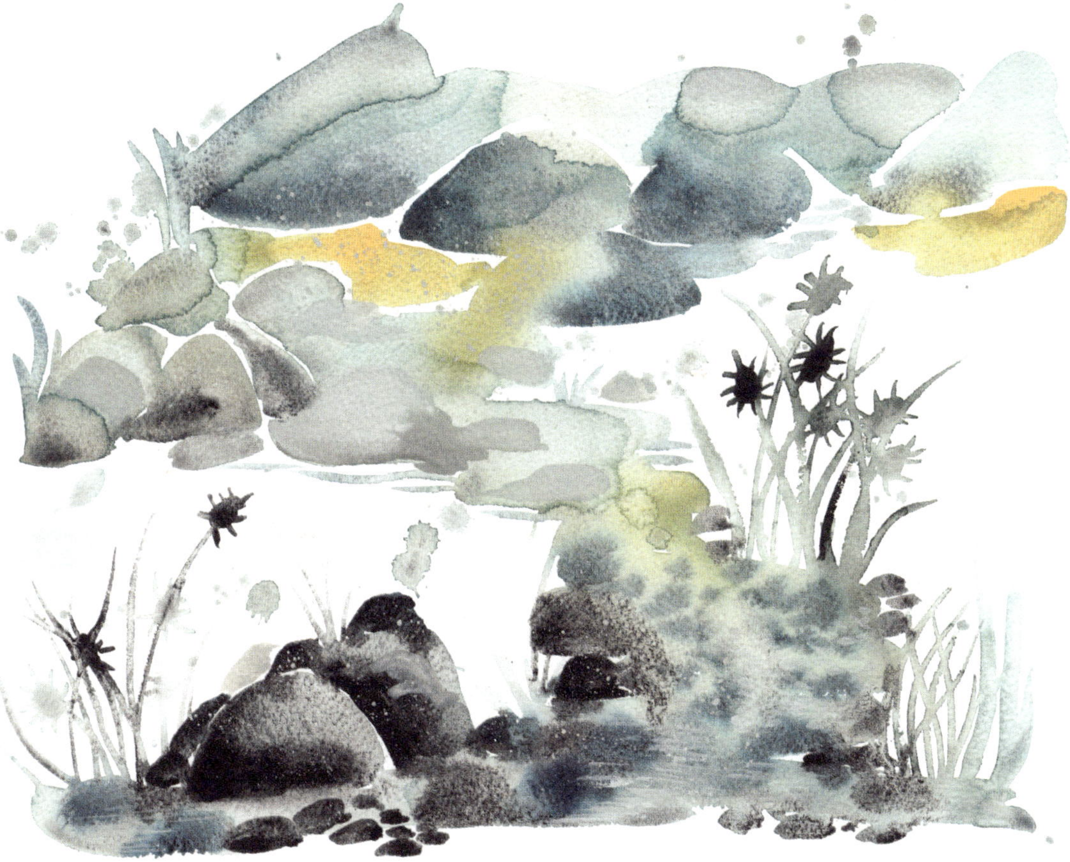

WILDES CHAMÄLEON

• Goldgrün, Saftgrün (Permanentgrün), Chinacridon Gold, Buff Titanium, Indigoblau, weiße Gouache

Wenn Sie noch kreativer sein möchten, können Sie Tierhaut mit einer Kombination der verschiedenen Techniken darstellen, die Sie bisher kennengelernt haben. Setzen Sie dicke, exzentrische und flache Pinselstriche. Diese Art zu Malen ist sehr intuitiv. Folgen Sie beim Malen von Schichten und Texturen Ihrem Flow.

Chamäleons sind vor allem dafür bekannt, dass sie ihre Farbe und Helligkeit sehr schnell ändern können. Ihre Haut zeigt interessante Muster, die manchmal wie wilde Pinselstriche aussehen. Lassen Sie Ihrer künstlerischen Interpretation freien Lauf. In dieser Übung werden wir freie, flache Pinselstriche verwenden, um die gemusterte Textur des Chamäleons zu malen.

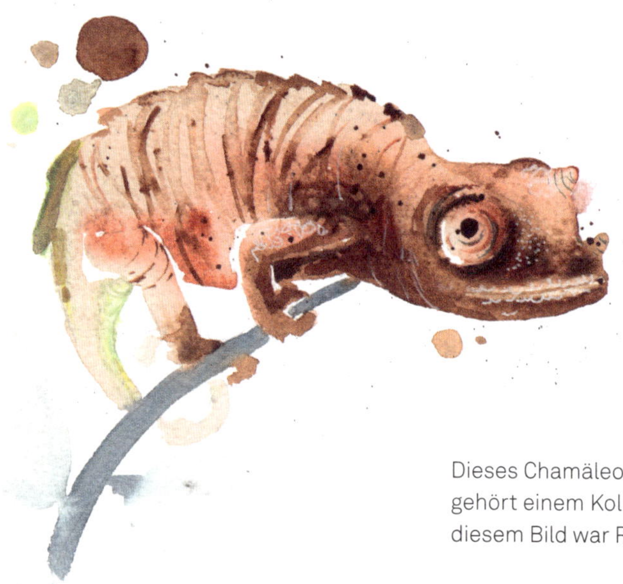

Dieses Chamäleon heißt Reggie und gehört einem Kollegen von mir. Auf diesem Bild war Reggie noch ein Baby.

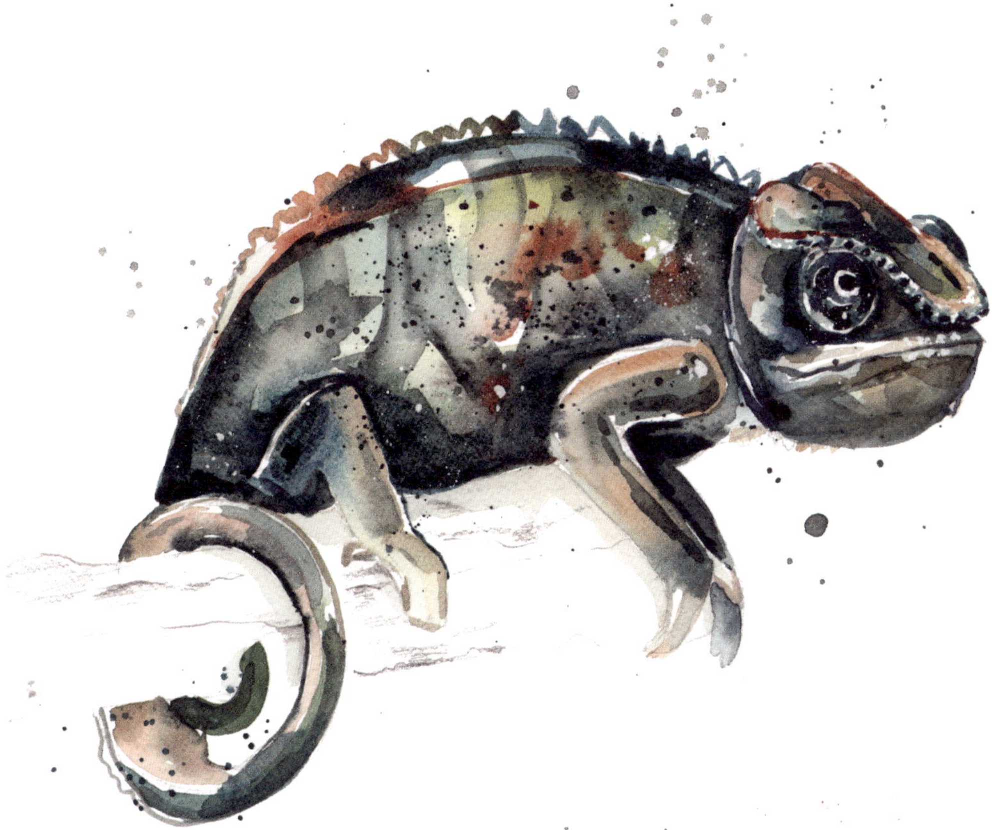

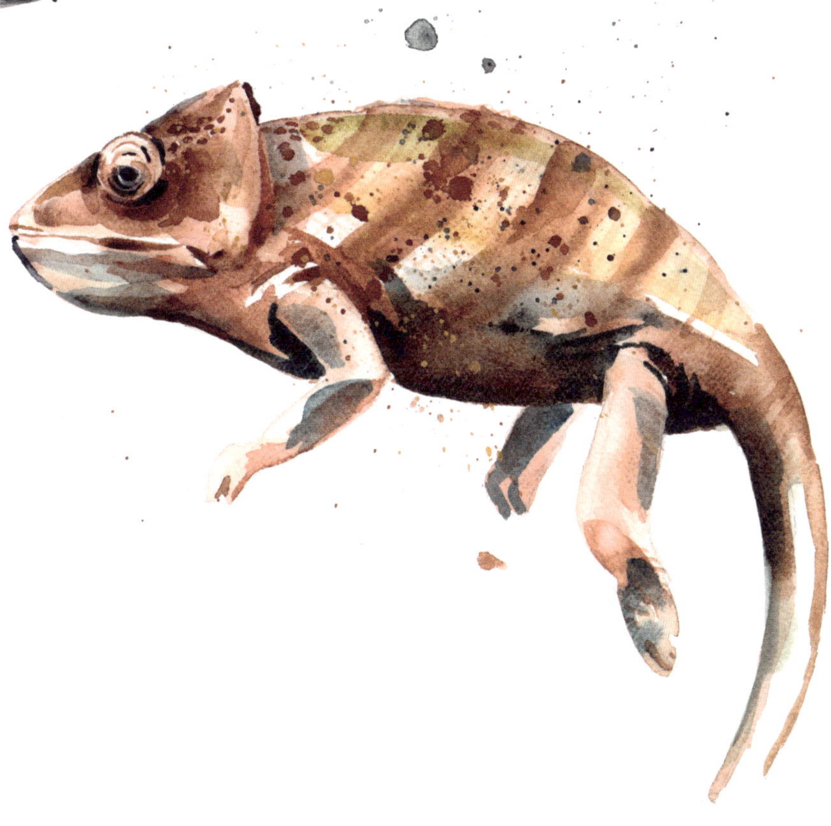

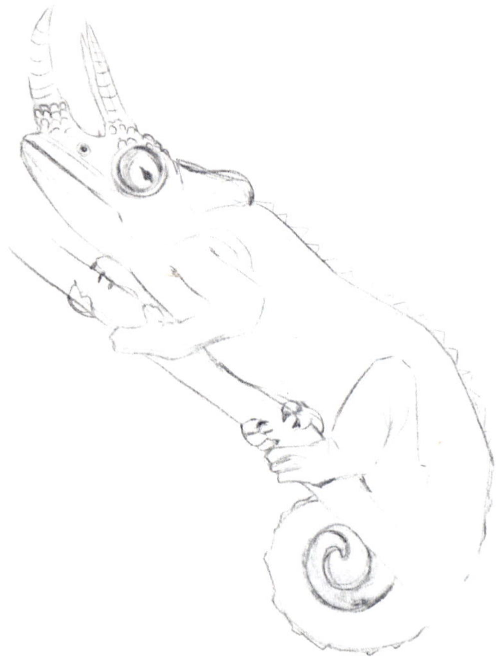

1. In der Skizze sollten Sie vor allem auf den langen, leicht gebogenen Körper, den gewundenen Schwanz und den recht breiten Kopf achten. Das auffällige Auge hat viele Falten. Eine besondere Herausforderung sind die Füße des Chamäleons, die bei näherem Hinschauen aussehen wie Ofenhandschuhe!

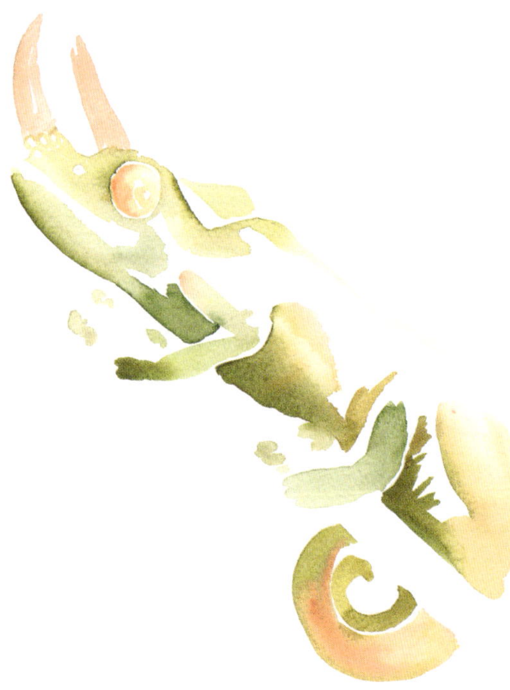

2. Beginnen Sie mit der Grundierung der Chamäelonhaut. Malen Sie in Goldgrün, Saftgrün, Chinacridon Gold und ein wenig Hellrot in unterschiedlichen Pinselstrichen eine musterartige Textur. Bleiben Sie bei diesem Schritt ganz entspannt und überlegen Sie nicht allzu viel, vor allem da diese Schicht später übermalt werden wird. Sie sollte recht hell sein, verwenden Sie daher viel Wasser für die Formen und lassen Sie einen großzügigen Teil des Chamäleons weiß. Für die Hörner mischen Sie halbfeuchtes Hellrot mit Buff Titanium. Lassen Sie diese Schicht vollständig trocknen.

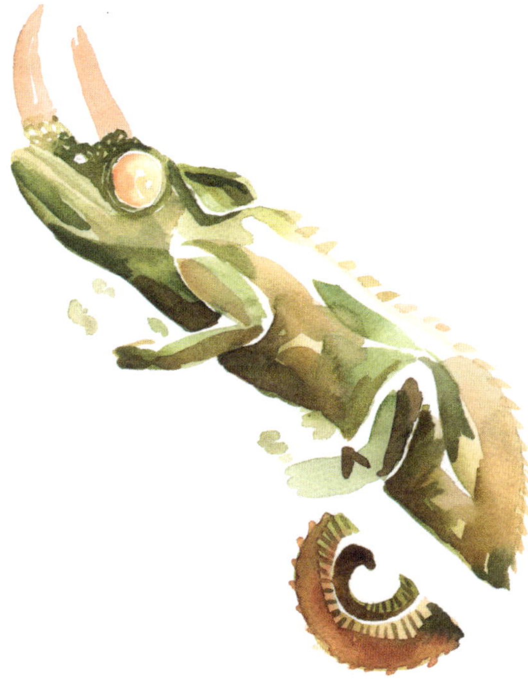

3. Das Volumen des Körpers erzeugen sie mit den gleichen Techniken wie in Schritt 2. Konzentrieren Sie sich auf die dunkleren Körperteile, die Sie mit Farben in cremiger Konsistenz malen. Mischen Sie für die Schatten Saftgrün mit Hellrot zu einem warmen Farbton. Ziehen Sie mit einem Detailpinsel Kreise um die Augen, um die Hauttextur zu definieren. Legen Sie Schatten auf die Beine, und lassen Sie das Bild vollständig trocknen.

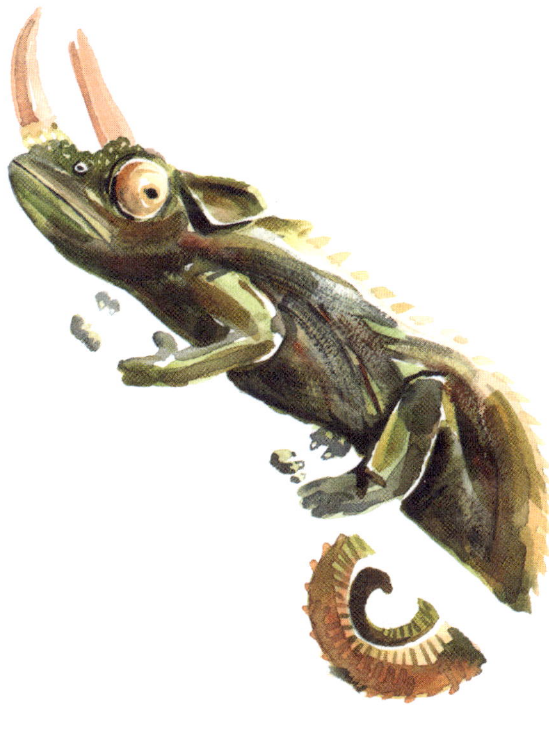

4. Tauchen Sie einen Flachpinsel in eine beliebige Farbe, die Sie in dicker Konsistenz auf der Palette angemischt haben. Malen Sie mit lockeren Handbewegungen Wellen auf den Körper. Dieser Schritt ist etwas heikel, weil Sie das Ergebnis nicht vorhersehen können. Aber so zu malen, fühlt sich sehr befreiend an. Spielen Sie mit den Pinselstrichen: Malen Sie mit dem trockenen Pinsel (siehe Seite 55), nehmen Sie auf den beiden Pinselseiten unterschiedliche Farben auf oder ziehen Sie aus diesen großzügigen Pinselstrichen mit einem kleineren Pinsel lange, feine Linien heraus. An Stellen, die beim Trocknen an Kontrast verloren haben, fügen Sie Schatten hinzu. Mit einem kleinen Pinsel malen Sie Details wie zum Beispiel Falten um die Augenpartie und Nasenlöcher. Definieren Sie den Mund mit einer dünnen Linie. Lassen Sie das Bild vollständig trocknen.

5. Nun schauen Sie sich Ihr Bild nochmal an. Wenn notwendig, tragen Sie weitere Schatten in Saftgrün und mit einem Hauch Indigoblau auf und betonen zum Beispiel die Falten auf den Beinen. Für den Ast, auf dem das Chamäleon sitzt, verwenden Sie eine dickflüssige Mischung aus Hellrot und Saftgrün. Sie können den Ast in jeder Bildphase malen. Ich bevorzuge jedoch, zuerst das Tier zu vollenden, damit ich sehen kann, welche Astfarbe am besten dazu passt. Am Ende setzen Sie in allen Farben Ihrer Palette und weißer Gouache viele größere und kleinere Punkte – sie können wild verteilt werden!

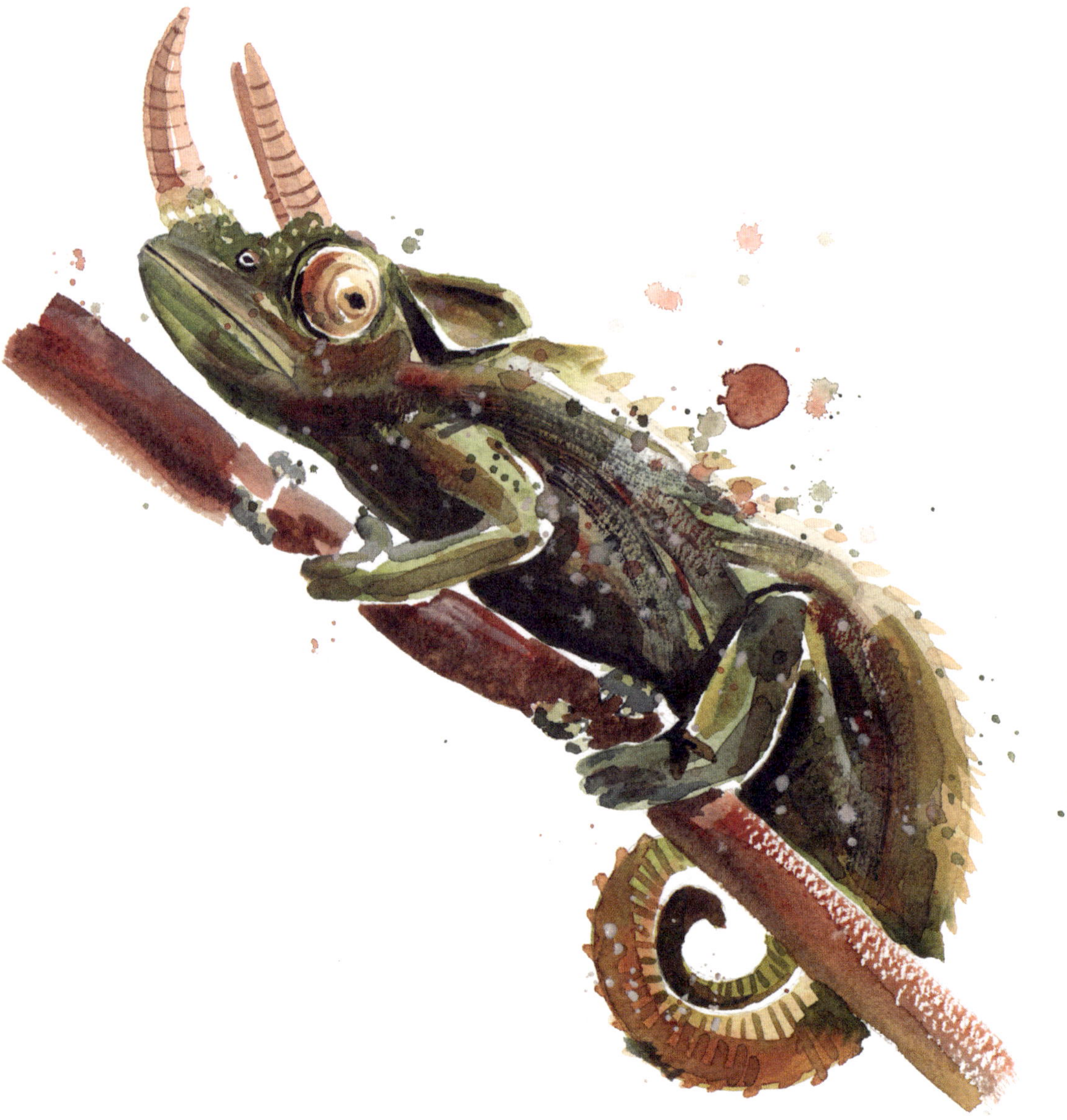

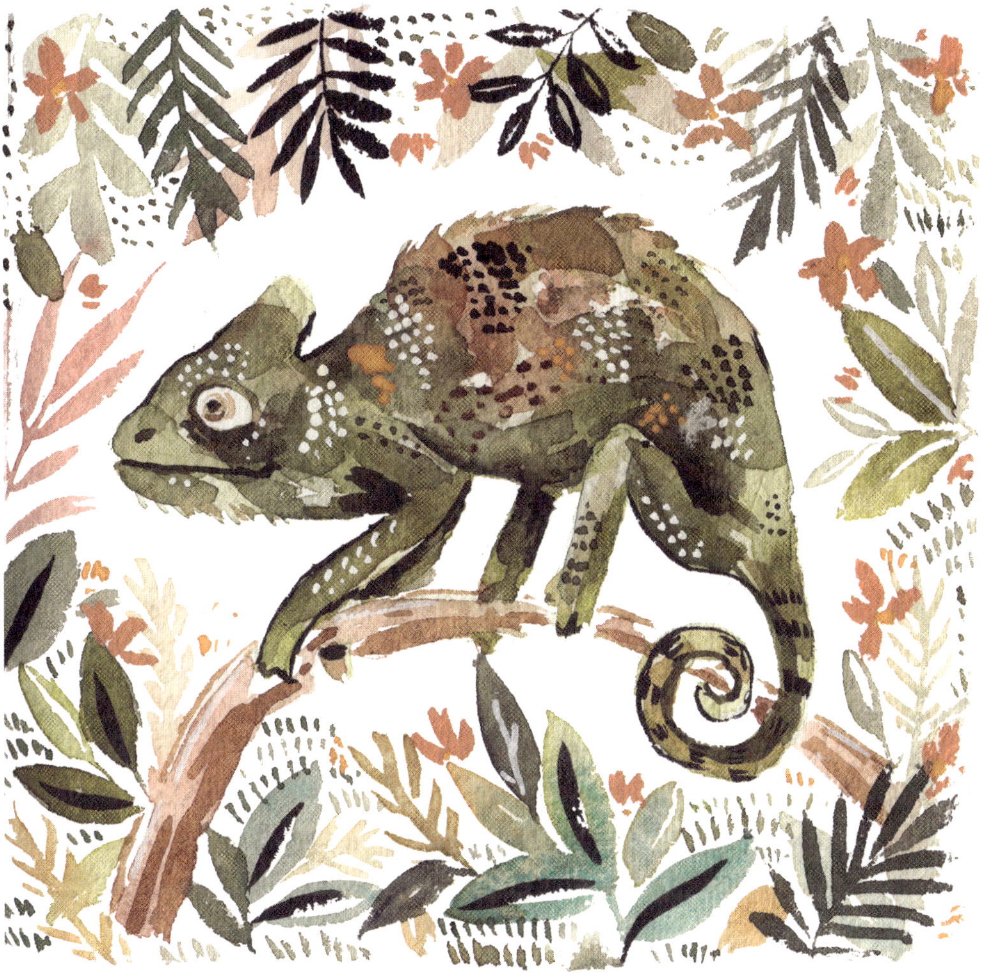

Wildes Malen

Mit den verschiedenen Mustern der Tierhaut müssen Sie nicht allzu präzise sein. Stellen Sie die wesentlichen Eigenschaften eines Musters in großen Pinselstrichen dar, und betonen Sie Einzelheiten in weiteren Farbschichten.

GEMUSTERTER SCHMETTERLING

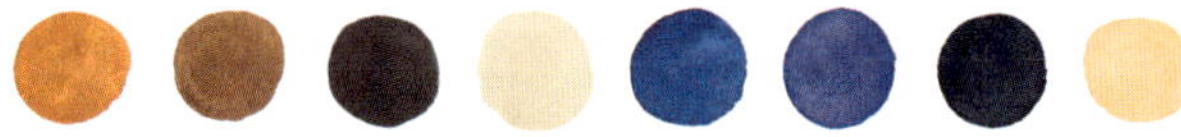

• Chinacridon Gold dunkel, Umbra gebrannt, Sepia, Buff Titanium, Primärblau, Ultramarinblau, Neapelgeld, Indigoblau

In dieser Übung geht es weniger um eine Maltechnik als vielmehr um das Malen von Mustern. Muster sind unglaublich vielseitig. Sie können Hintergründe und Stoffe verschönern, aber auch als eigenständige Kunstwerke beeindrucken. Das menschliche Auge liebt Wiederholungen, denn unser Gehirn versucht immer, logische Verknüpfungen herzustellen und die Dinge zu ordnen.

In dieser Übung malen Sie einen Schmetterling aus unterschiedlichen Blickwinkeln und in zwei verschiedenen Farben, um ihn interessant zu machen. Schmetterlinge eignen sich sehr gut für eine solche Übung, da sie viele unterschiedliche Farben und Muster haben. Zur Vorbereitung habe ich das Schmetterlingshaus in einem Zoo besucht und Fotos von Schmetterlingen in unterschiedlichen Positionen gemacht. Wenn sie fliegen, ist ein gutes Foto nahezu unmöglich. Aber wenn sie auf einem Blatt sitzen und langsam ihre Flügel bewegen, lassen sich schöne Fotos machen. Versuchen Sie, möglichst viele Fotos aus unterschiedlichen Perspektiven zu ergattern.

1. Aus der Sicht von oben lassen sich Schmetterling recht einfach zeichnen, aber aus anderen Perspektiven ist eine lebensnahe Skizze schon schwerer. Stellen Sie sich die Flügel wie gefaltete Papierblätter vor, um sie möglichst genau darzustellen. Je nach Blickwinkel verändert sich die Breite der Flügel. Bevor Sie mit dem Malen beginnen, sollten Sie einige Referenzlinien auf den Flügeln zeichnen.

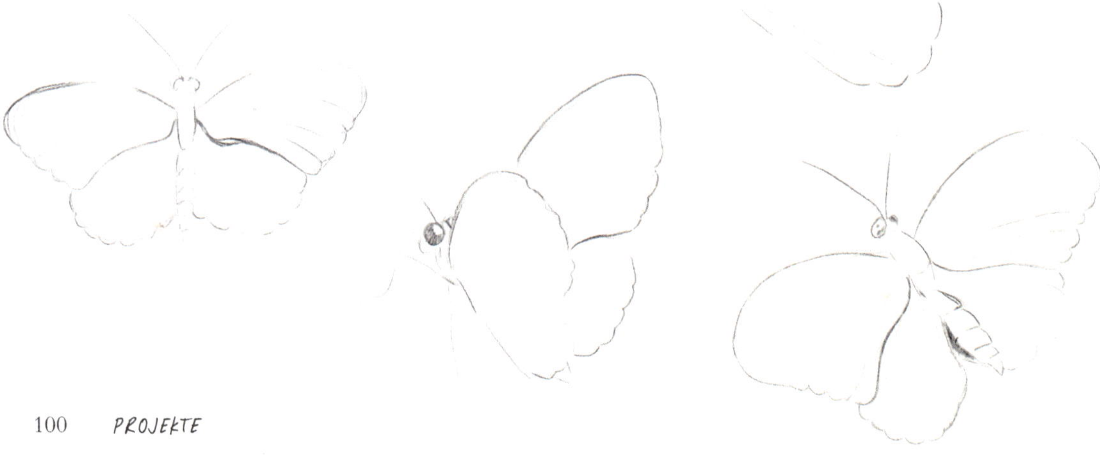

2. Mischen Sie Chinacridon Gold und Umbra gebrannt zu einer halbfeuchten Farbe. Malen Sie zuerst entlang der Linien des Schmetterlingsflügels und füllen Sie den Flügel erst dann vollständig aus. Tragen Sie etwas dicke Sepia auf die noch nasse Farbe auf, damit sie verläuft. Lassen Sie einige Linien auf dem Flügel weiß, um die Struktur hervorzuheben.

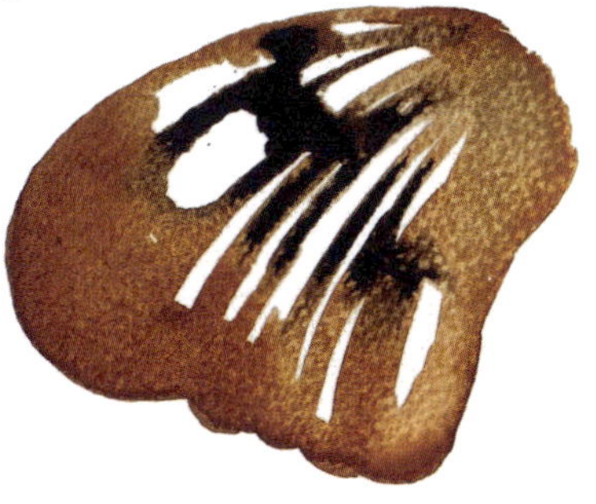

3. Mit halbfeuchter Sepia betonen Sie die Silhouette des Körpers. Gehen Sie dabei nicht zu sehr ins Detail. Der Körper kann die Flügel berühren, sodass sich die beiden Farben mischen.

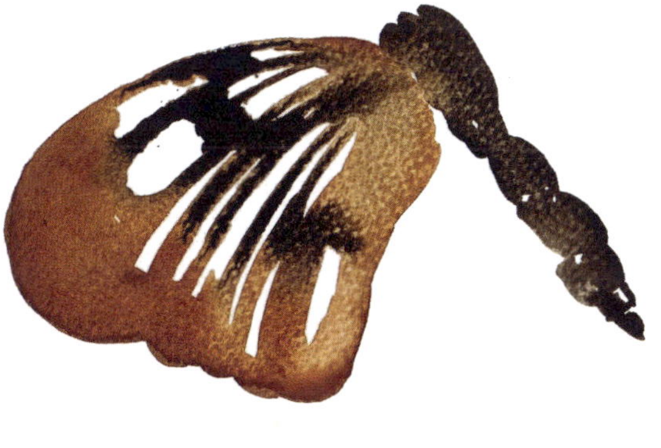

4. Um den unteren von dem oberen Flügel abzuheben, verwenden Sie Buff Titanium in einer mittleren Konsistenz mit Umbra gebrannt an den Rändern. Wenden Sie die gleiche Technik an wie in Schritt 2. Fügen Sie auf dem noch leicht (nicht sehr) feuchten oberen Flügel einige Kreise und Linien hinzu, um ein Muster zu erzeugen.

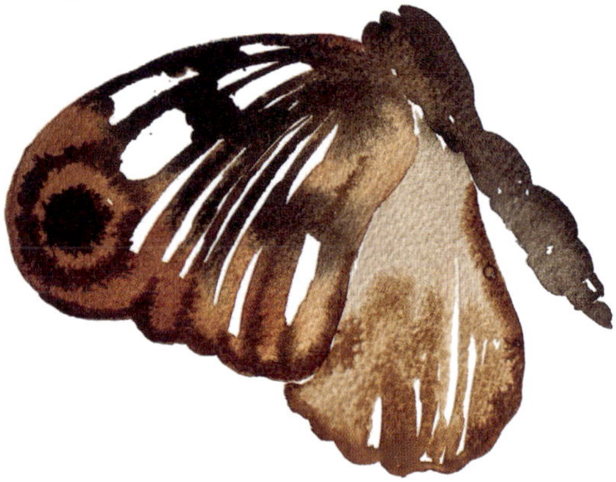

5. Malen Sie die zweite Hälfte des Schmetterlings auf die gleiche Weise und vervollständigen Sie den Körper durch die Augen und die Fühler. Lassen Sie diese Schicht vollständig trocknen.

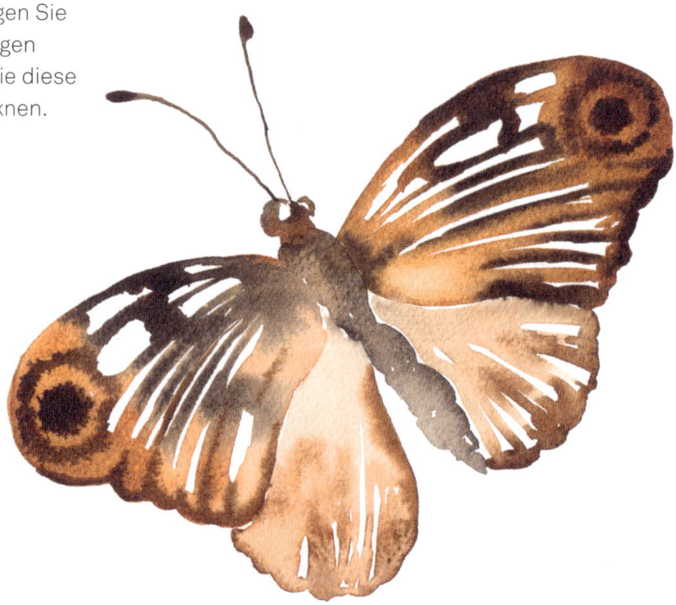

6. Für den blauen Schmetterling mischen Sie Primärblau mit Ultramarinblau. In dieser Farbe malen Sie die dunkleren Partien. Auf den unteren Teil der Flügel malen Sie mit Neapelgelb und lassen die blaue und die gelbe Farbe weich verlaufen.

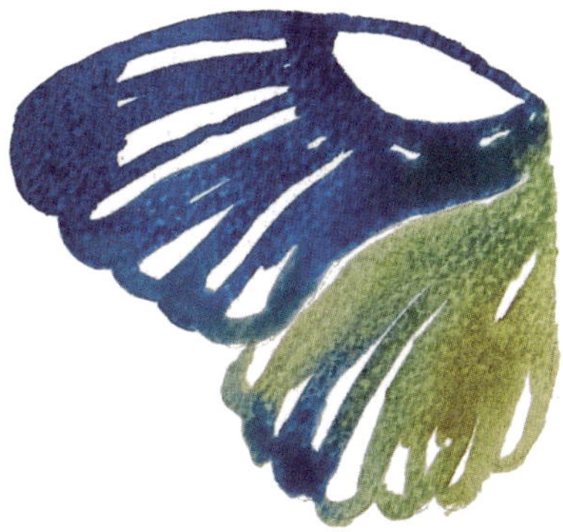

7. Mischen Sie Ultramarinblau und Indigoblau zu einem dunklen, gesättigten Blauton und malen Sie damit den Körper und die Muster. Seien Sie kreativ beim Setzen der Punkte auf die Flügel und achten Sie auf die Balance von heller und dunkler Farbe im Bild.

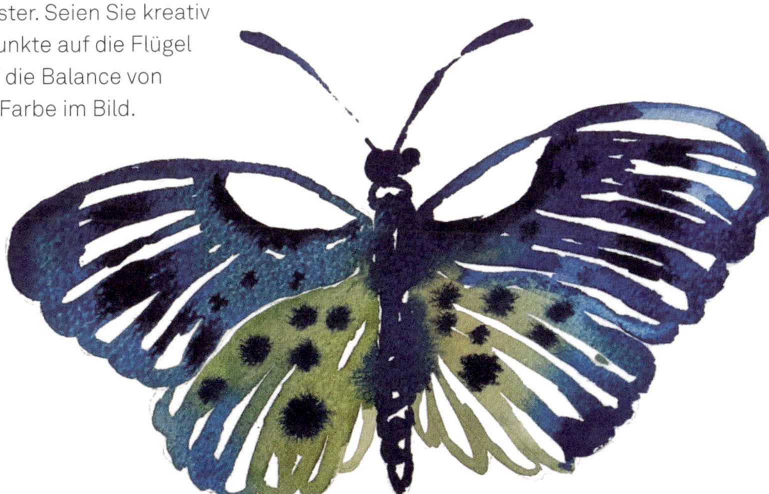

8. Malen Sie so viele Schmetterlinge, wie Sie mögen. Je mehr es werden, desto eindrucksvoller ist ihre Wirkung. Wenn sie vollständig getrocknet sind, fügen Sie Details hinzu. Um die Form der Körper zu betonen, benötigen Sie vielleicht noch eine weitere Farbschicht. Dekorieren Sie die Flügel mit Spritzern, tupfenden Bewegungen, Punkten und allem, was Ihnen Spaß macht.

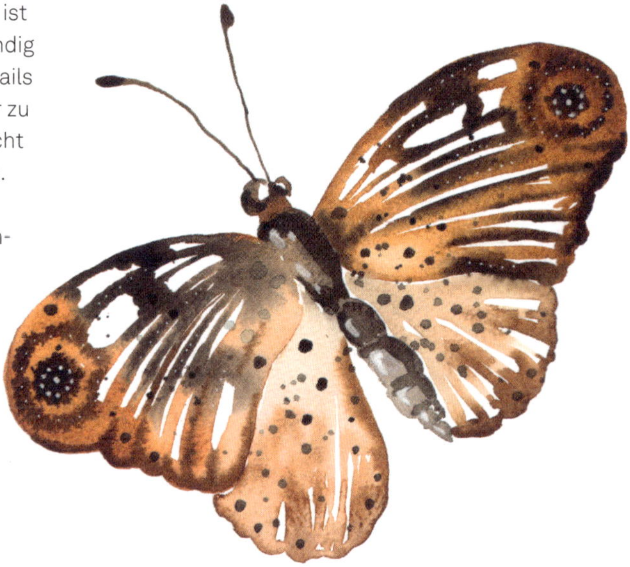

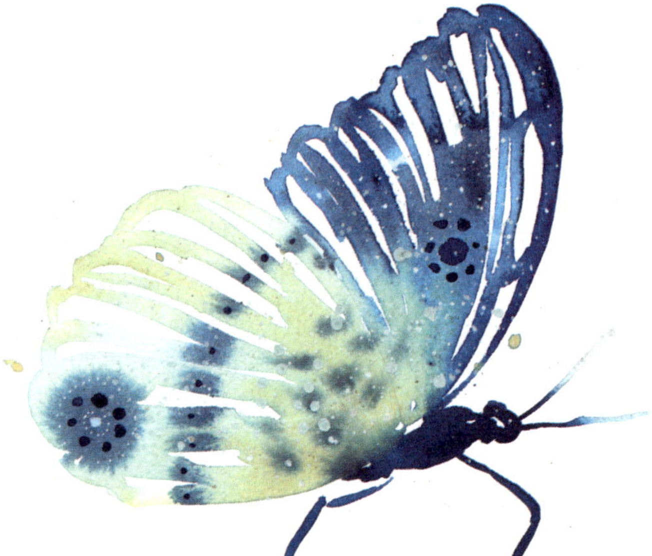

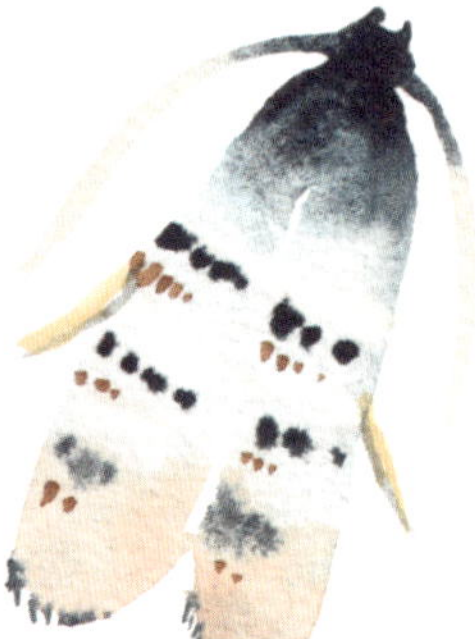

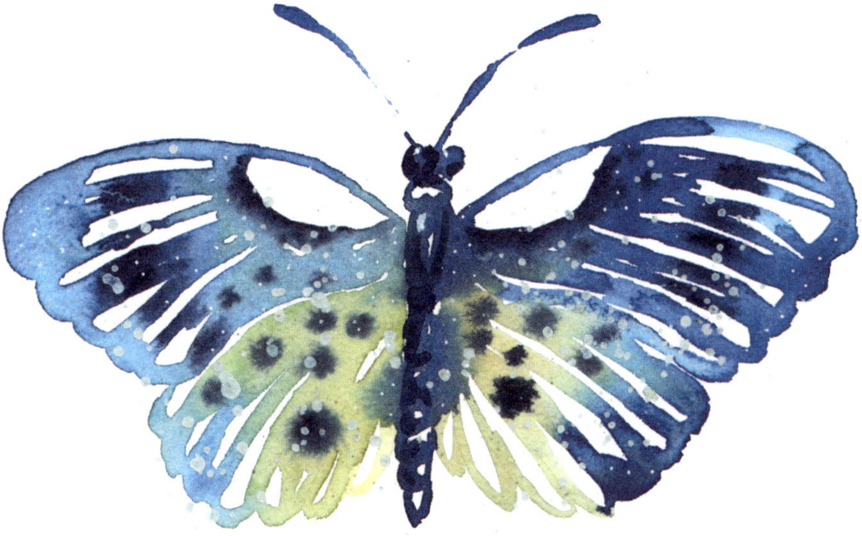

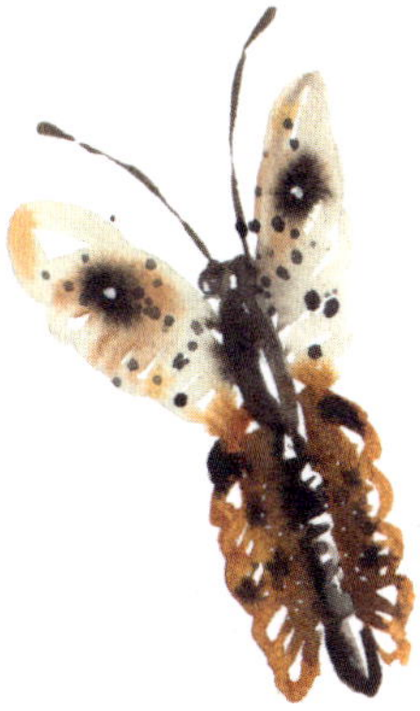

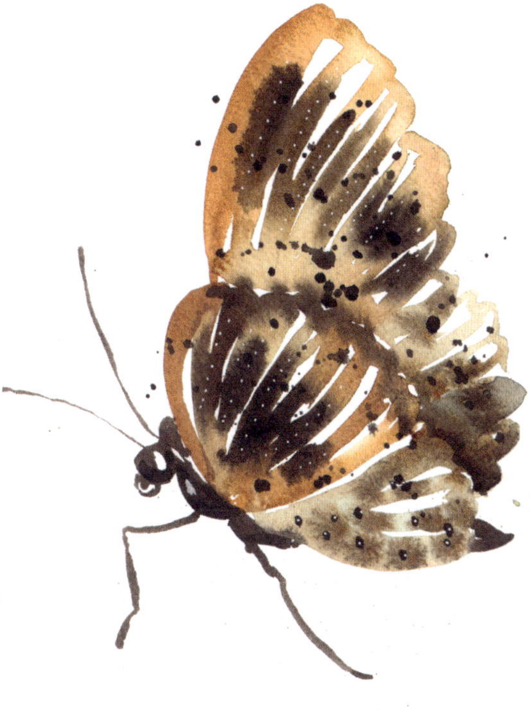

Wildes Malen

Malen Sie so viele Muster, wie Sie können. Lassen Sie sich von Mustern aus Ihrer Umgebung inspirieren, zum Beispiel von Stoffen, Tapeten oder auf Gebäuden.

MAGISCHER DELFIN

• *Ultramarinblau, Indigoblau, Chinacridon Gold, Primärblau, ockergelbe Gouache, weiße Gouache*

Wie Sie mit der Nass-in-Nass-Technik Farbe auf eine feuchte Oberfläche auftragen, wissen Sie bereits. Jetzt werden Sie erkunden, wie Sie mit einer Sprühflasche Wasser auf das nasse Bild auftragen. Sie erzeugen so einen sehr weichen Farbverlauf. Die Technik eignet sich sehr gut zum Malen des Himmels oder von abstrakteren Landschaften und Formen.

In dieser kreativen Übung malen Sie einen Delfin vor einem magischen Himmel. Delfine sind sehr intelligente und gefühlvolle Tiere mit ausgeprägtem Sozialverhalten. Sie haben eine durchscheinende, glänzende Haut und leben vornehmlich im Salzwasser. Durch diese eher abstrakte Technik können Sie eine Parallelwelt aus Himmel und Ozean malen. Die dunkle Tiefsee ist einer der letzten unerforschten Gebiete der Erde – und birgt damit ein gewisses Mysterium. Die Kombination von Himmel und Meer schafft eine magische Umgebung für unseren Delfin.

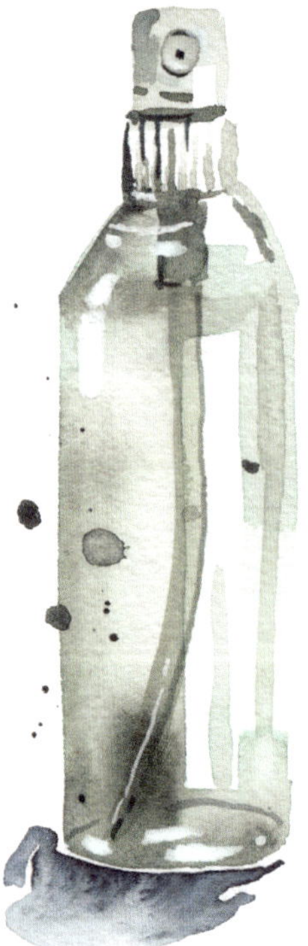

Tipp: Sie können eine leere Sprühflasche im Künstlerbedarfsgeschäft kaufen, aber auch eine leere Flasche aus Ihrem Haushalt wiederverwenden. Für diese Technik eignen sich leere Shampoo- oder Haarsprayflaschen oder Pflanzensprühflaschen.

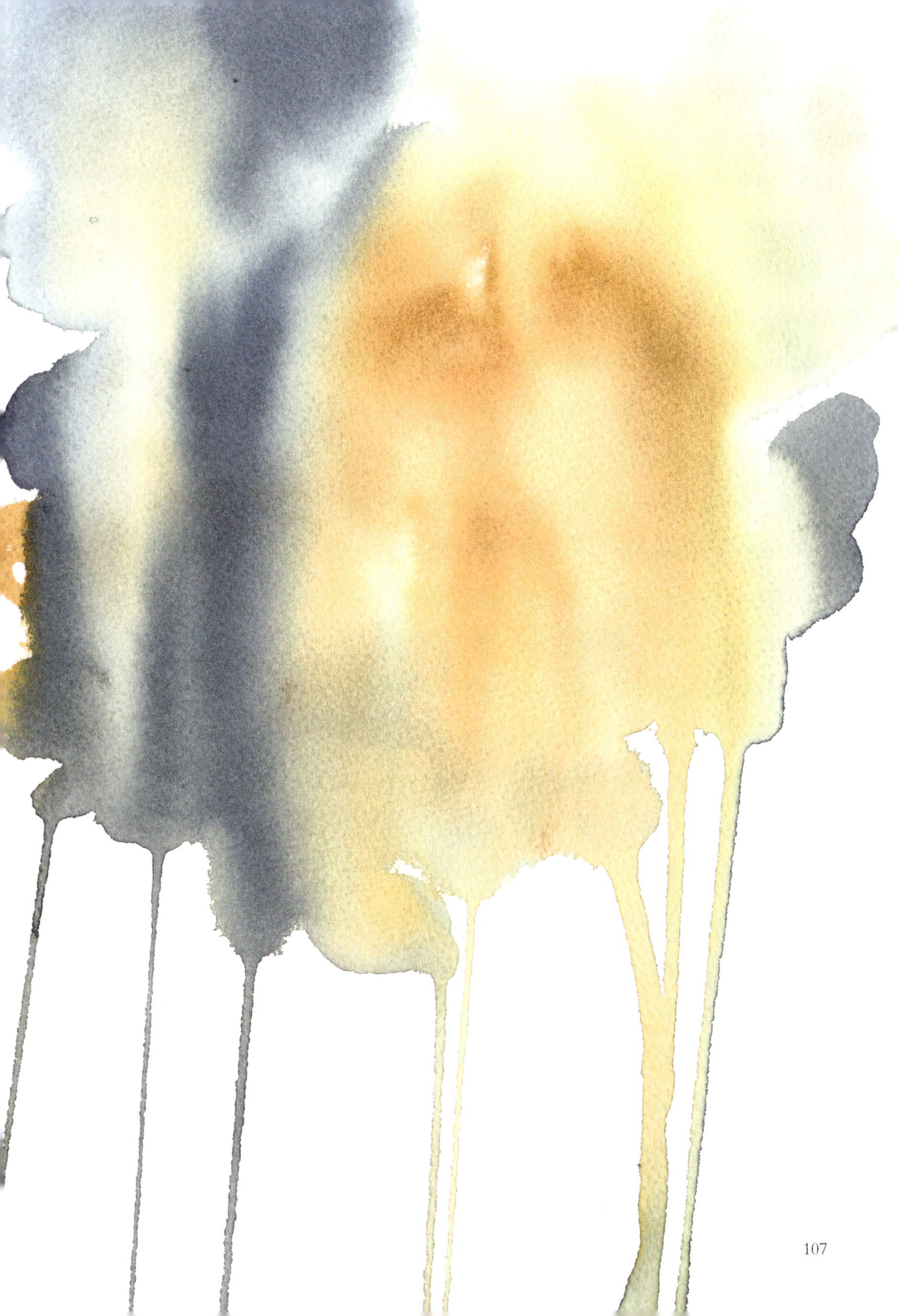

1. Den Körper des Delfins skizzieren Sie mit zwei geschwungenen Linien, die Flossen und den Schwanz mit Dreiecken. Bekanntermaßen sind Delfine sehr freundlich. Sie sehen meist aus, als ob sie lächeln. Um dieses Lächeln einzufangen, zeichnen Sie keinen simplen Bogen, sondern lassen Sie die Linie an den Enden leicht nach unten auslaufen.

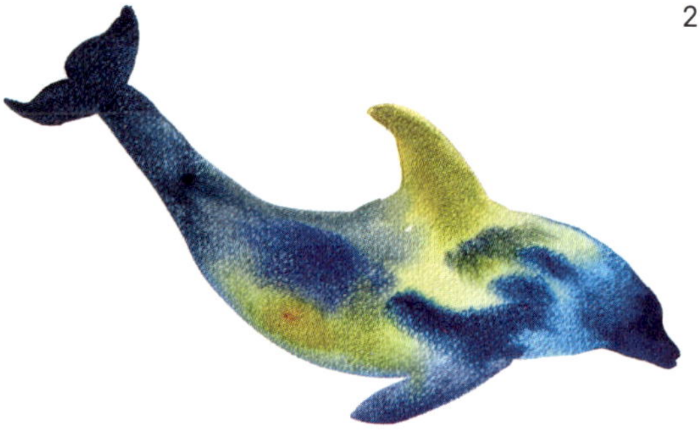

2. Bedecken Sie die Form des Delfins mit einem Mopppinsel mit Wasser. Tragen Sie nun die Farben auf: Ultramarinblau, Indigoblau und Chinacridon Gold. Tragen Sie die Farben spontan auf und lassen Sie sie verlaufen.

3. Sprühen Sie auf die noch feuchten Farben Wasser auf die Ränder des Delfinkörpers. Achten Sie darauf, dass die Form dabei nicht zerstört wird. Am besten sparen Sie definierte Ränder wie das Gesicht und den Schwanz dabei aus. Tauchen Sie nun einen Mopppinsel in Wasser und tupfen Sie rund um den Delfin lose Kleckse, die die »Wolkenform« hervorheben. Verwenden Sie dazu viel Wasser – es darf ruhig ein wenig tropfen.

4. Malen Sie ein paar Bereiche mit Indigoblau auf dem noch nassen Bild. Mischen Sie ockergelbe Gouache mit ein wenig Wasser zu einer halbfeuchten Farbe, die die Konsistenz einer Aquarellfarbe hat. Tragen Sie diese auf die feuchte Oberfläche in der Nähe des Delfinkörpers auf. Die nasse Gouache verhält sich ähnlich wie Aquarellfarbe, verläuft aber weniger und ist leichter zu kontrollieren. Damit ist sie eine großartige Ergänzung zur wilden Natur der Aquarellfarben. Lassen Sie diese Schicht vollständig trocknen.

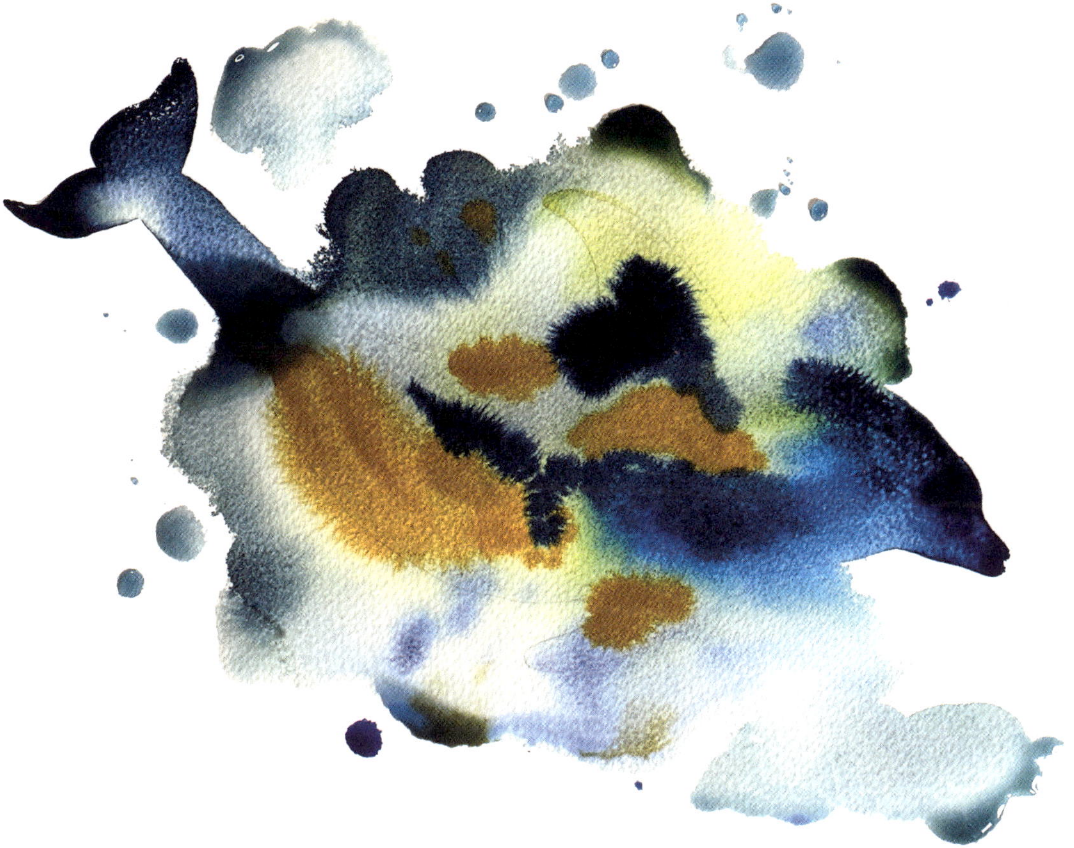

5. Malen Sie mit halbfeuchtem Indigoblau und einem Mopppinsel entlang der Ränder des Delfins, um seine Form hervorzuheben. Lassen Sie dabei einige Partien aus, damit es so aussieht, als hätten sie sich mit der Wolke verbunden. Sprühen Sie auf diese Stellen erneut mit der Sprühflasche Wasser, sodass ein weicher Verlauf entsteht. Sparen Sie einige betonte Stellen im Gesicht und auf dem Schwanz aus, um die glitzernde Haut hervortreten zu lassen. Lassen Sie diese Schicht vollständig trocknen.

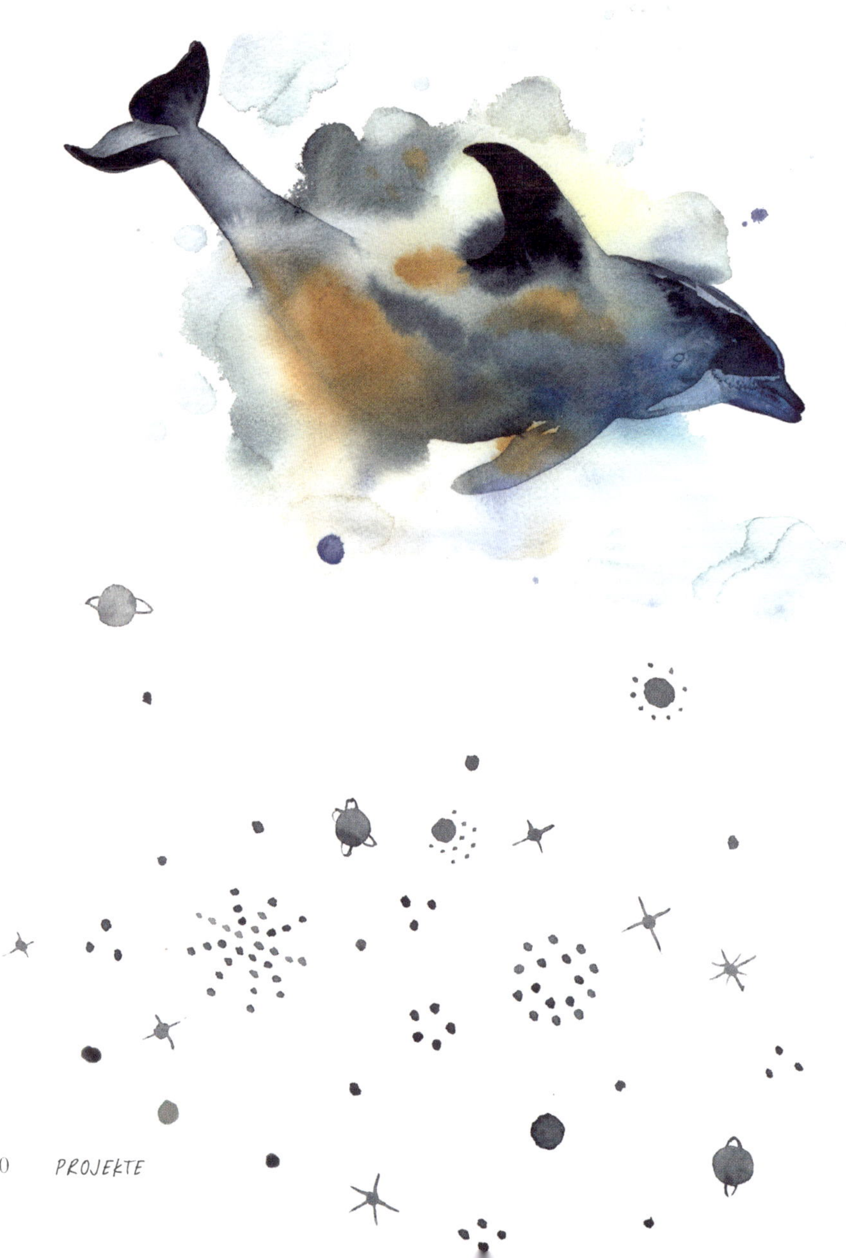

6. Fügen Sie mit einem kleinen Detailpinsel und halbfeuchtem Indigoblau letzte Schatten auf der Haut des Delfins hinzu. Konzentrieren Sie sich dabei auf das Gesicht, die Flossen und den Schwanz. Klare Ränder heben den Glanz der Haut des Delfins hervor, aber die Stellen, die in der Wolke verschwinden, sollten Sie ganz weich gestalten. Wenden Sie dafür die Pulling-Technik (siehe Seite 58) an und verstreichen Sie mit dem sauberen Pinsel so lange die Farbe, bis sie sich vollständig auf dem Papier auflöst. Zum Abschluss verschönern Sie den Delfin mit einigen kosmetische Details wie zum Beispiel Sternen, Planeten – was immer Ihnen einfällt! Setzen Sie noch einige Spritzer mit weißer Gouache und malen Sie damit auch die Lichtstrahlen der Sterne. Das lässt Ihren Delfin magisch aussehen.

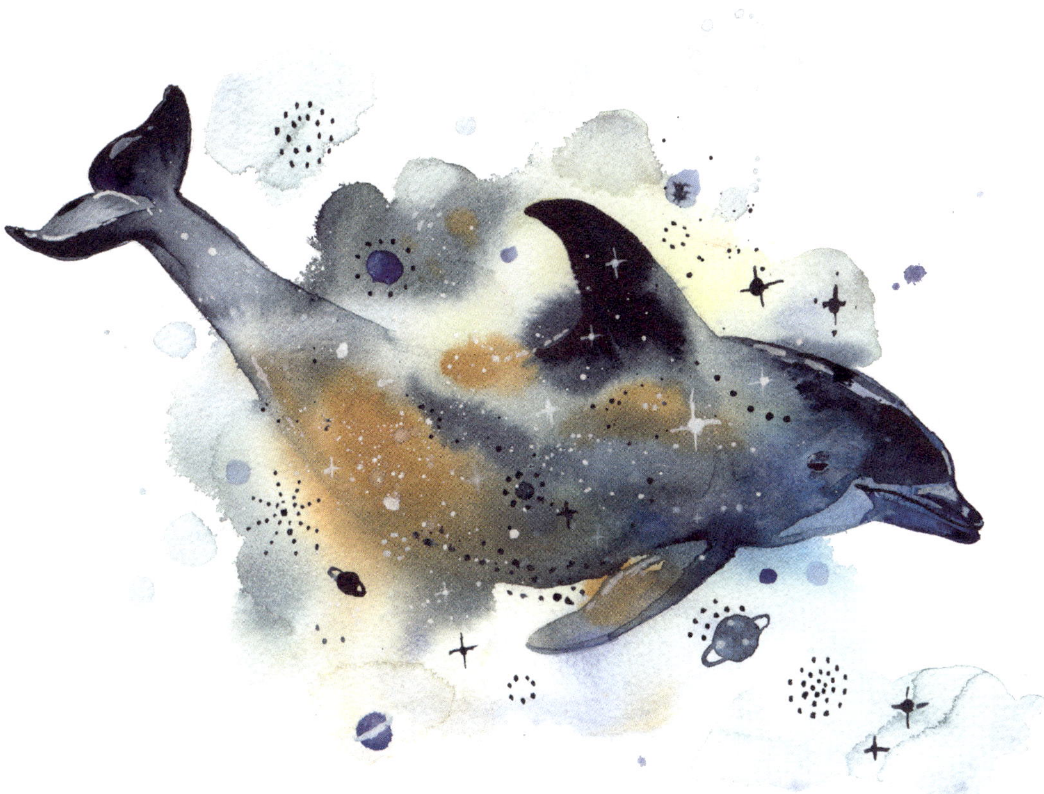

Wildes Malen

Das Sprühen von Wasser erzeugt unvorhersehbare Farbverläufe und verleiht Ihrem Bild eine abstrakte Wirkung. Wie bei allen Aquarelltechniken lässt sich auch die Sprühflaschentechnik sehr gut mit anderen Techniken kombinieren. Sie können sie beim Malen des Hintergrunds anwenden, um vorhandene Farbverläufe weicher zu gestalten oder um Tropfen zu erzeugen, indem Sie Wasser auf ein senkrecht gehaltenes Papier aufsprühen.

LEBENSRAUM

Der Lebensraum eines Tieres ist ein wichtiger Teil seiner Existenz. Ihr Bild wird aussagekräftiger, wenn Sie einen kleinen Hinweis auf die Umgebung geben. Damit erfährt der Betrachter mehr über den speziellen Lebensraum des Tieres, und es entsteht eine wunderschöne, fantasievolle Welt rund um das Motiv. Im folgenden Kapitel lernen Sie kreative Möglichkeiten kennen, um Lebensräume darzustellen.

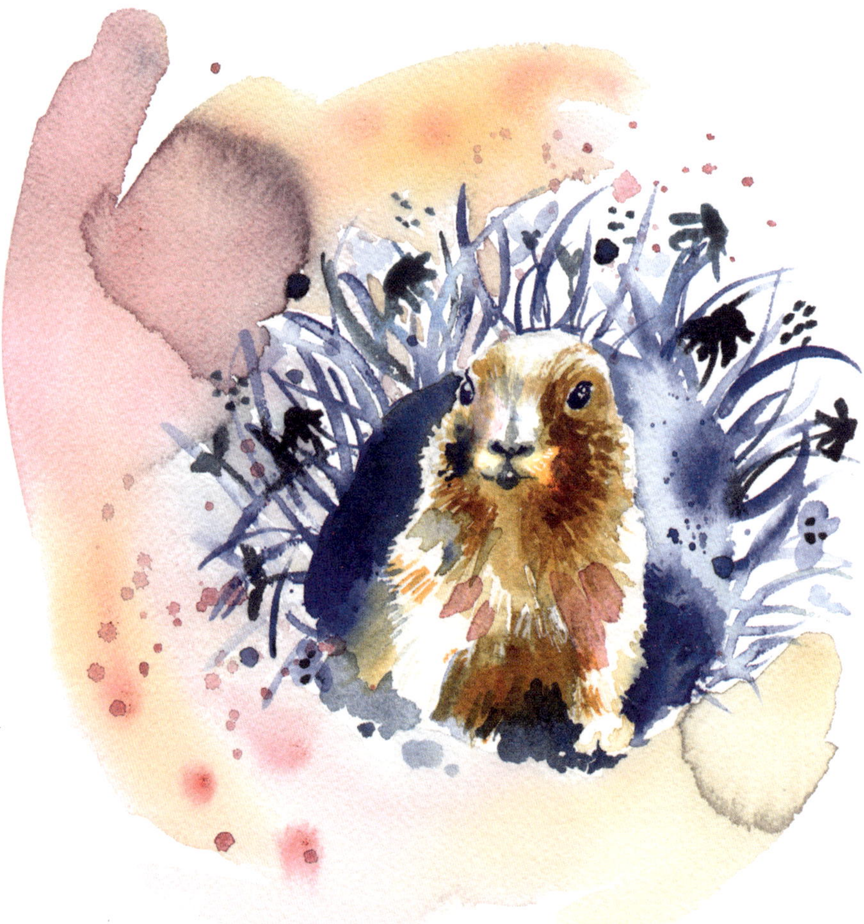

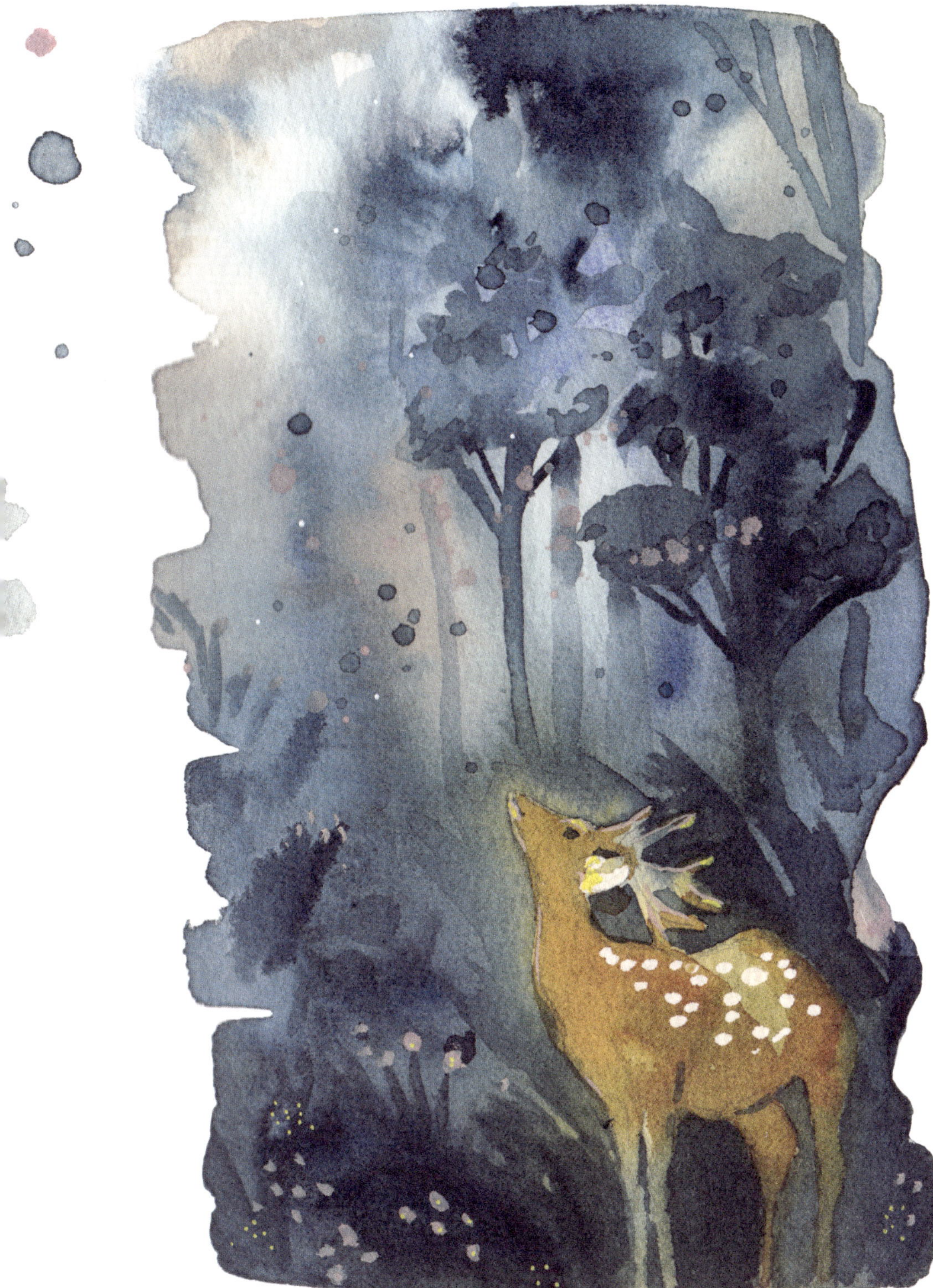

Hummelwiese

Hummeln und Bienen lieben Umgebungen mit vielen Pflanzen, zum Beispiel Wiesen, Gärten und Felder. Hauptmotiv dieses Bildes sind die Hummeln, weshalb das Umfeld in hellen Pastelltönen gemalt wird, damit die Tiere im Mittelpunkt stehen.

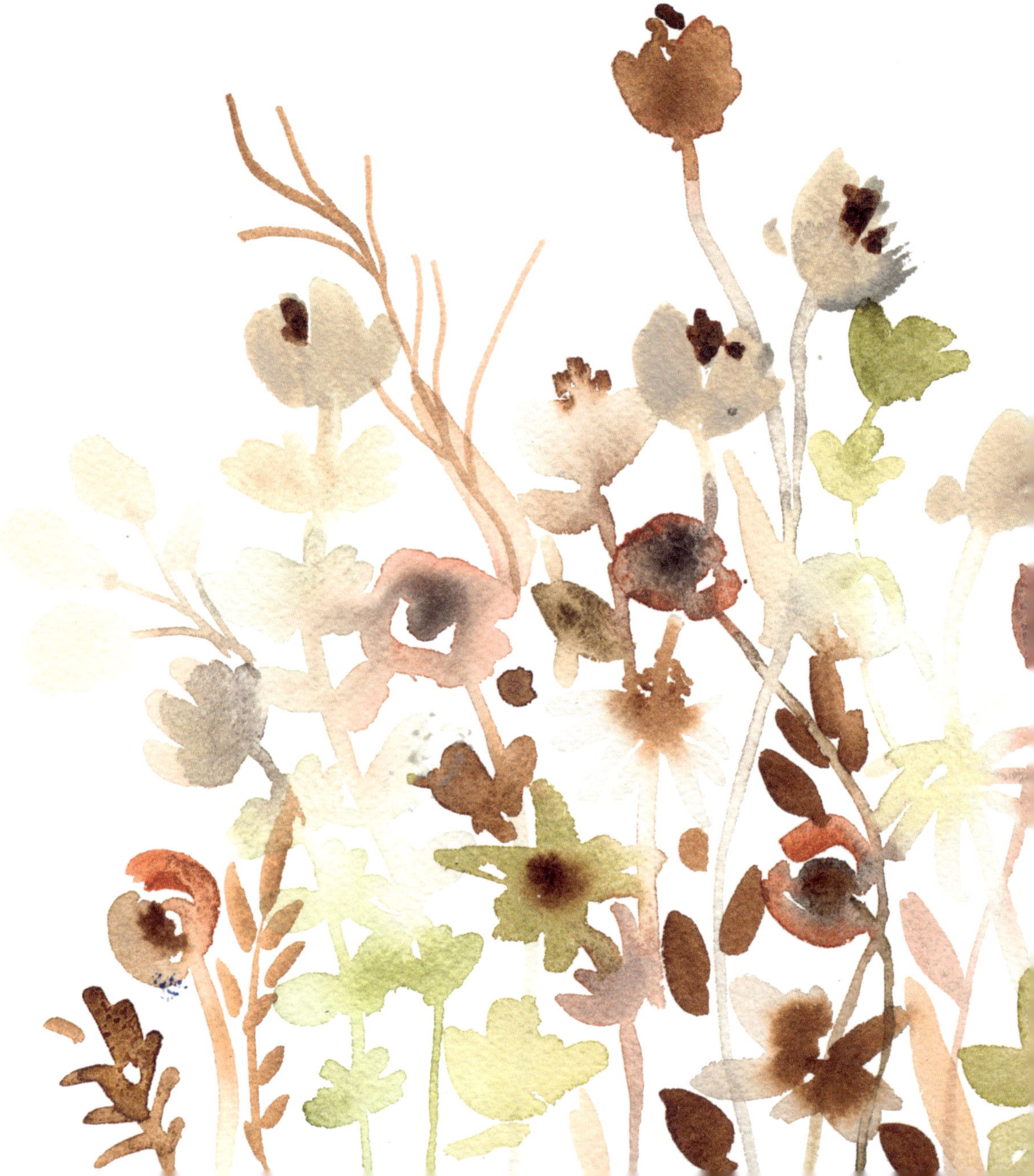

1. Für die Wiese verwenden Sie viel Wasser. Sauberes oder gefärbtes Wasser sollte etwa 70 Prozent des Bildes bedecken. Tragen Sie in einigen Bereichen Farbe auf und lassen Sie sie in die mit Wasser gemalten Blumen fließen. So entstehen schöne weiche Farbverläufe und sehr dezente Farbtöne.

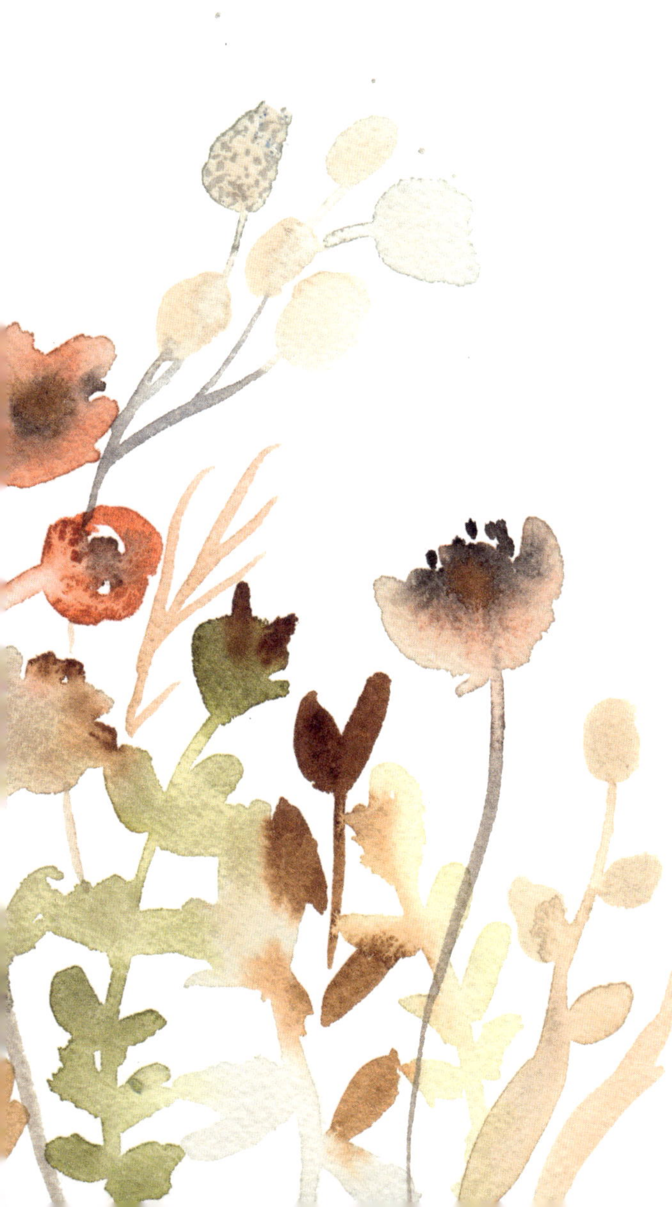

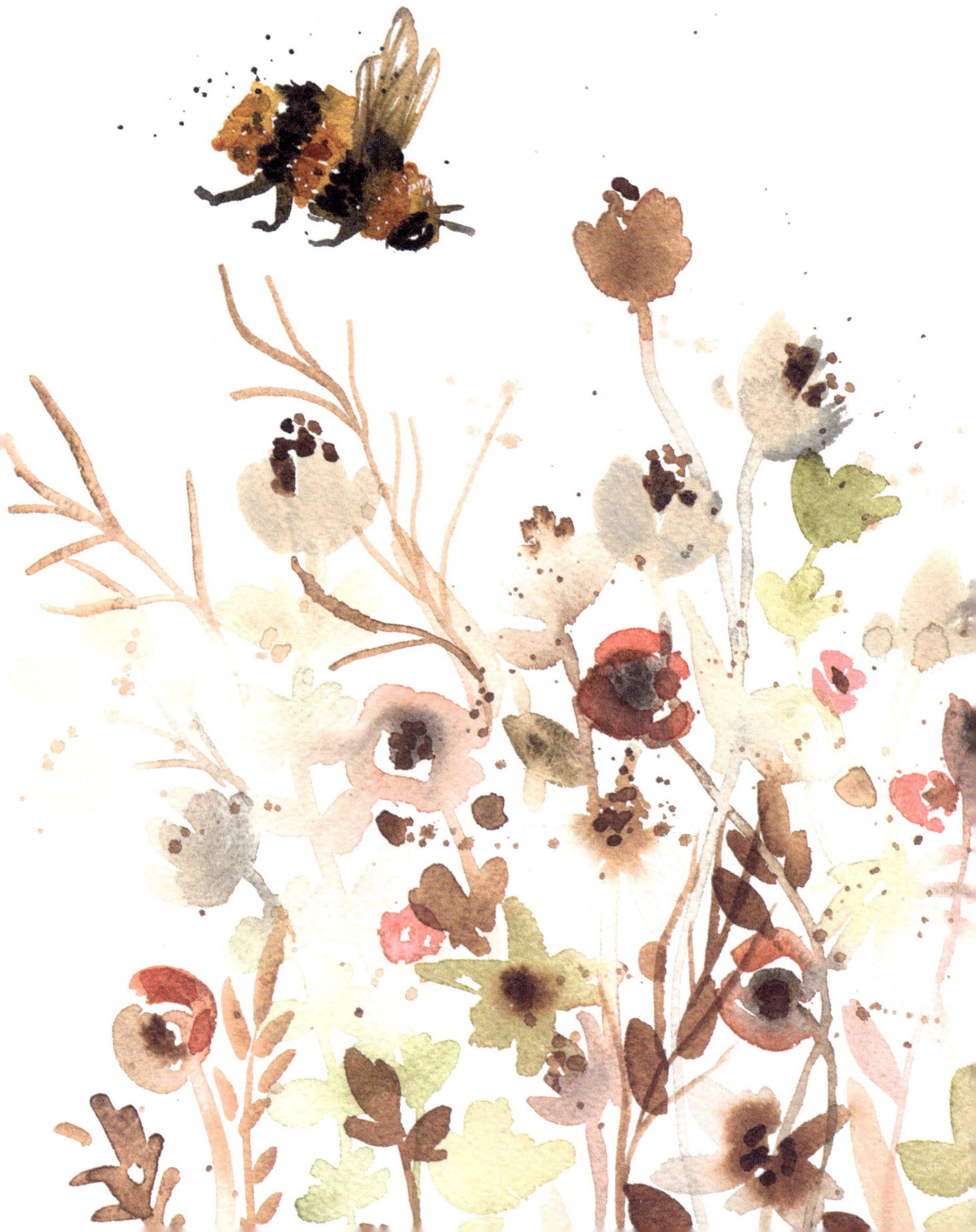

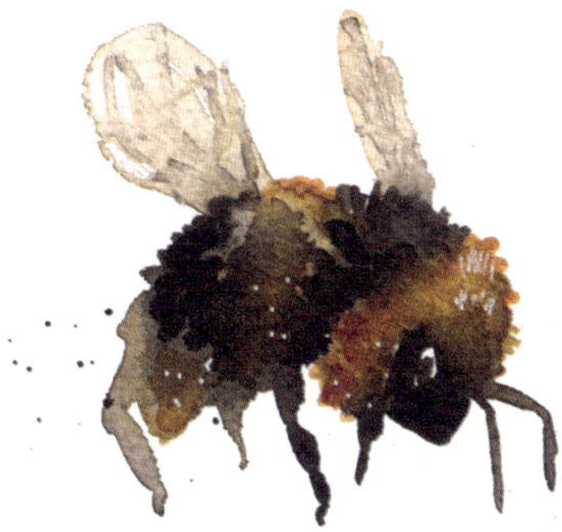

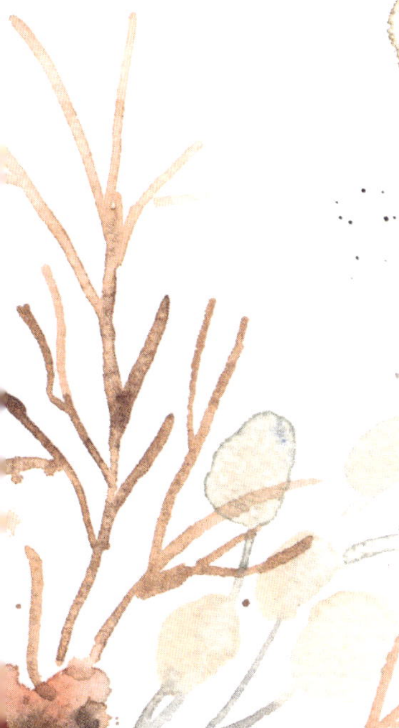

2. In der zweiten Schicht setzen Sie dunkle Akzente in die Wiese. Achten Sie jedoch darauf, dass die Hummeln sich davon absetzen. Versuchen Sie, zwischen Hummeln und Blumen genügend Kontraste und Harmonie zu erzeugen.

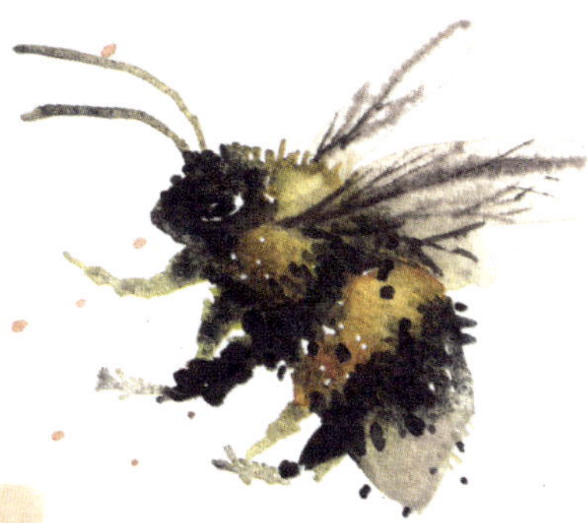

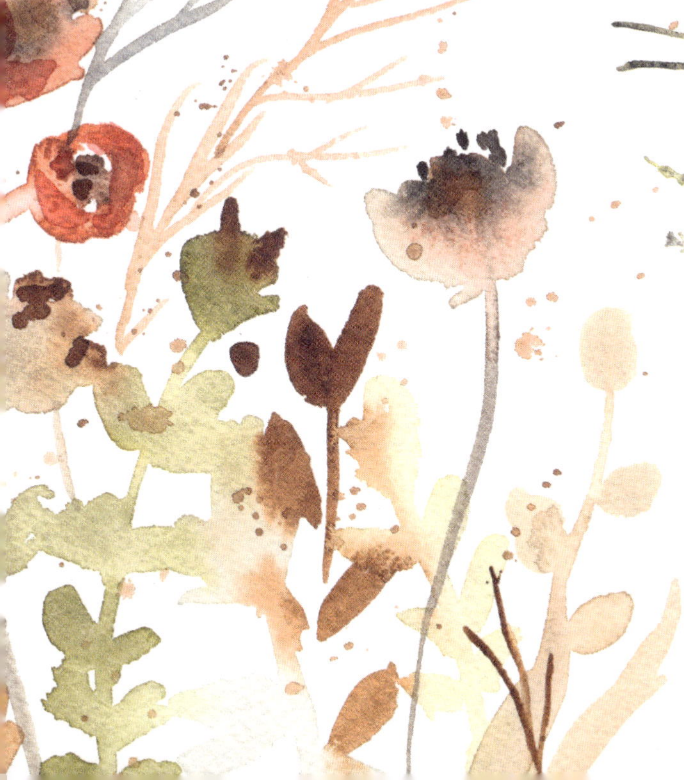

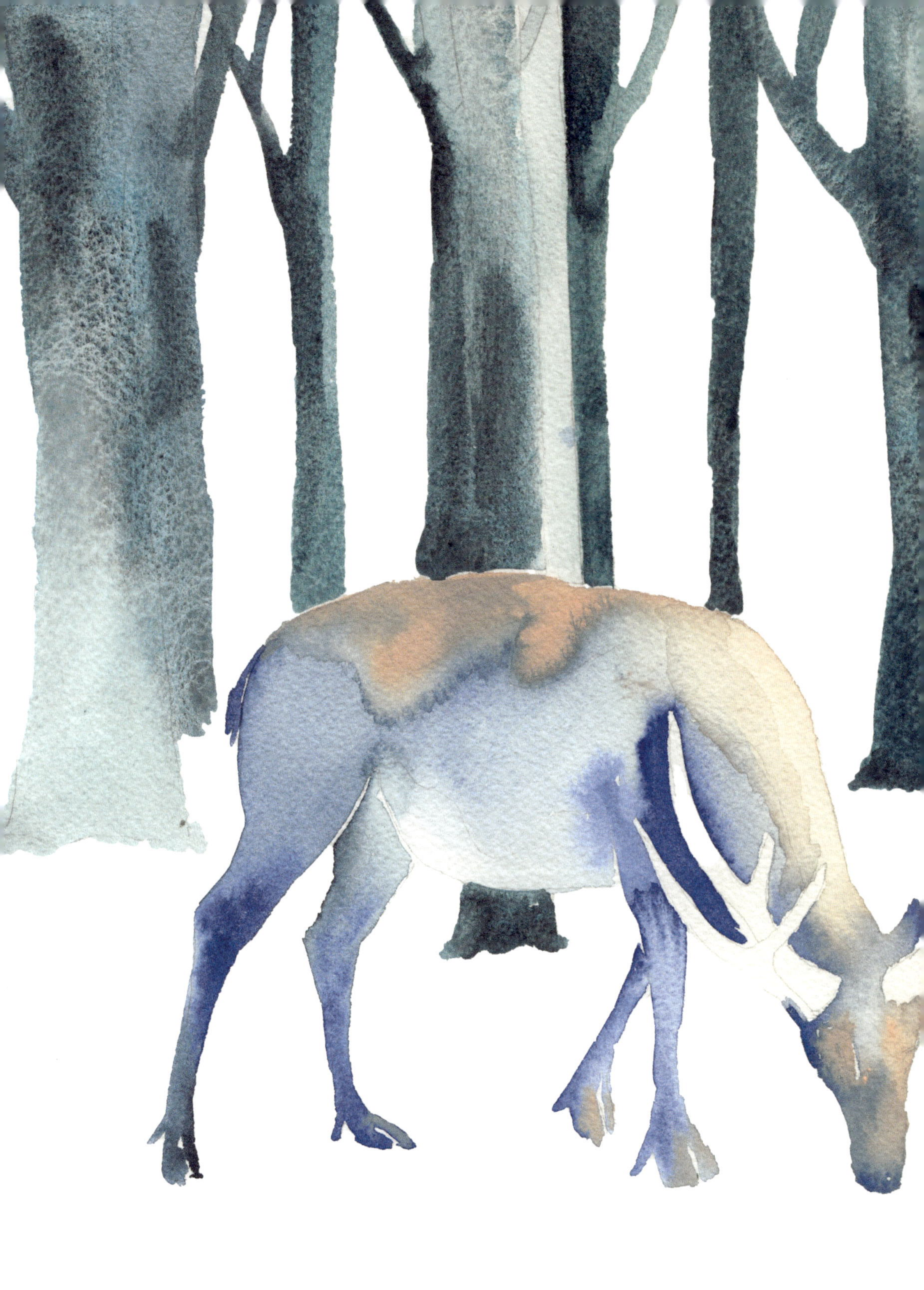

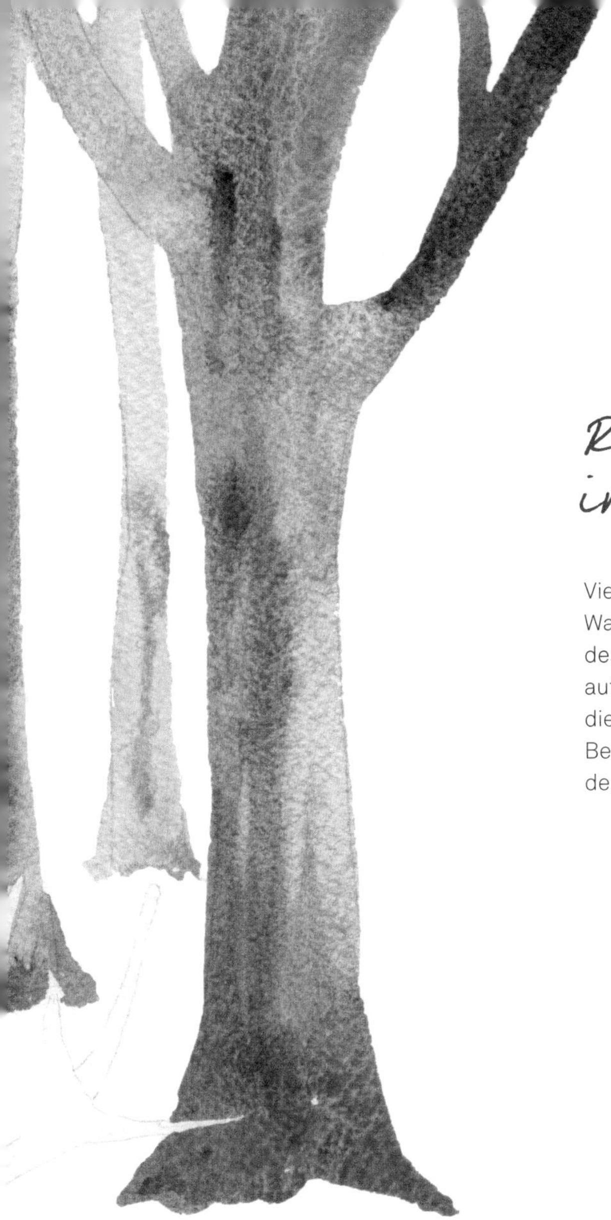

Rotwild im Wald

Viele Rotwildarten finden Zuflucht im Wald. Sie müssen nicht jedes Details des Waldes darstellen. Bilden Sie die auffälligsten Elemente – in diesem Fall die Baumstämme – ab. Das Gehirn des Betrachters vervollständigt die fehlenden Elemente.

1. Setzen Sie den Hirsch in den Vordergrund und die Bäume weiter nach hinten, damit sich die beiden Motive klar voneinander abgrenzen. Sie können mit einer reduzierten Farbpalette arbeiten. Nutzen Sie in diesem Fall dunklere Töne für die Bäume, damit der Blick sofort auf den Hirsch fällt.

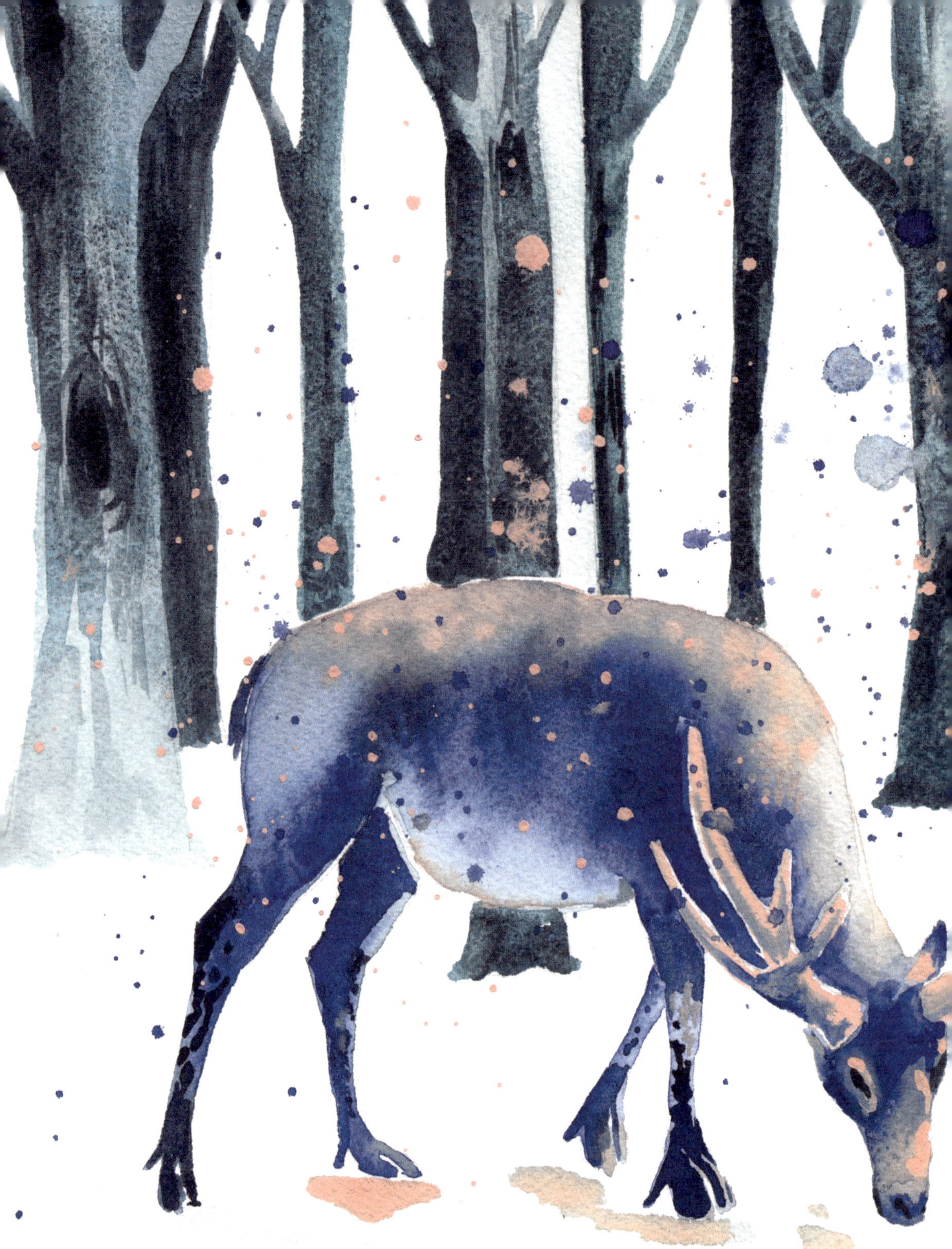

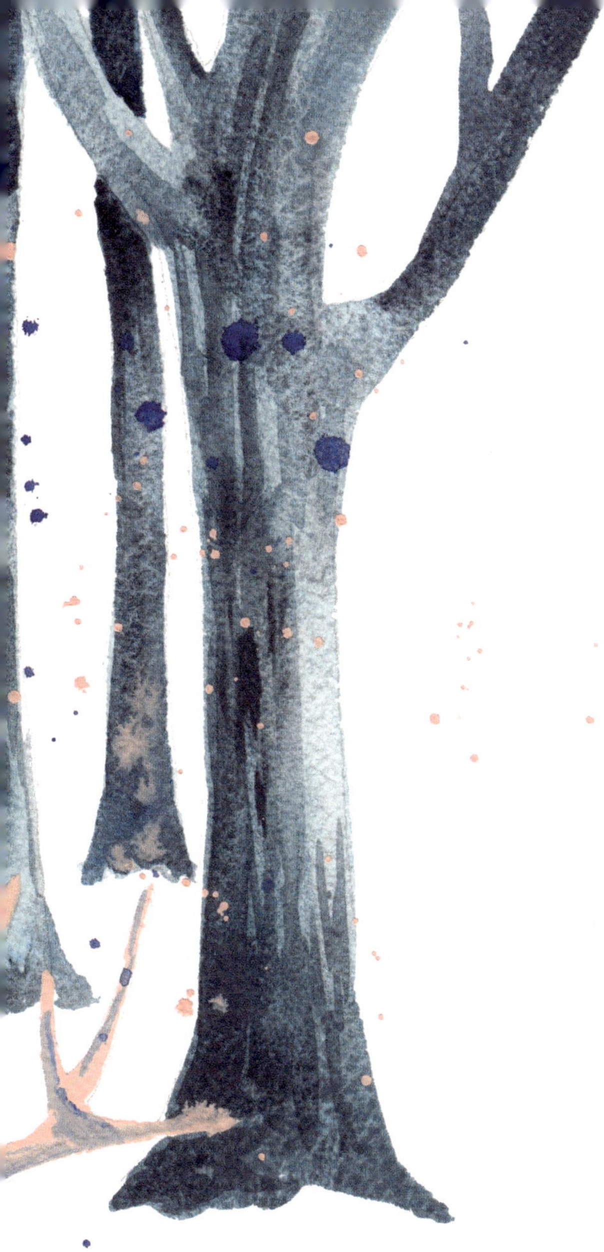

2. Während der Arbeit an der zweiten Schicht lassen Sie einige Bäume aus und legen die zweite Farbschicht nur auf die Bäume, die weiter im Hintergrund stehen. Damit verleihen Sie Ihrer Komposition mehr Tiefe. Die Baumstämme geben dem Bild eine Art Rhythmus und machen es interessant. Die nicht bemalten Bereiche des Papiers lassen sich als Schneedecke interpretieren.

Seepferdchen im Korallenriff

Seepferdchen leben in Korallenriffen. Die unfassbare Vielfalt des Lebensraums der Meere, die vielen Muster und Texturen, die das Seepferdchen umgeben, können Sie mit Abdeckflüssigkeit darstellen. Das ist ein einfaches Verfahren, das viel Spaß macht, aber zahlreiche Schritte umfasst. Sie müssen jede Schicht vollständig trocknen lassen, bevor Sie mit der nächsten beginnen.

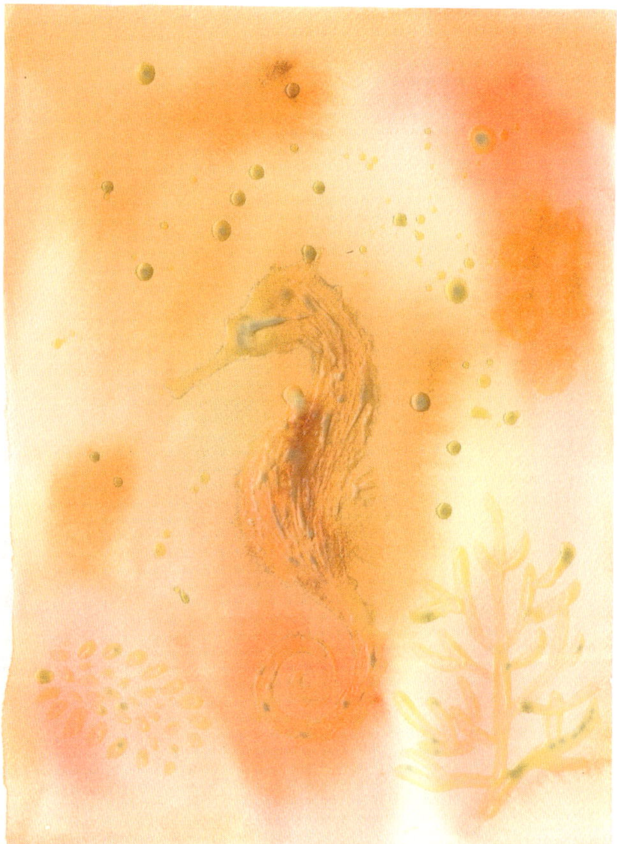

1. Zeichnen Sie ein Seepferdchen auf Aquarellpapier vor und bedecken Sie danach die gesamte Fläche mit Wasser. Nun tragen Sie Farben Ihrer Wahl auf. Sie sollten jedoch recht hell sein, da diese Schicht im deutlichen Kontrast zur nächsten Schicht stehen soll. Mit der Sprühflasche können Sie das Pigment verteilen.

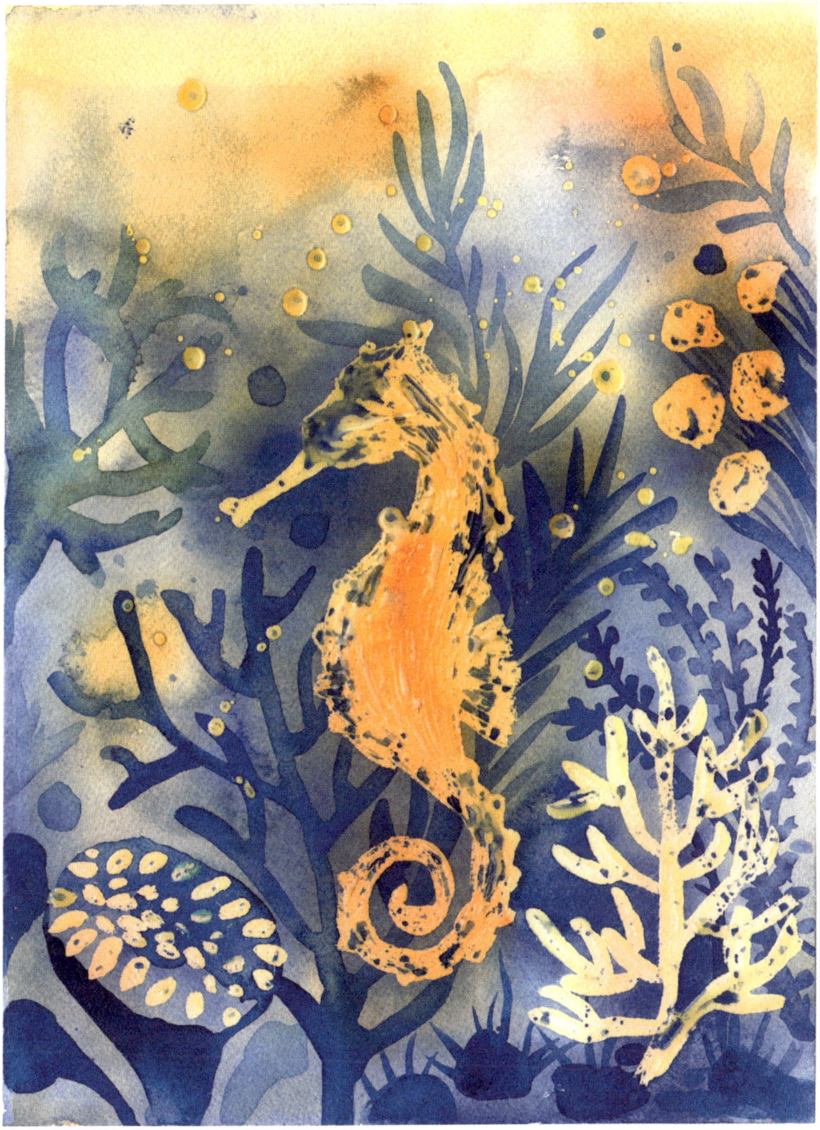

2. Wenn diese erste Schicht trocken ist, decken Sie die Form des Seepferdchens, einige Korallen und Wasserblasen mit Abdeckflüssigkeit ab. Lassen Sie diese vollständig trocknen.

3. Tragen Sie blaue Farbe (oder eine beliebige andere dunklere Farbe) auf die gesamte Fläche auf. Wenn diese Schicht getrocknet ist, malen sie die Korallen und Algen. Entfernen Sie die Abdeckflüssigkeit erst, wenn Sie mit Ihrer Komposition zufrieden sind und das Papier vollständig trocken ist (siehe Seite 86).

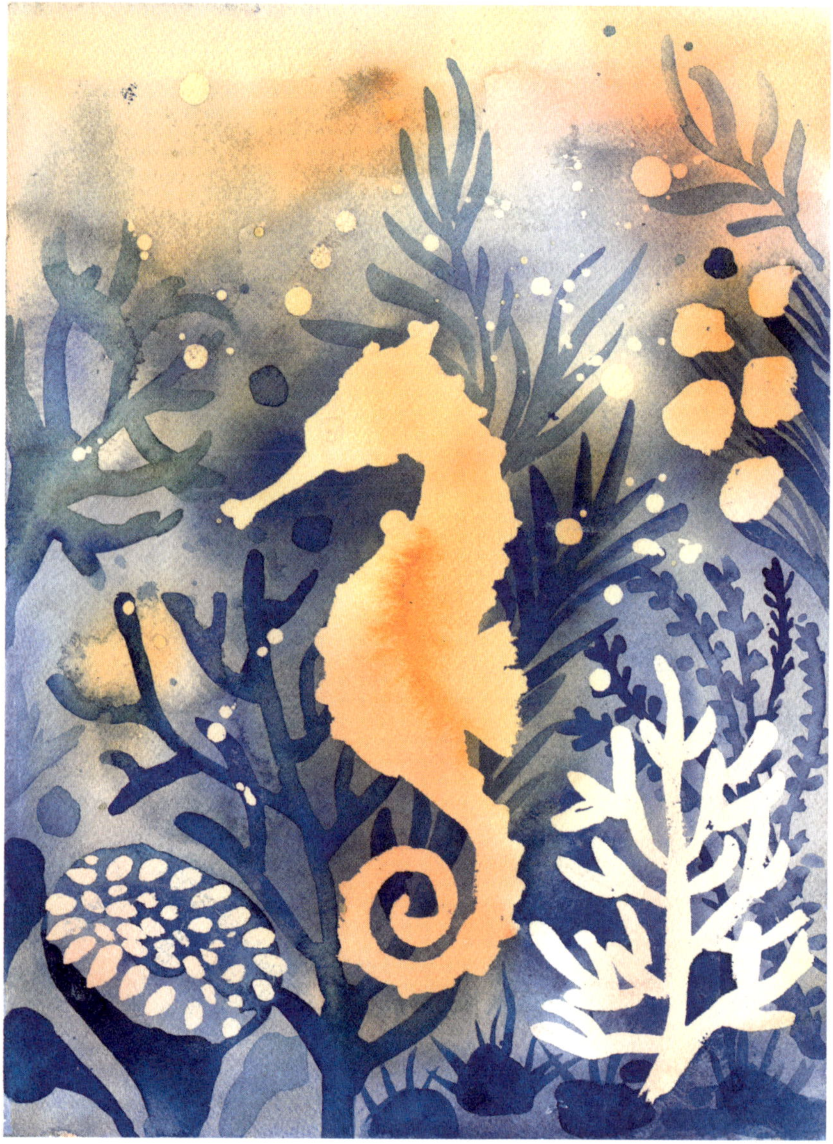

4. Wenn Sie die Abdeckflüssigkeit entfernt haben, fügen Sie Details wie Augen, Mund, Schatten und Textur auf den Korallen und dem Seepferdchen hinzu.
5. Eine zusätzliche Koralle oder Alge vor dem Seepferdchen lässt das Tier natürlicher in seinem Umfeld erscheinen.

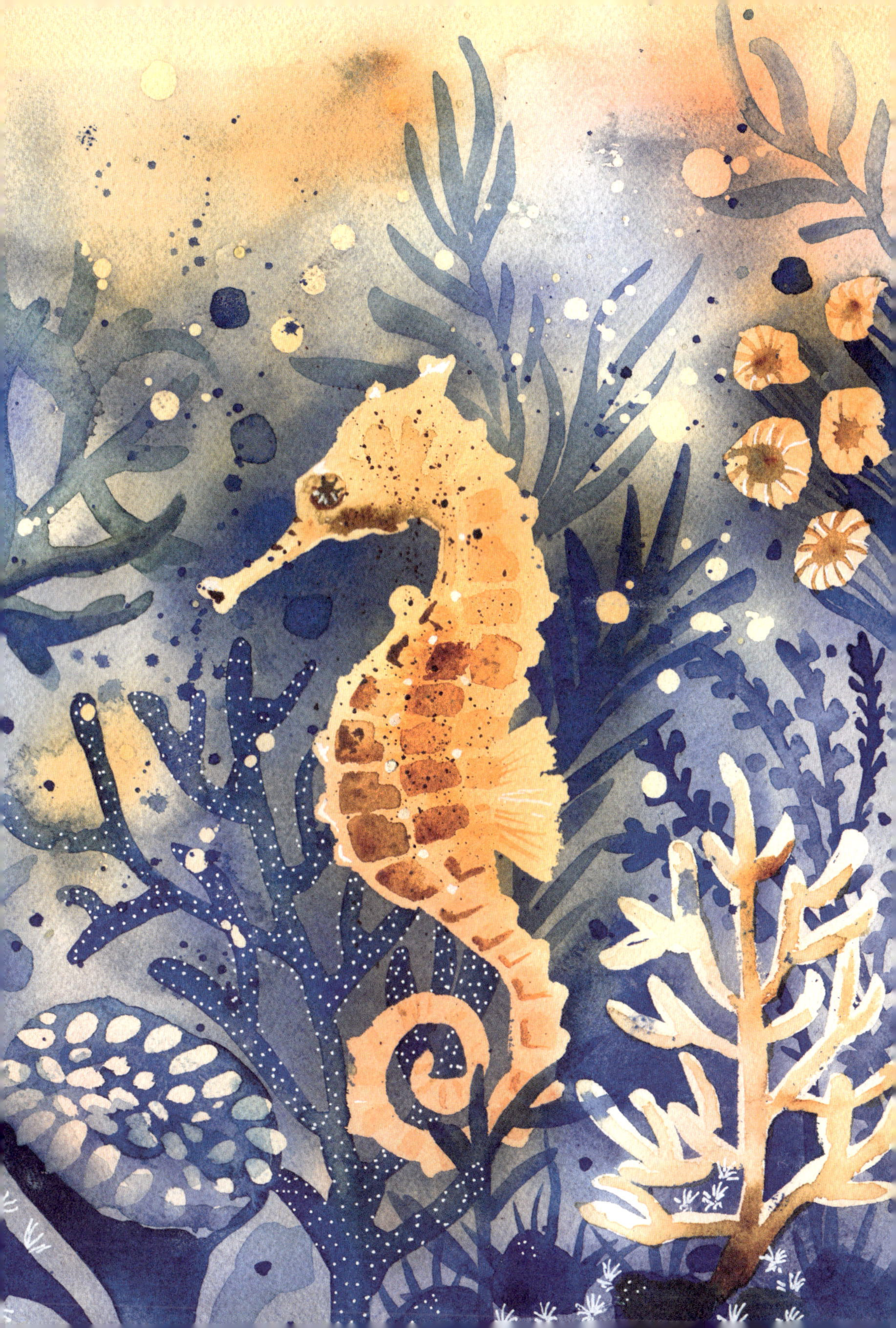

SKIZZENBÜCHER

Skizzenbücher sind wichtig für meinen kreativen Prozess. Seit ich sie verwende, hat sich meine Kunst deutlich verbessert. Viele Künstler haben Angst davor, in einem Skizzenbuch zu malen. Aber sobald Sie diese Angst überwinden, werden Sie die Vorteile zu schätzen wissen. Das Skizzenbuch ist ein großartiger Ort zum Experimentieren.

Anfangs habe ich mich selbst ziemlich unter Druck gesetzt: Mein Skizzenbuch sollte Seite für Seite optisch ansprechende, wohl komponierte und fertige Kunstwerke enthalten. Aber mit der Zeit habe ich festgestellt, dass das Skizzenbuch selbst meinen Skizzen zu mehr Charme verhalf. Außerdem habe ich durch das Skizzieren einige kompositorische Tricks kennengelernt. Und ich habe mich bewusst dazu entschieden, mich nicht mit misslungenen Seiten aufzuhalten. Tatsächlich enthalten manche meiner Skizzenbücher mehr misslungene als gute Bilder. Die weniger schönen Seiten haben einen Vorteil – sie befreien mich von dem Anspruch, perfekt zu sein. Wenn eine Seite missraten und das Skizzenbuch unvollkommen ist, können Sie ohne Angst malen. Erst dann sind Sie frei, um die Malerei zu erforschen.

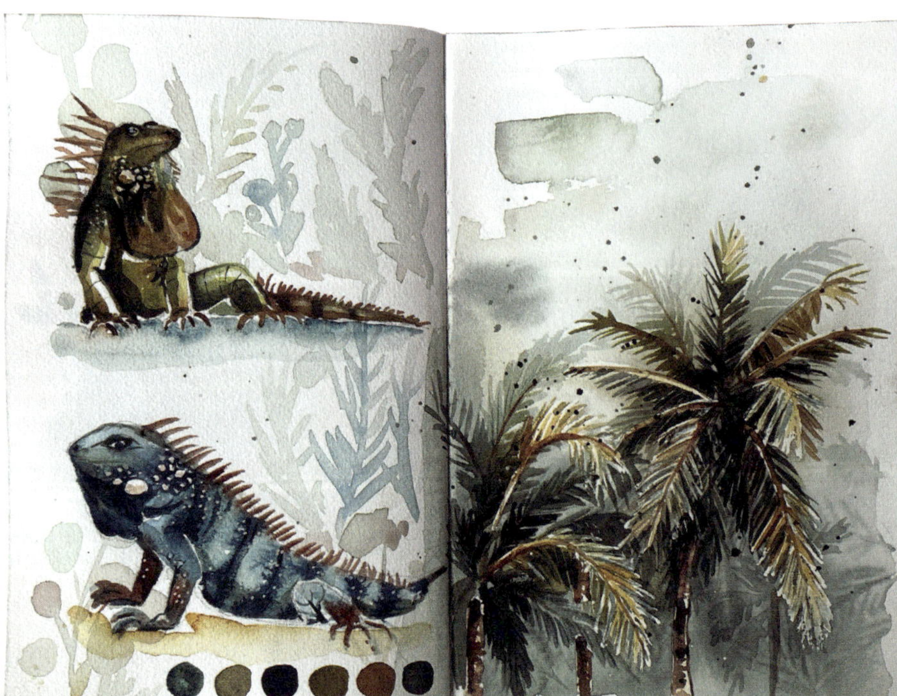

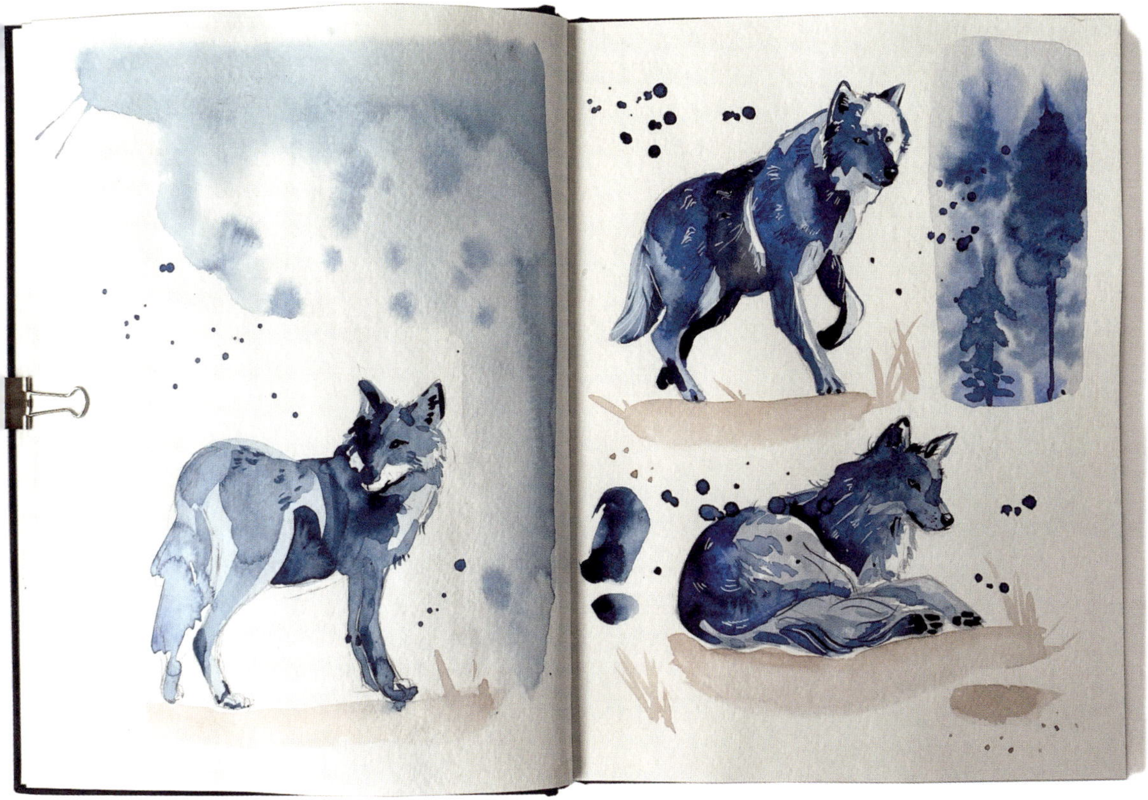

Papier im Skizzenbuch

Das Papier im Skizzenbuch ist in der Regel nicht so hochwertig wie einzelne Skizzenblätter, die man separat kaufen kann. Bei Skizzenbüchern mit hochwertigem Papier bezahlen Sie auch die Bindung, den Buchdeckel und andere Eigenschaften. Ich arbeite mit verschiedenen Skizzenbüchern unterschiedlicher Qualität. Preiswertes Papier eignet sich ebenfalls sehr gut für Studien mit Tieren. Da Sie Tiere oft in mehreren Schichten malen, lassen sich Fehler leicht kaschieren. Deshalb sollten Sie Tieraquarelle nicht mit nur einer Schicht malen und sich nicht wie bei abstrakten Blumen auf schöne, saubere Farbverläufe verlassen. Eine Liste meiner bevorzugten Marken für Skizzenbücher finden Sie am Ende dieses Buches auf Seite 154.

Thematische Skizzenbücher

Skizzenbücher zu unterschiedlichen Themen machen Ihre Arbeit beständiger. Mir hilft es, Skizzenbücher nach Kategorien wie Blumen, Tiere, Bleistiftskizzen und Experimenten zu gestalten. Zwar können sich die Themen auch überschneiden, aber jedes einzelne Skizzenbuch wird damit einheitlicher, und ich kann mich besser auf das jeweilige Thema konzentrieren. Wenn das Motiv eines Buches vorab festgelegt ist, sparen Sie Zeit mit der Frage danach, was Sie malen sollen.

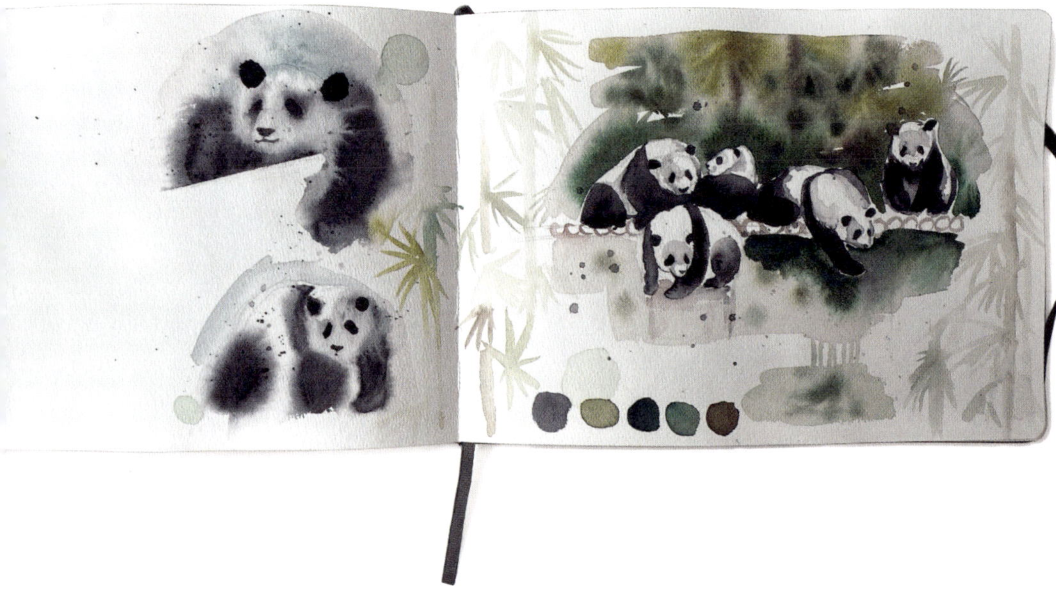

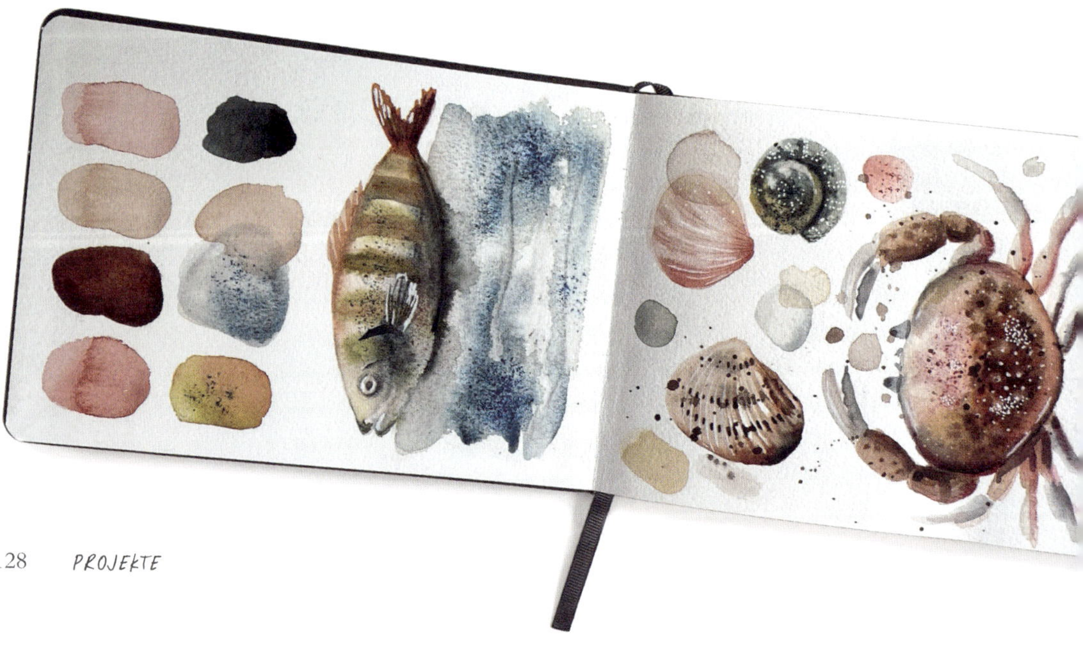

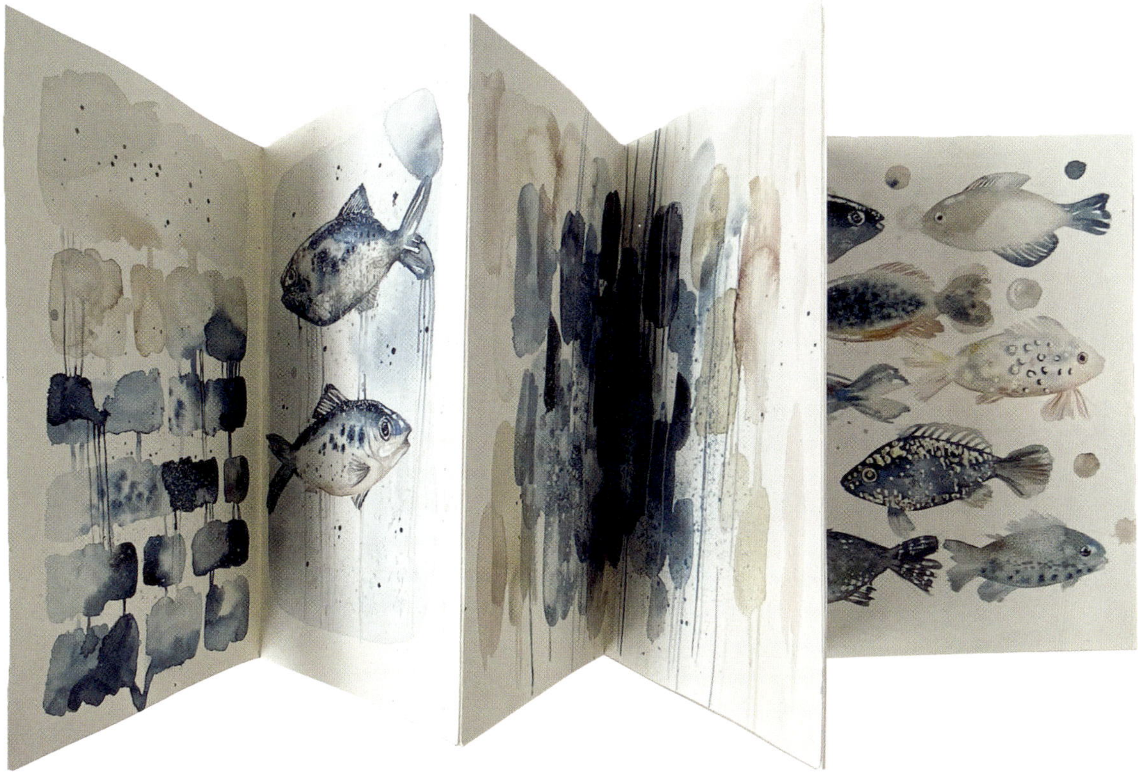

Selbst gemachte Skizzenbücher

Wenn Sie Vorlieben zu bestimmten Formaten oder Papierqualitäten haben oder wenn Sie verschiedene Papierarten in einem Skizzenbuch kombinieren möchten, sind selbst gemachte Skizzenbücher die ideale Lösung. Handgefertigte Skizzenbücher sind einzigartig und gar nicht so schwer zu gestalten (siehe Seite 154).

Sie können auch bemalte lose Blätter zu einem Skizzenbuch binden und es mit schönen, ausgefeilten Kunstwerken schmücken. In diesem Fall sollte Ihr Skizzenbuch wie ein Akkordeon faltbar sein, damit die Reihenfolge der Seiten keine Rolle spielt und Sie die schönsten Werke immer schnell »herauspicken« können.

Komposition im Skizzenbuch

Zwar ermutige ich Sie, keine Angst vor einem misslungenen Skizzenbuch zu haben. Dennoch ist es normal, schön gestaltete Seiten anzustreben. Das hat auch Vorteile: Es ist nicht nur befriedigend, gelungene Bilder zu malen, sondern Sie entwickeln auch ein gutes Gefühl für die Komposition und bauen Ihre künstlerischen Fertigkeiten aus. Ich stelle Ihnen nun einige Techniken vor, mit denen Ihr Skizzenbuch schnell schöner aussieht, ohne dass Sie »perfekte« Bilder malen.

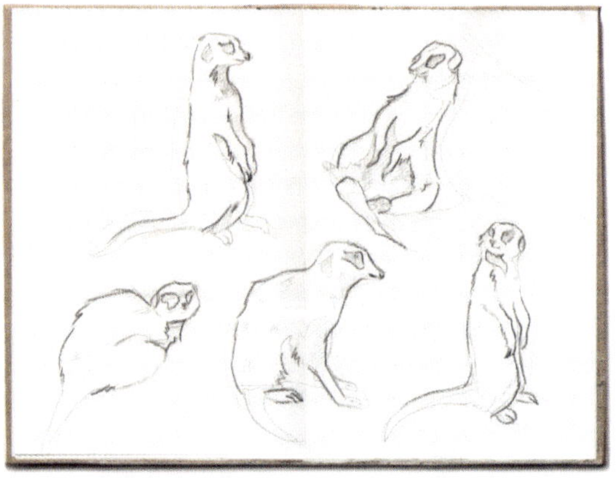

Schritt für Schritt

Sammeln Sie viele Fotos für Ihre Tierstudien. Entscheiden Sie dann, welches Tier Sie malen möchten, und planen Sie die Anordnung der Figuren auf dem Papier.

Skizzieren Sie zuerst mit einem harten Bleistift (2H) die ungefähre Silhouette des Tiers. Die Form muss nicht exakt sein. Versuchen Sie, die allgemeinen Proportionen darzustellen (siehe Seite 27). So erhalten Sie einen guten Gesamtüberblick über die Komposition und können vorab erkennen, ob Platz für bestimmte Körperteile fehlt, die Sie darstellen möchten.

Danach malen Sie die Tiere mit einem weicheren Bleistift (HB oder 2B) über die skizzierten Formen. Nun sollten Sie die Proportionen genauer wiedergeben und einige Details hinzufügen.

Sobald Ihnen die Skizze gefällt, radieren Sie mit einem weichen Radiergummi über die Bleistiftlinien, bis sie kaum noch zu erkennen sind. Nun haben Sie eine gute kompositorische Struktur, auf die Sie die Aquarellfarben auftragen können.

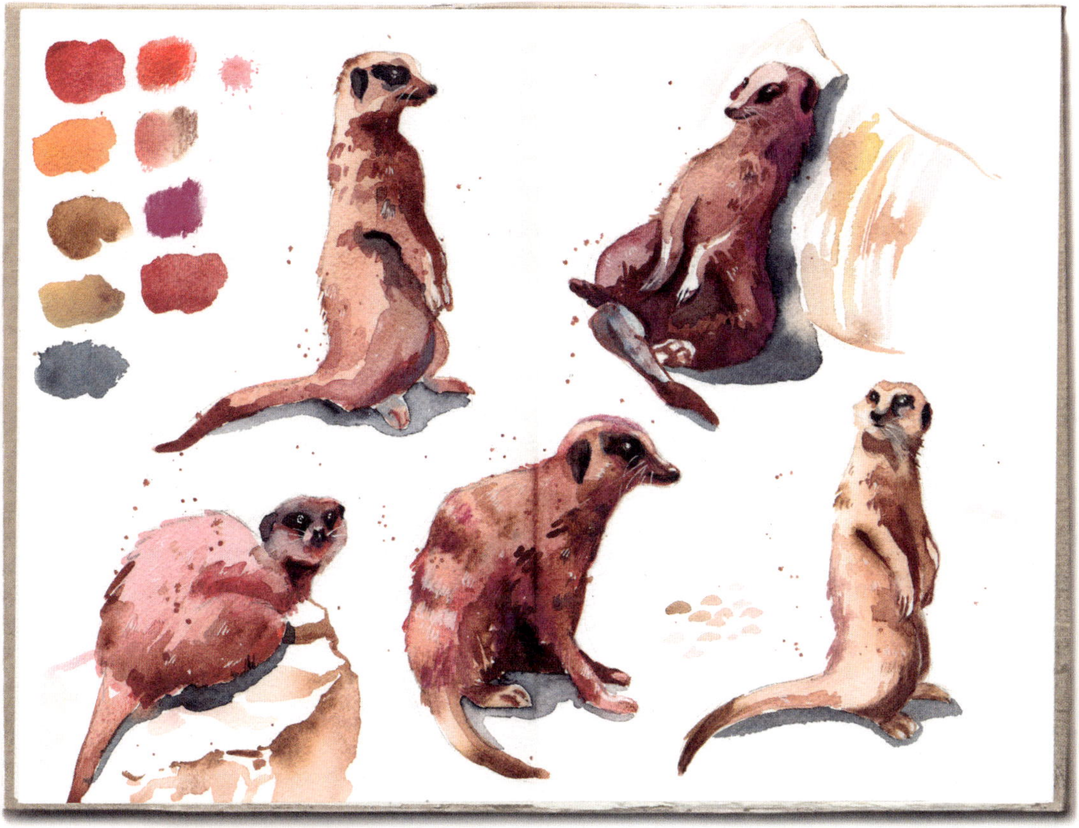

Tipp: Achten Sie darauf, dass nicht alle Tiere in die gleiche Richtung schauen, denn sonst sieht Ihre Komposition unnatürlich und langweilig aus. Führen Sie die verschiedenen Elemente auf der Seite durch die Farbpalette, den Pinselstrich oder die Muster zusammen.

Überlappung

Ein Skizzenbuch ist Ihr persönliches Experimentierfeld. Beginnen Sie mit einer Skizze und dann mit einer neuen. Die Zeichnungen müssen nicht fertig sein – interessant werden sie durch den künstlerischen Gestaltungswillen. Überlappende Skizzen erzeugen Tiefe und Bewegung. Auf diese Weise können Sie auch neue Muster ausprobieren.

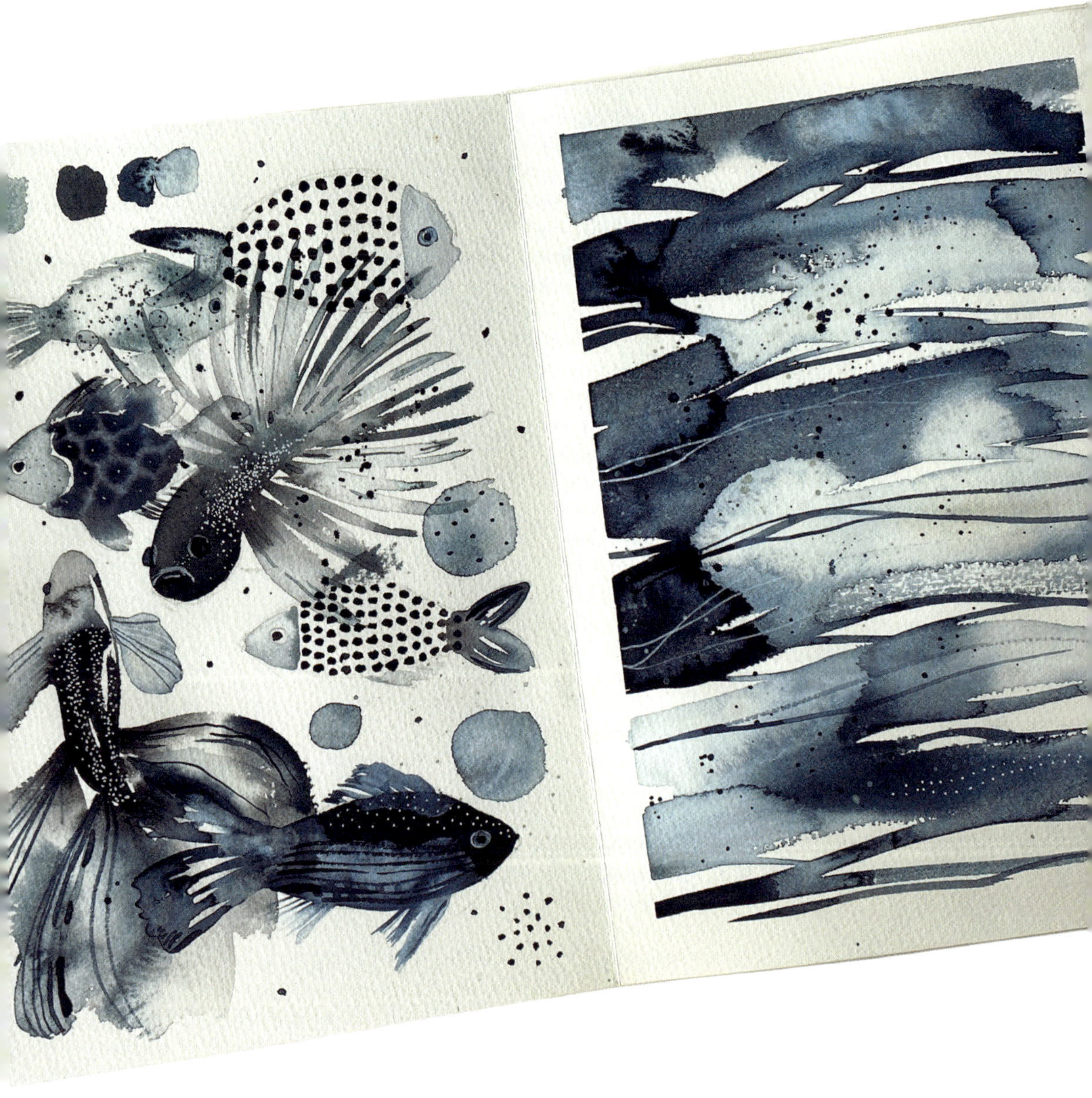

Wechsel von Groß und Klein

Der Kontrast zwischen größeren Motiven, wie großflächigen Teilen einer Landschaft, und kleineren Motiven, wie einem Tier, macht eine Komposition interessanter. Eine faszinierende Komposition lebt von einer Vielzahl unterschiedlicher Größenverhältnisse und Gewichtungen.

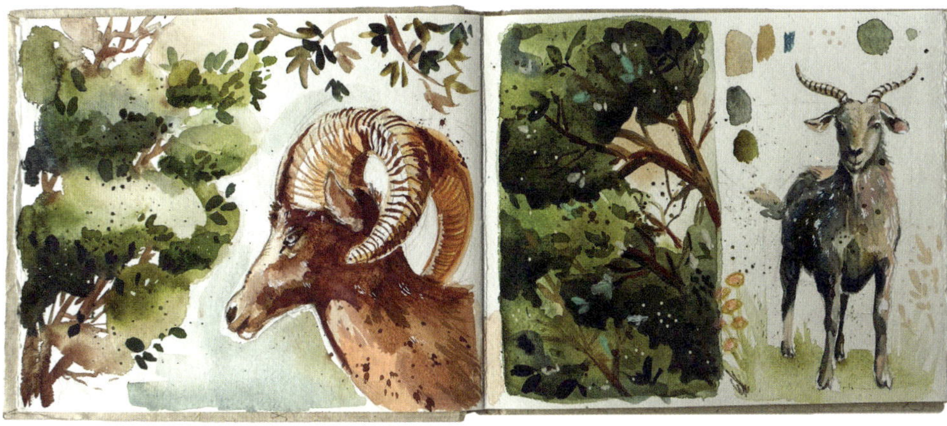

Linienführung

Unterschiedliche Linien lassen die Seiten Ihres Skizzenbuches lebendig werden. Der Kontrast zwischen dicken, langen Farbverläufen und genauer, komplexer Linienführung kann gleichzeitig Spannung und Harmonie in einer Komposition erzeugen.

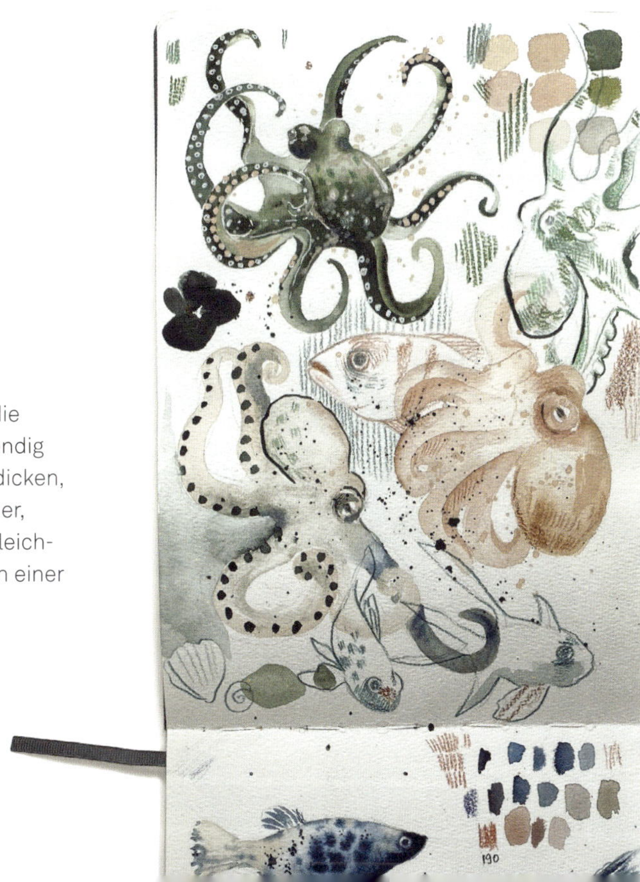

STIL UND KREATIVITÄT

Was bedeutet Stil?

Stil ist die persönliche Ästhetik, die Sie in Ihr Kunstwerk einbringen. Hierbei geht es nicht um Ihr Können, sondern darum, wie Sie Ihre Vision verwirklichen und Ihr Kunstwerk entwickeln.

Natürlich müssen Sie Ihre künstlerischen Fertigkeiten immer weiter ausbauen. Aber viel wichtiger ist es, dass Sie Ihre Kunst mit Seele füllen. Deshalb bin ich fest davon überzeugt, dass Sie viel von sich selbst in Ihr Werk einbringen sollten. Selbst wenn Sie etwas so Konkretes wie Tiere malen, gestalten Sie mit Farben und Pinselstrichen eine einzigartige Perspektive auf das Motiv.

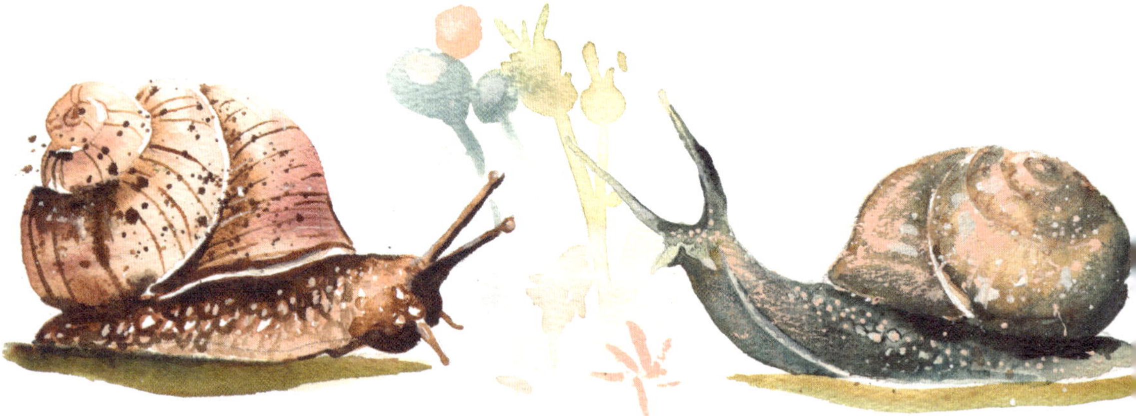

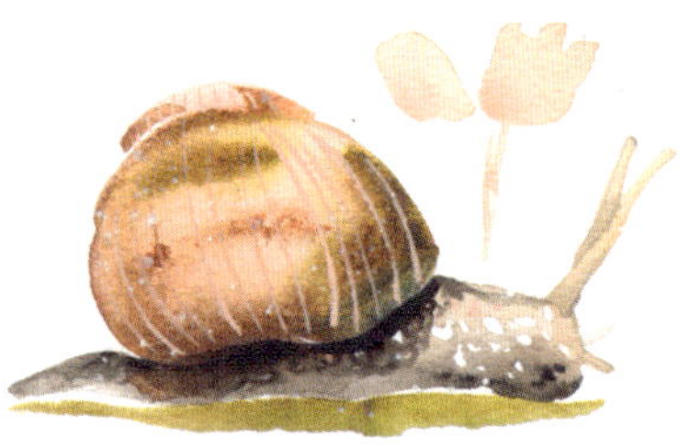

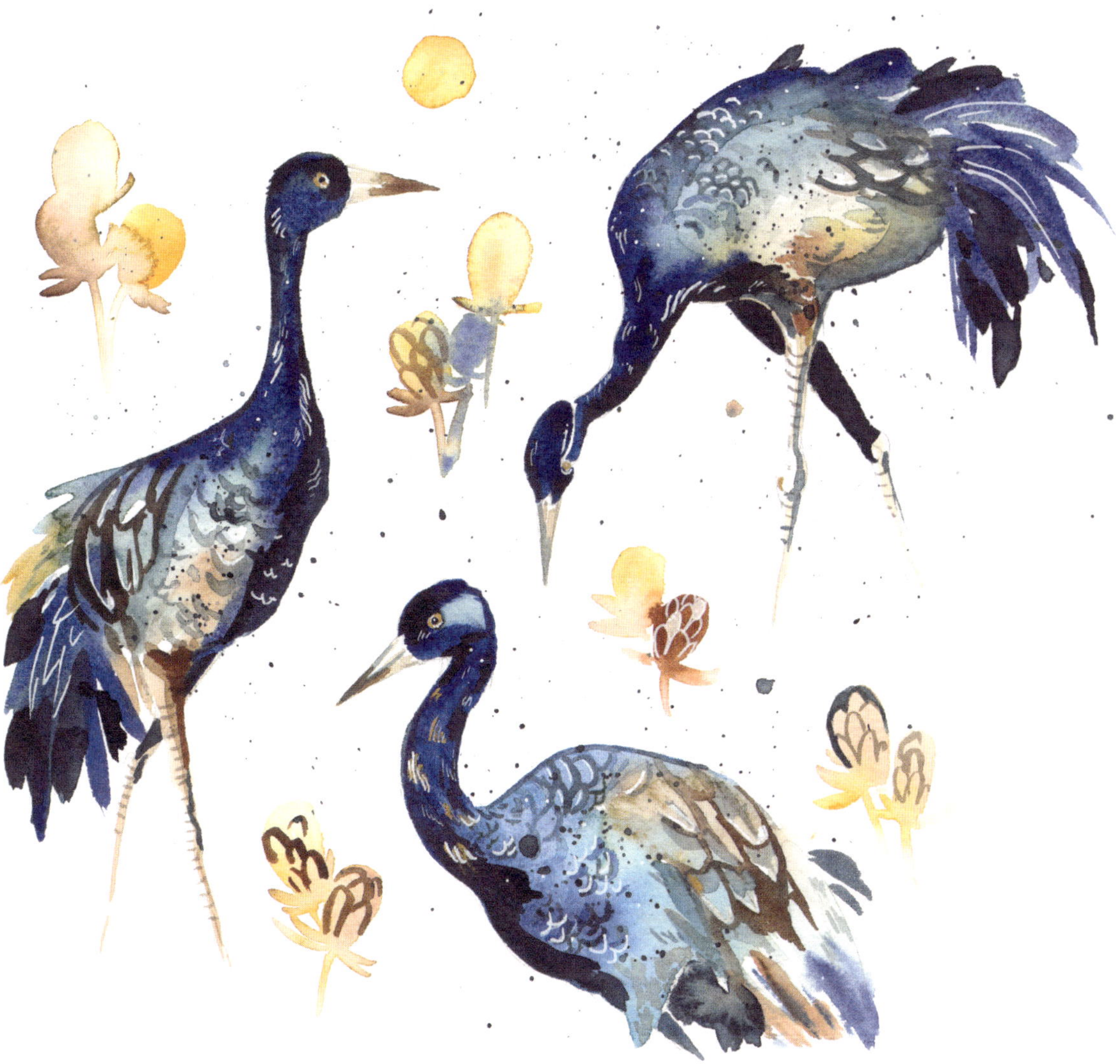

Auf der Suche nach dem Stil

Wahrscheinlich sucht ein Künstler ein Leben lang nach seinem Stil. Ein guter Anfang ist es, etwas zu beobachten, das Sie mögen. Was ist für Sie attraktiv? Welche Art von Kunst mögen Sie? Welche Farbpaletten bevorzugen Sie? All diese Aspekte fließen in Ihr Werk ein. Stellen Sie ein Moodboard mit Dingen zusammen, die Sie anziehen. Schauen Sie sich Ihr Moodboard beim Malen immer wieder an und lassen Sie sich davon inspirieren. Zwingen Sie sich zu nichts. Ihr Stil wird sich ganz natürlich entwickeln, wenn Sie viel malen und sich immer wieder fragen, was Ihnen selbst gefällt.

INSPIRATION

Im kreativen Prozess treffen reale Erfahrungen auf Ihre persönliche Interpretation. Jeder Künstler entscheidet sich, das zu vermitteln, was ihm selbst wichtig ist. Aber dazu benötigen Sie eine erste Inspiration.

Da Sie in diesem Buch Maltechniken durch das Malen von Tiermotiven einüben, finden Sie am besten durch die häufige Beobachtung von Tieren Inspiration – schauen Sie ihnen zu, füttern Sie sie und sprechen Sie mit ihnen. Aber wie finden Sie wilde Tiere in einer städtischen Umgebung? Das schauen wir uns im nächsten Kapitel näher an.

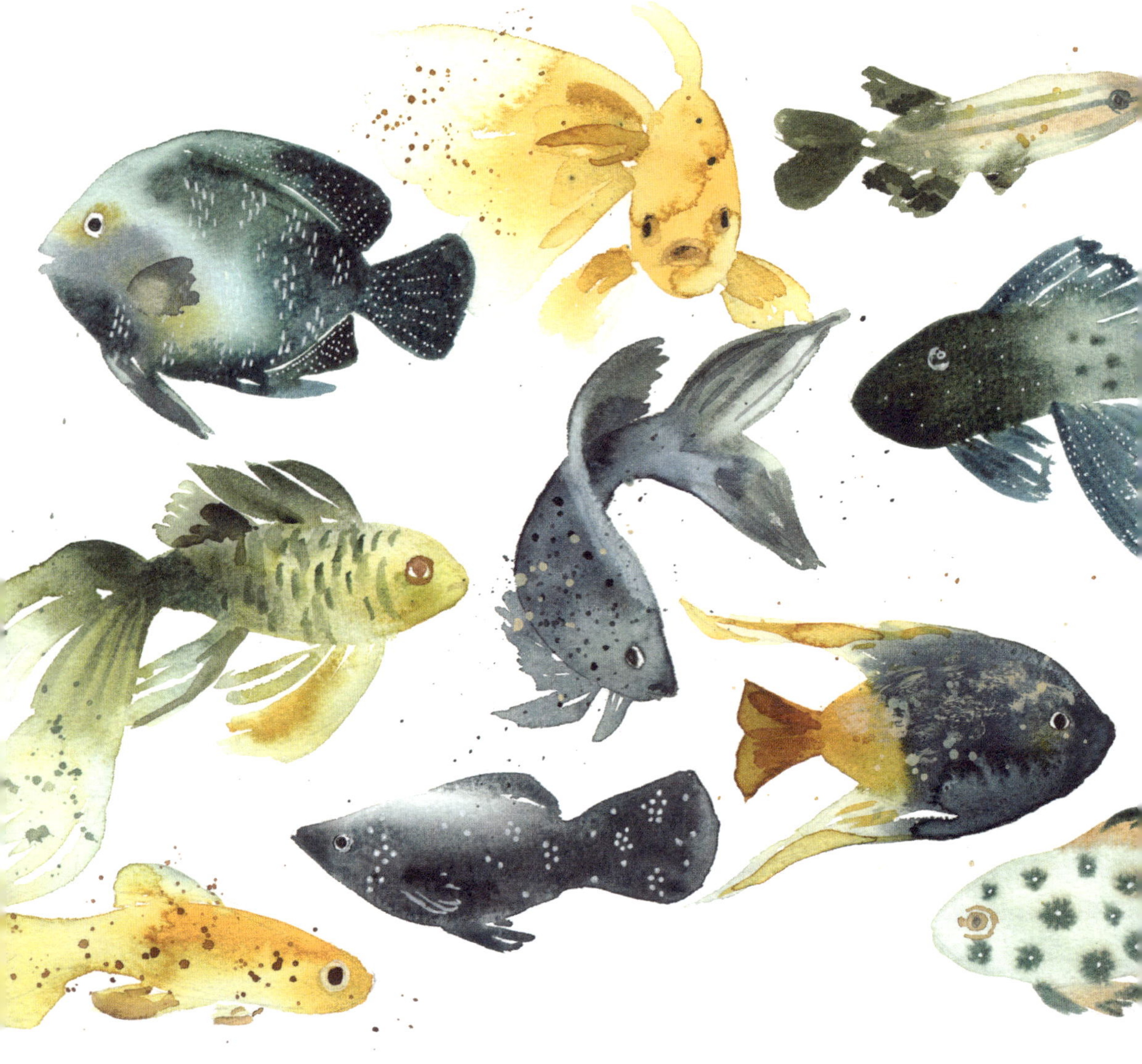

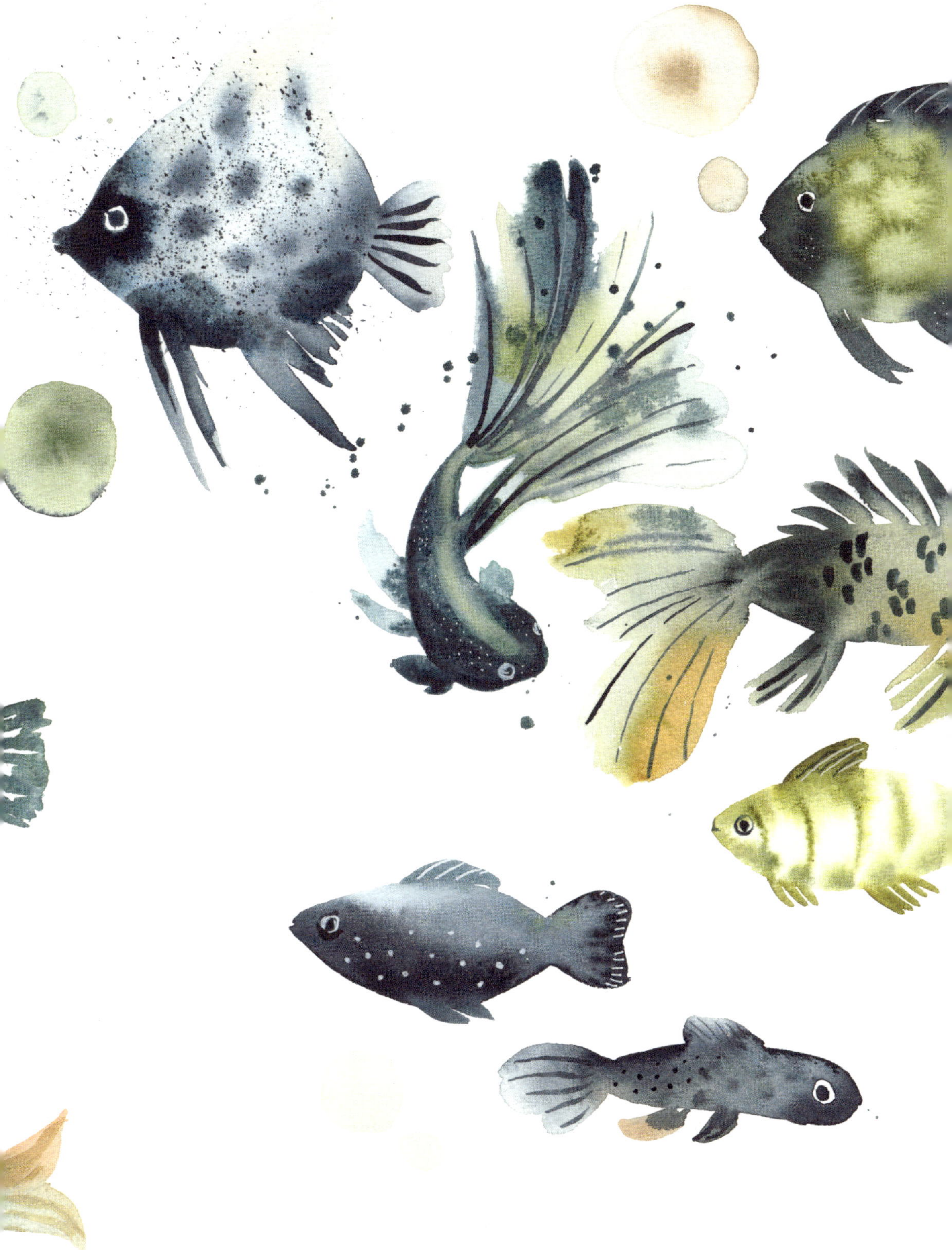

Die Taube auf dem Dach

In fast allen Städten leben unzählige Tauben. Diese Tiere haben sich erfolgreich an das Leben in der Stadt angepasst und fühlen sich in von Menschen gemachten Umgebungen wohl. Sie sind fester Bestandteil unserer Städte, weshalb wir sie kaum noch bewusst wahrnehmen.

Skizzieren Sie die nächste Taube, die Sie sehen. Malen Sie sie aus unterschiedlichen Blickwinkeln, aber werfen Sie auch ein neues Licht auf diesen Vogel. Setzen Sie mit Ihrem persönlichen Stil Akzente, zum Beispiel durch lebhafte Farben oder besondere Pinselstriche.

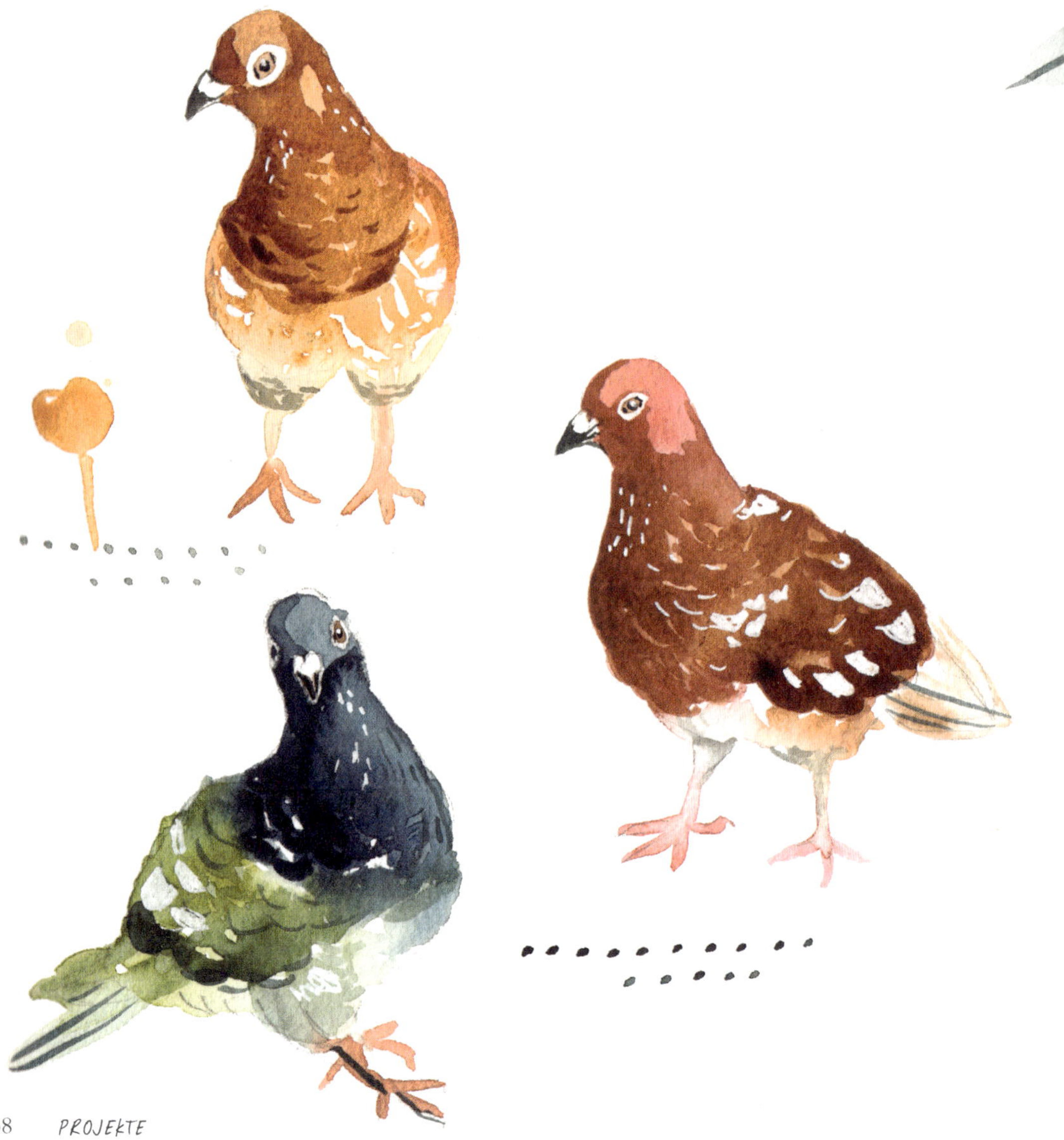

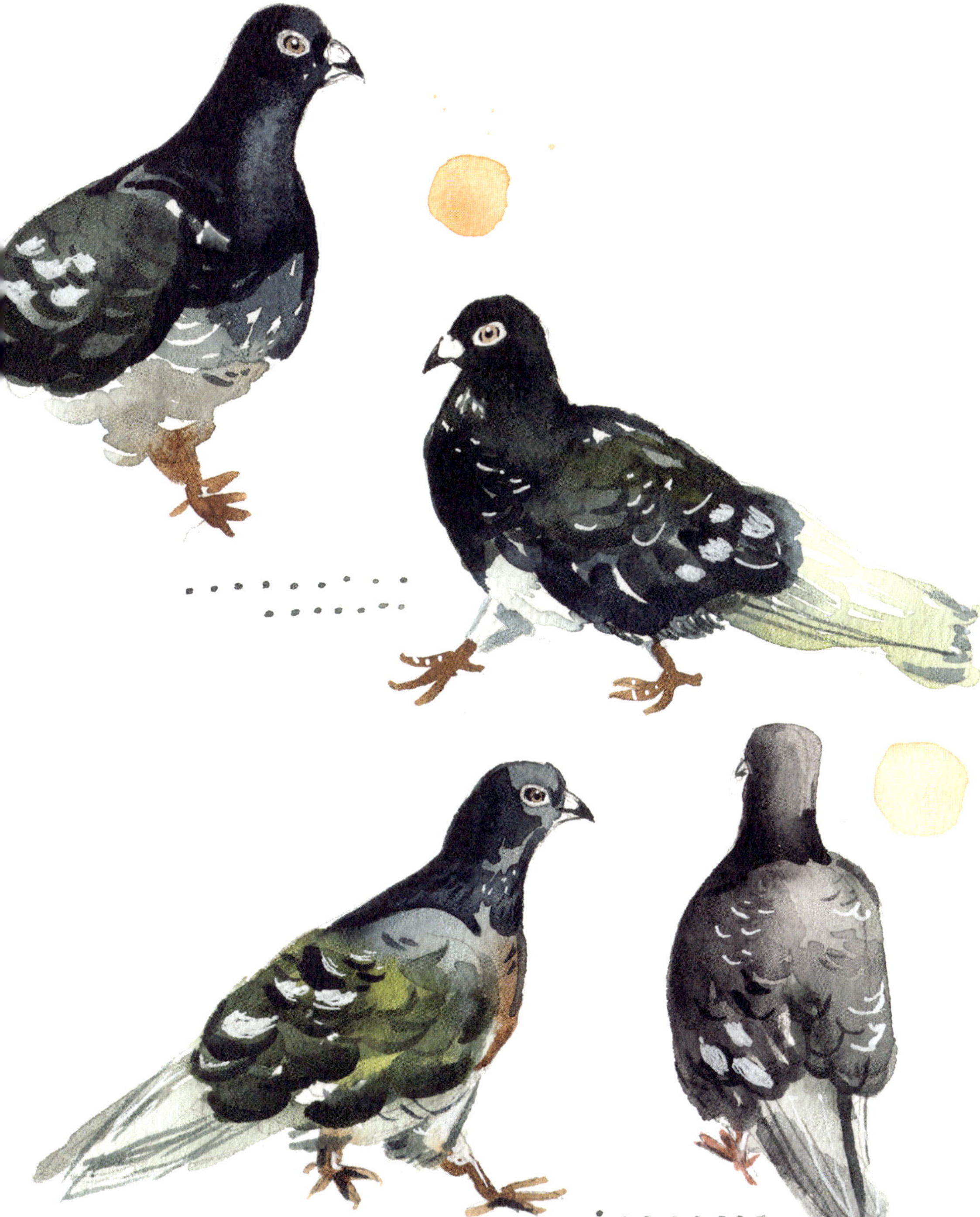

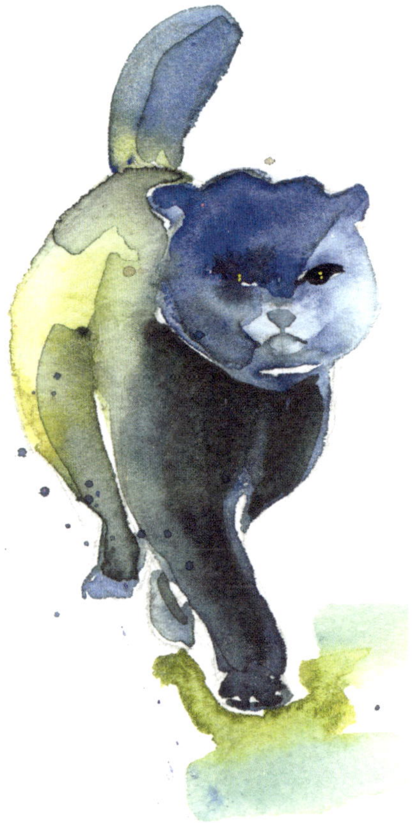

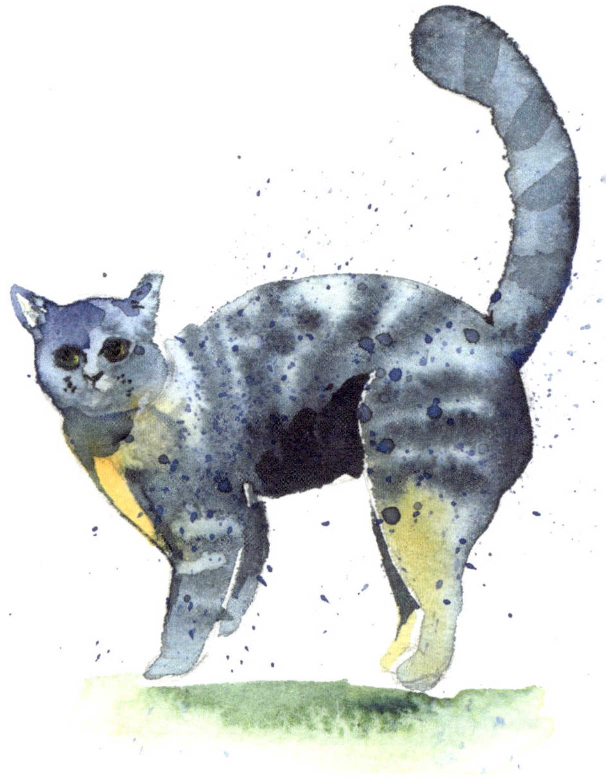

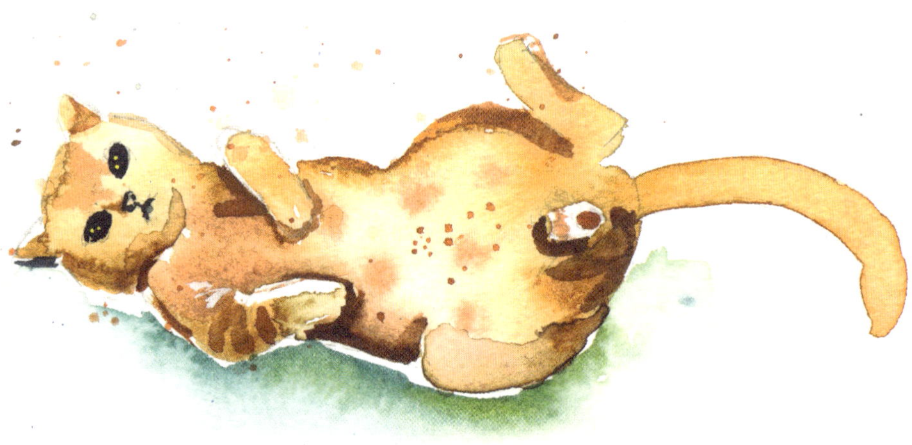

Katzen und Hunde

Haustiere sind großartige Modelle, denn Sie sind immer in unserer Nähe. So können wir Sie im Laufe der Zeit aus unterschiedlichen Perspektiven und Entfernungen beobachten. Hunde und Katzen sind das perfekte Motiv für den Start, denn ihre Körperform ähnelt der Form vieler anderer Säugetiere. Wenn Sie sich daher viel an Ihrem Haustier als Motiv geübt haben, können Sie auch einen Tiger und einen Fuchs schneller und einfacher malen. Sollten Sie nicht immer das Gleiche malen wollen, stellen Sie Ihr Haustier in verschiedenen Haltungen, in unterschiedlichen Farben und Mustern dar. Sie können sich auf jedes Detail konzentrieren oder ein abstrakteres Bild entstehen lassen. Ich liebe es auch, die Tiere anderer Menschen zu malen, denn damit entsteht eine Verbindung zwischen meiner Arbeit und den Menschen, die ich kenne.

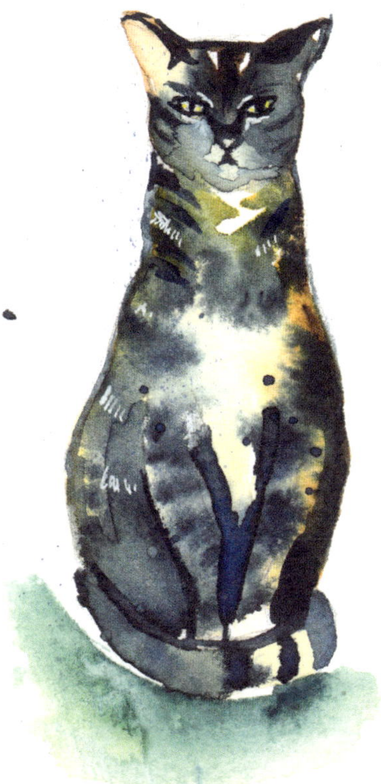

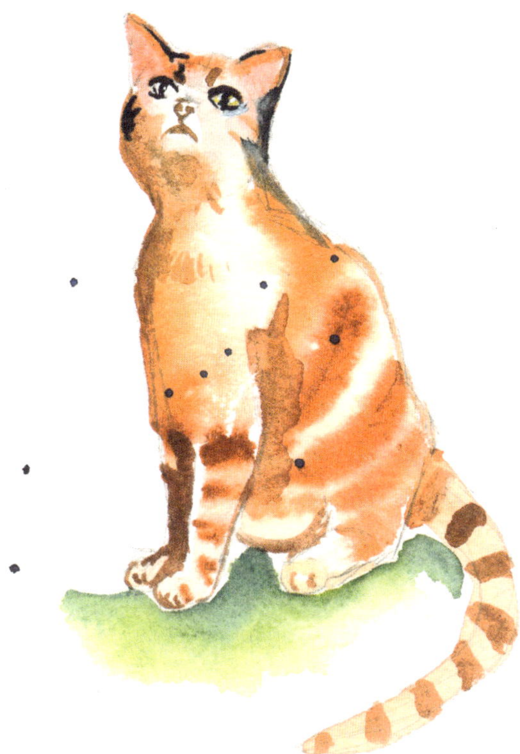

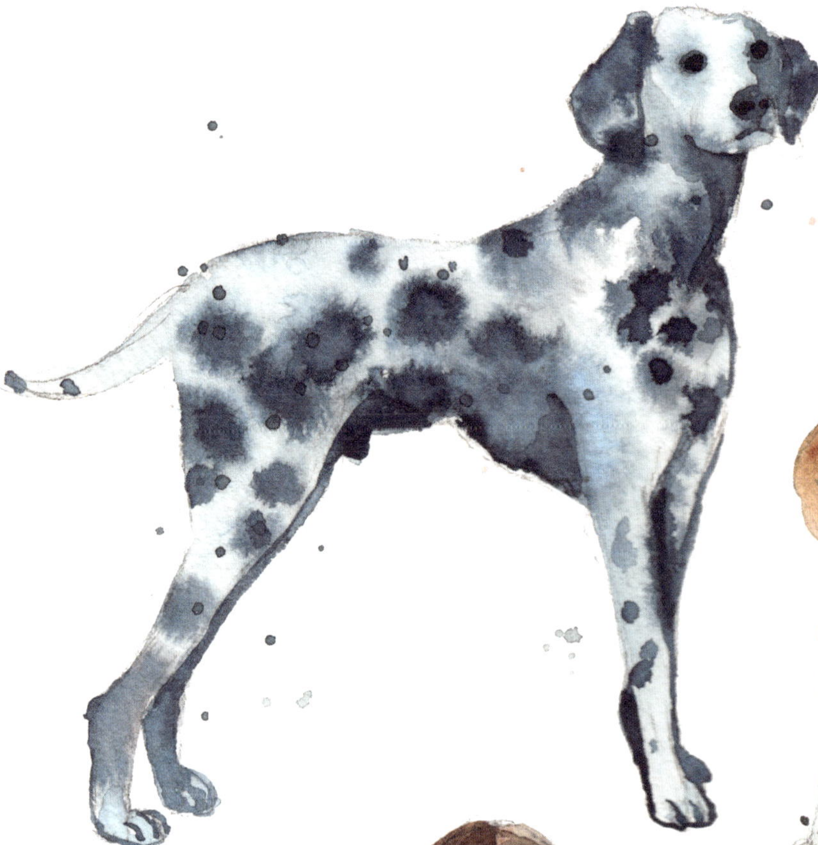

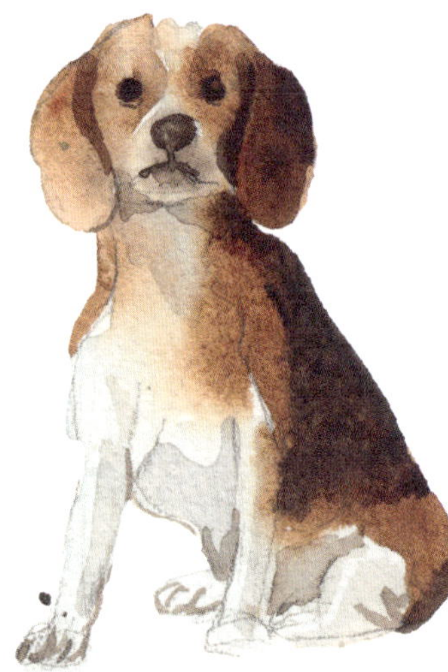

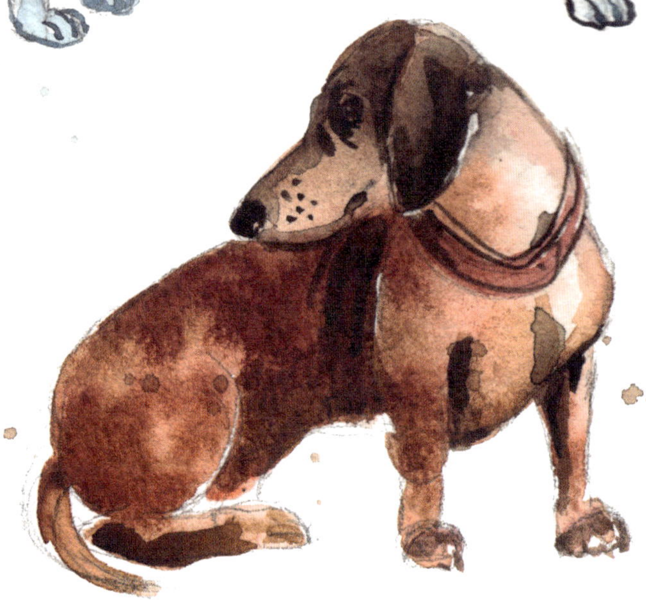

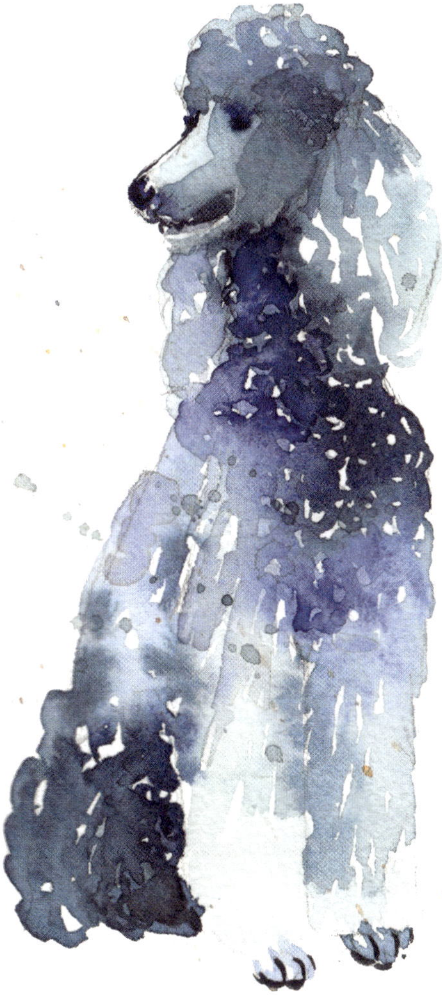

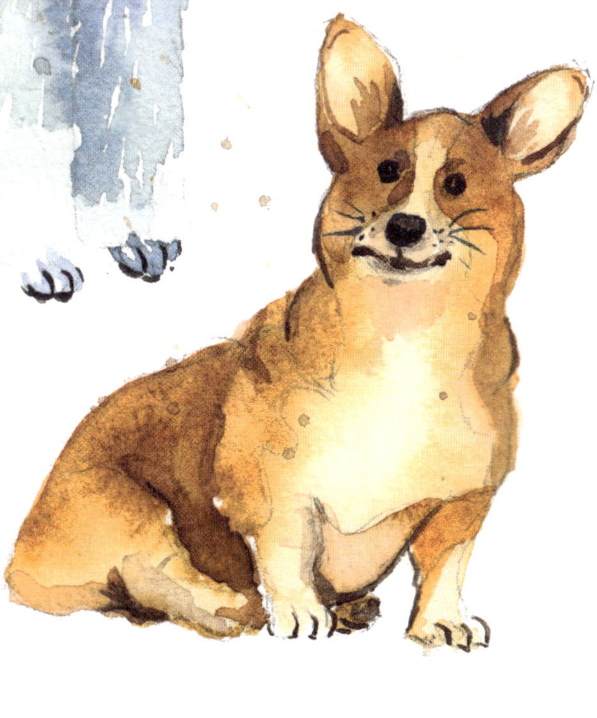

Ein Tier- oder Safaripark

In Tier- und Safariparks oder Zoos finde ich Inspirationen bei Tieren, auf die ich im Alltag nicht treffe. Ein Safaripark eignet sich besser als ein Zoo, da sich die Tiere eher wie in der Wildnis verhalten und bewegen.

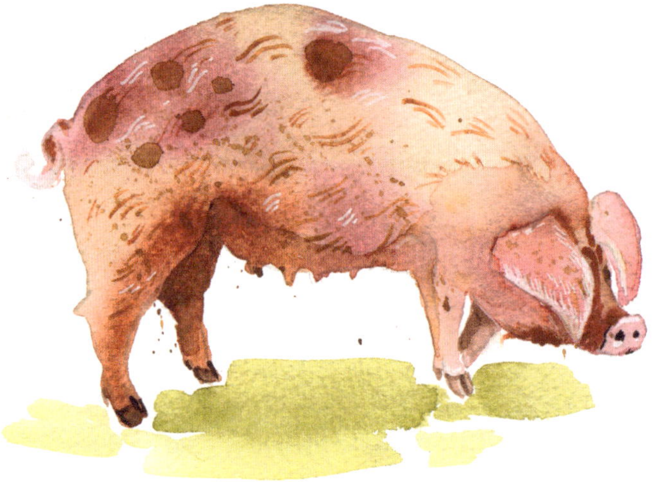

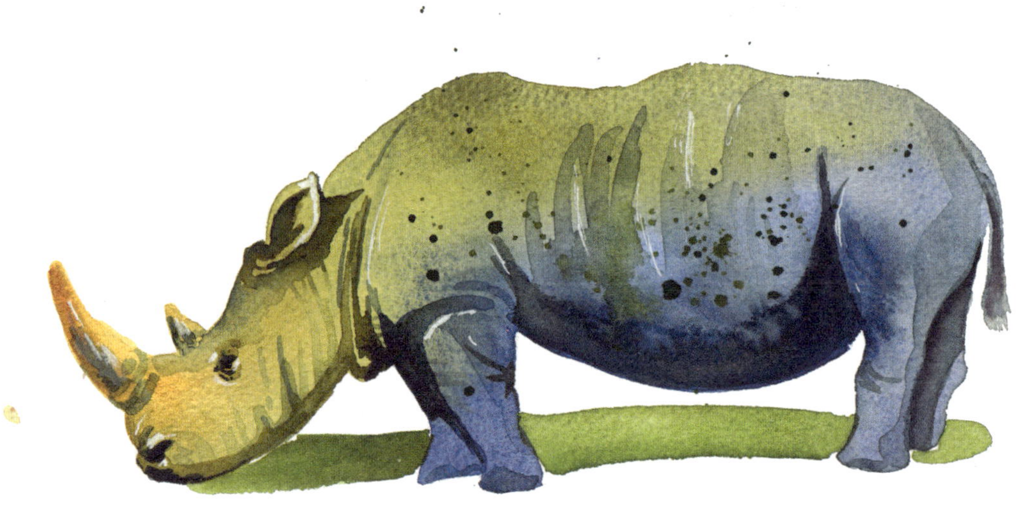

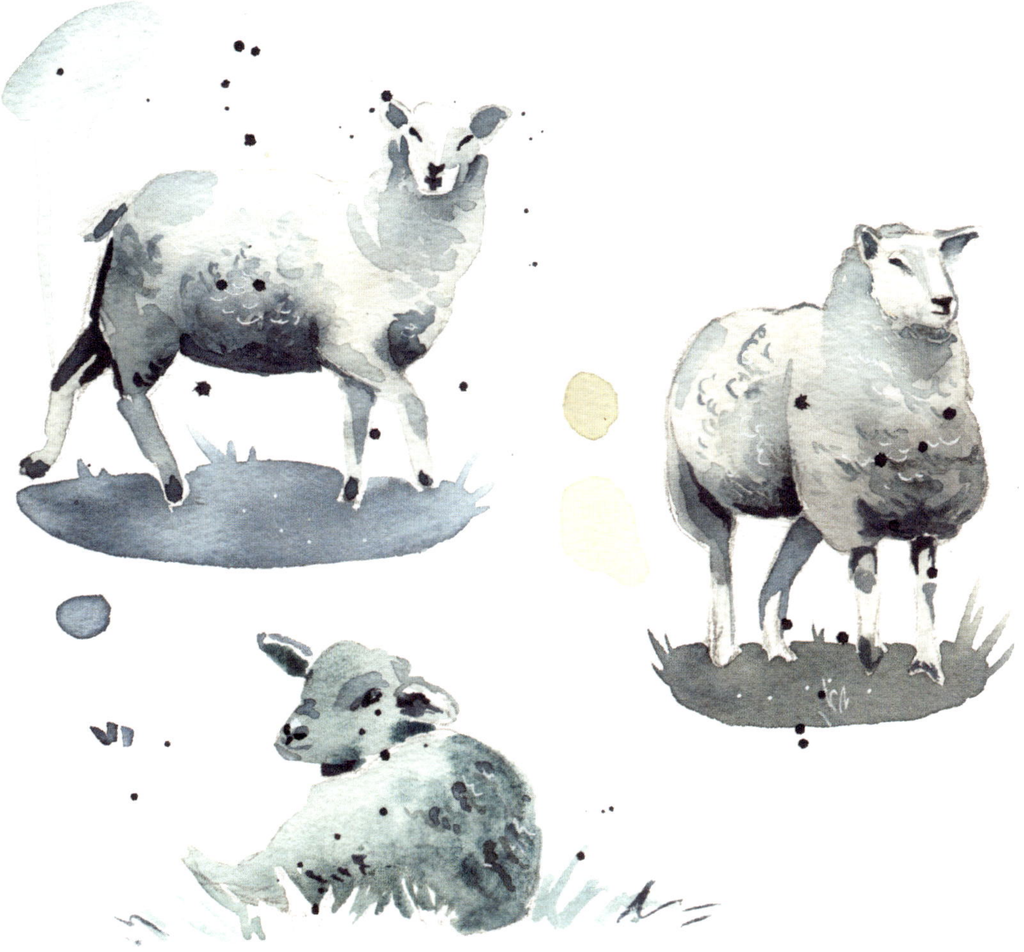

Wenn Sie zwecks Materialsuche einen Tier- oder Safaripark besuchen, sollten Sie einen Zeitpunkt wählen, an dem weniger Besucher vor Ort sind. So vermeiden Sie lange Warteschlangen und können die Tiere in Ruhe beobachten. Zum Fotografieren benötigen Sie keine besondere Ausrüstung oder besonderen Kenntnisse, sollten jedoch einige Tipps beherzigen.

- Vermeiden Sie Fotos von oben. Manchmal ist das der einzige Blickwinkel, der sich bietet. In diesem Fall sollten Sie sich auf ein anderes Tier konzentrieren.
- Nehmen Sie mehrere Fotos auf, vor allem, wenn sich das Tier bewegt. Wählen Sie die Serienbildfunktion auf dem Smartphone oder der Kamera oder machen Sie mehrere Bilder hintereinander. Später wählen Sie die Fotos mit der besten Position des Tieres aus.
- Mit dem Smartphone aufgenommene Fotos haben oft keine gute Qualität. Das kann für den Künstler jedoch von Vorteil sein: Auf etwas unklaren Fotos geringerer Qualität lenken die Details nicht von der grundlegenden Form ab. Außerdem sind Licht und Schatten besser erkennbar und Sie können sich mehr auf die allgemeinen Proportionen des Tieres konzentrieren.

Auswahl der Pose

Nun haben Sie viel Material gesammelt. Aber für welche Pose oder Haltung sollen Sie sich entscheiden? Bei einer interessanten Pose spielen viele Faktoren eine Rolle:

- Die Richtung des Körpers im Vergleich zur Ausrichtung des Kopfs: Zeigt der Kopf in eine andere Richtung als der Körper, entsteht Bewegung und die Pose wirkt automatisch dynamischer.
- Bewegung: Ein laufendes, fliegendes, springendes, essendes oder gedrehtes Tier ist spannender als ein Tier in einer statischen Haltung.
- Die Geschichte hinter einer Pose: Eine auf dem Rücken liegende Katze, die erwartet, gestreichelt zu werden, ein spielender Hund oder ein Huhn, das nach Futter sucht – alle diese Haltungen rufen Gefühle wach.
- Blickwinkel: Gebeugte Beine, ein gedrehter Hals, halb ausgebreitete Flugel – all das sorgt für eine spannende Komposition.

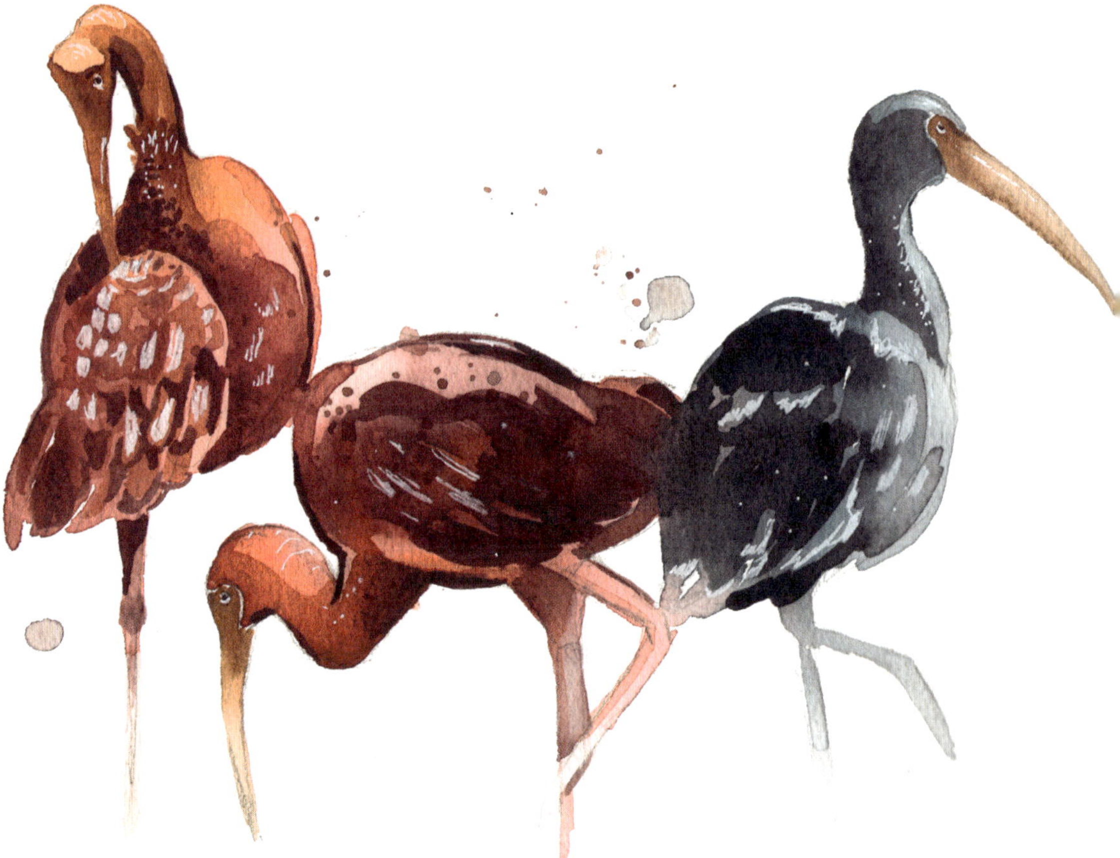

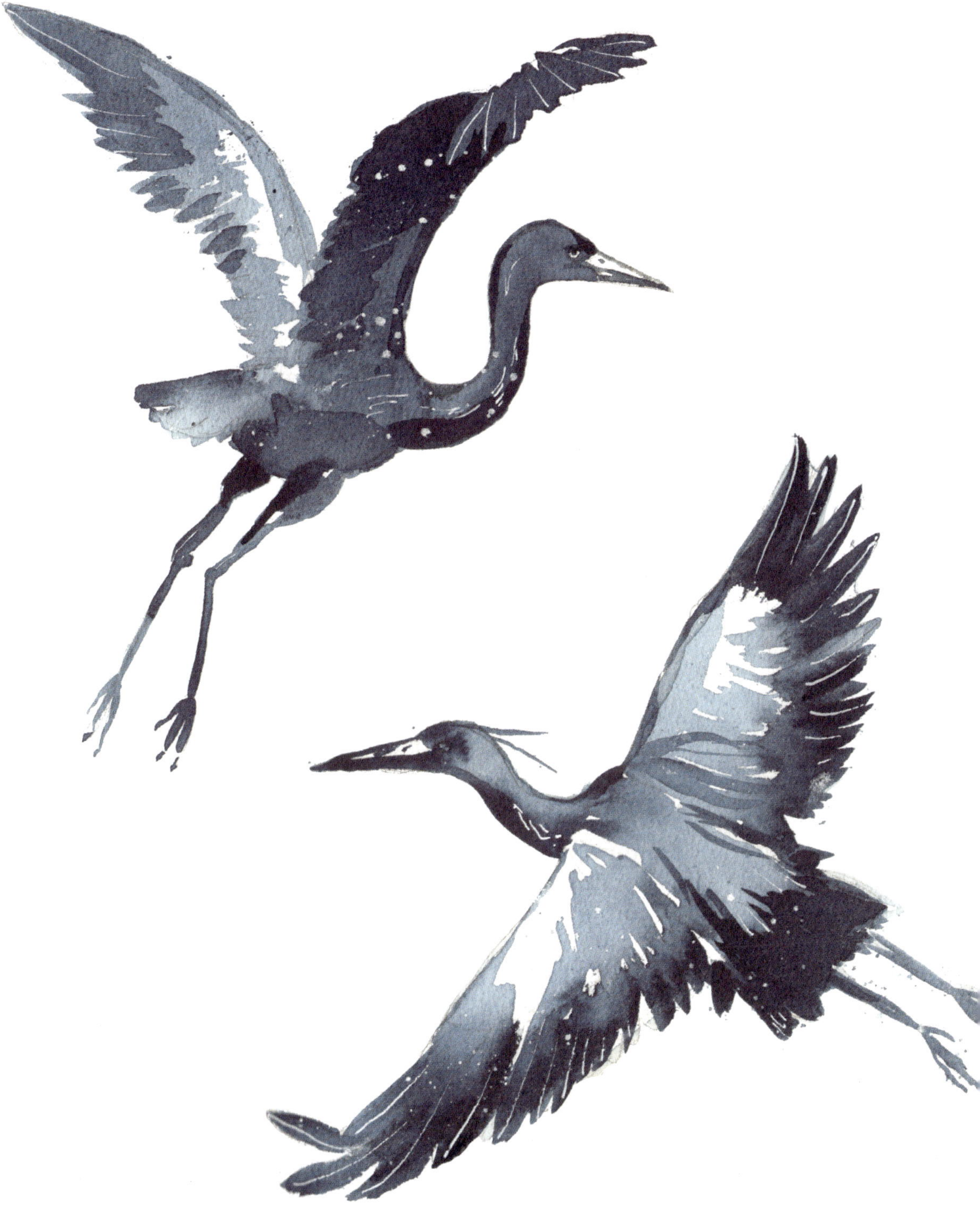

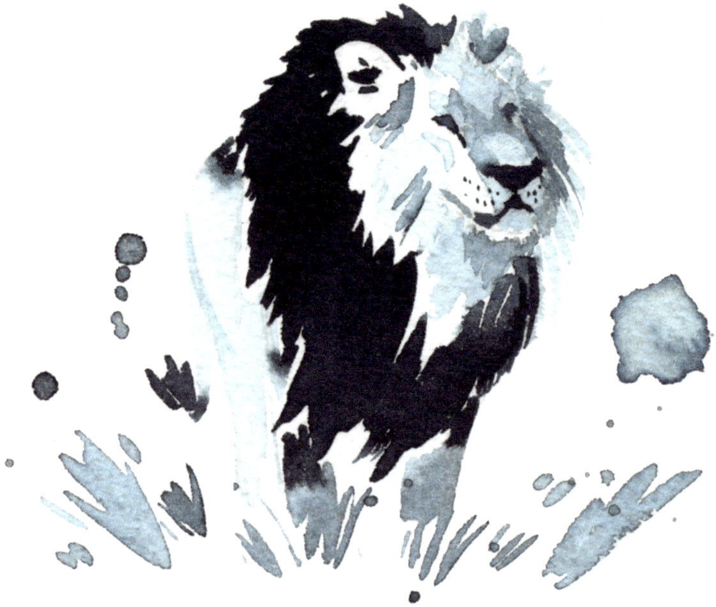

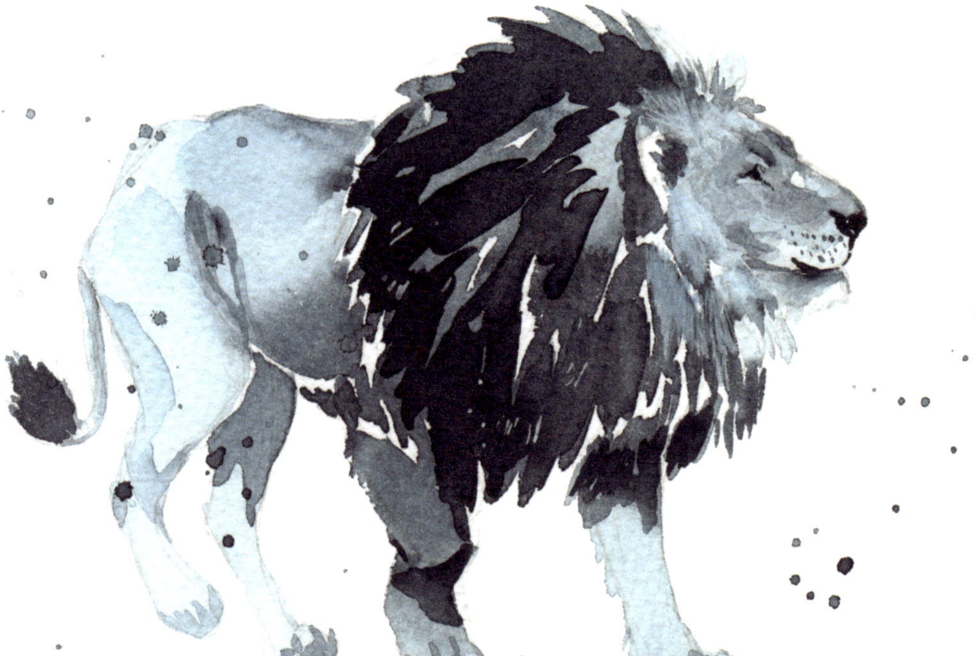

Das Spiel mit dem Licht

Das Verständnis von Licht und Schatten lässt sich hervorragend anhand verschwommener Smartphone-Fotos entwickeln. Beim Malen mit einer einfarbigen Farbpalette können Sie es vertiefen. Suchen Sie nach den hellsten, den mittleren und den dunkelsten Bereichen des Motivs und konzentrieren Sie sich darauf, diese zu malen.

Probieren Sie verschiedene Ansätze aus: Vereinfachen Sie die Pinselstriche auf ein Minimum oder arbeiten Sie in mehreren Schichten, in denen Sie die Form des Tieres Schritt für Schritt aufbauen. Mit dieser Übung werden Sie Ihre Kenntnisse zu Form und Volumen deutlich verbessern und lernen, wie Sie sie im Bild darstellen können.

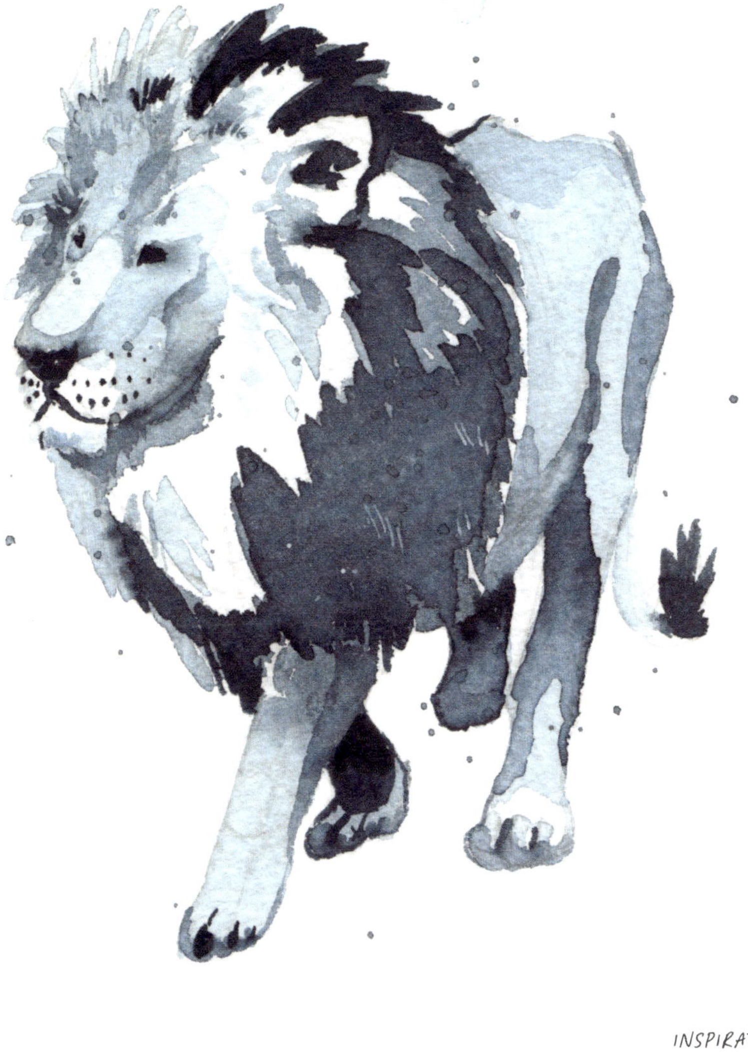

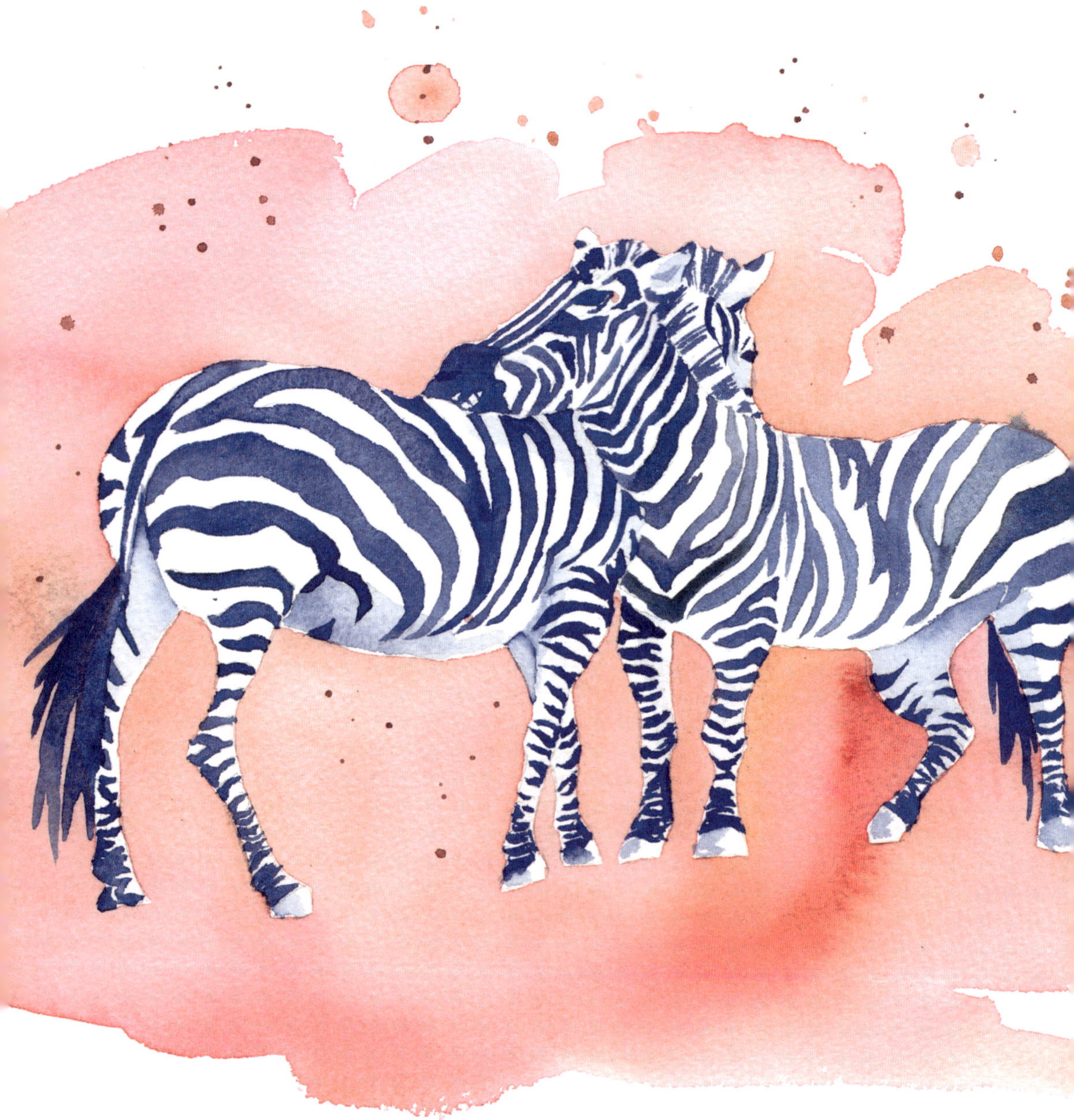

Abschluss

Kunst öffnet die Tür zu Ihrer Fantasie und erlaubt Ihnen, Ihre eigene, einzigartige Welt zu erschaffen. Mit ein wenig Zeit und Übung werden Sie beeindruckende Ergebnisse erzielen, die nicht nur von Ihren Fertigkeiten zeugen, sondern auch einen kreativen Flow in Ihr Leben zaubern werden. Wenn Sie sich ganz auf das Malen konzentrieren, frei von Selbstkritik und Sorgen um das Ergebnis, werden sich Ihr Stil und Ihre Fertigkeiten ganz von selbst entwickeln.

TIPPS FÜR NOCH MEHR KREATIVITÄT

Verbesserung der Fertigkeiten

Zeichnen Sie Tiere immer dann und dort, wo es möglich ist. Gute Zeichenkenntnisse vor allem das genaue Erfassen der Proportionen von Tieren sind die Grundlage für jede Art von Kunst.

Experimentieren mit Aquarellfarben

Erkunden Sie unterschiedliche Farbverläufe und Effekte. Damit verbessern Sie nicht nur Ihre Technik und bereichern Ihr Bild, sondern entdecken auch, welcher Stil in Ihnen steckt.

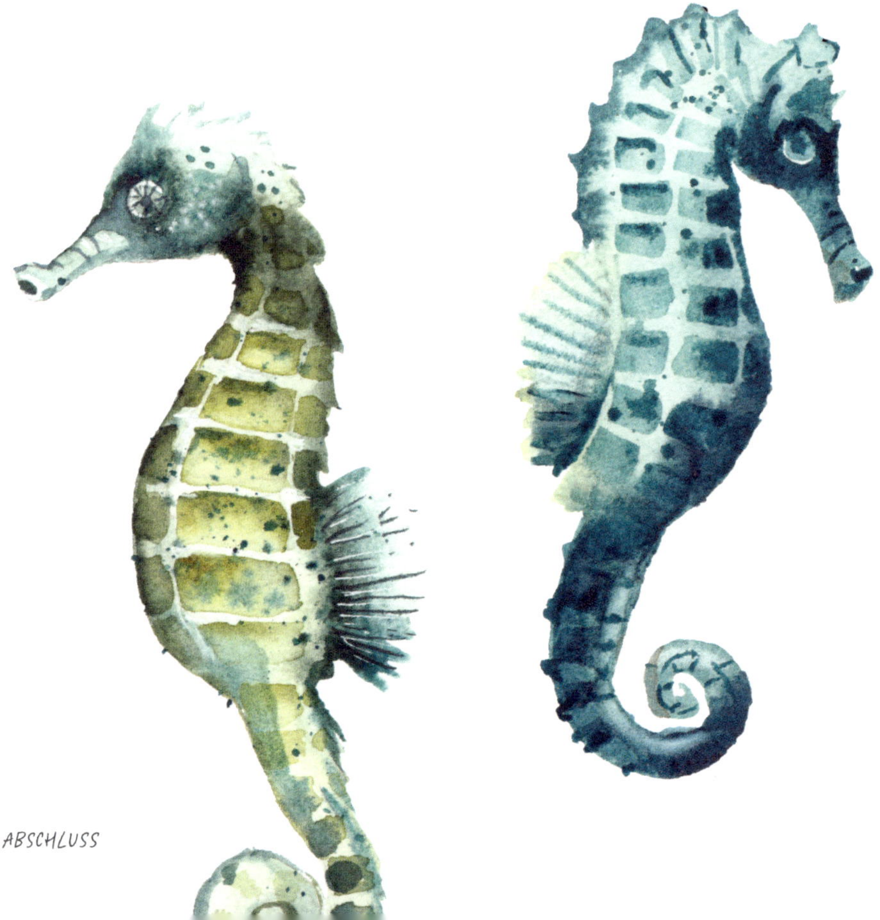

Von erfahrenen Künstlern lernen

Studieren Sie die Werke erfahrenerer Künstler, um Ihre eigenen Malkenntnisse auszubauen. Lernvideos und Kurse sind von unschätzbarem Wert. Die Analyse von Kompositionen, Farbverhältnissen und die Pinselführung von Meisterwerken hat eine jahrhundertealte Tradition.

Kleine Herausforderungen annehmen

Malen Sie jeden Tag ein kleines Bild. Das scheint vielleicht nicht viel, aber am Ende eines Monats haben Sie eine Sammlung von 30 Kunstwerken. Die regelmäßige Malübung ist eine Kunst, die Sie beherrschen sollten!

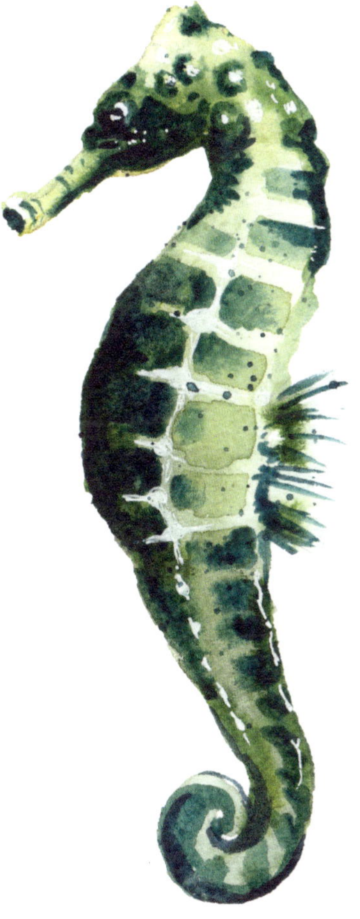

Konstruktives Urteil

Bewerten Sie Ihre Bilder, jedoch nicht ausschließlich kritisch. Ermitteln Sie, was nicht so gut gelungen ist. Aber genauso wichtig: Schauen Sie sich die gelungenen Elemente an, die Sie in Ihre zukünftigen Werke aufnehmen können.

Weiterlesen und Quellen

Bücher

The Field Guide to Drawing & Sketching Animals
von Tim Pond, Search Press, 2019.

Zubehör

Meine Lieblingsfarben
Daniel Smith
Winsor & Newton
Blockx
Schmincke

Papiermarken, die ich mag
Arches
Canson: Moulin du Roy
Canson: Heritage
Fabriano: Artistico
Hahnemühle: Cézanne
Handgeschöpftes Papier: Khadi
Panart Global

Skizzenbücher
Khadi Skizzenbuch aus handgeschöpftem Papier
Etchr Lab Perfect Skizzenbuch
Etchr Lab Everyday Skizzenbuch

Lernvideos zum Herstellen eigener Skizzenbücher
www.youtube.com/watch?v=ZGpDSypPpPQ&ab_channel=Dr.OtoKano

www.youtube.com/watch?v=pL5gls5G0uc&ab channel=SpinesAndSplines (in englischer Sprache)

www.youtube.com/watch?v=vFQwS4zfnWE&ab_channel=ArtsActive (in englischer Sprache)

Pinsel
Gemeinsam mit den Unternehmen Pensel Art und Da Vinci habe ich ein Pinselset zusammengestellt, das sich für die Projekte in diesem Buch gut eignet. Sie können es unter www.penselen.nl/product/aquarel-inga-buividavice-penselen-set/ erwerben.

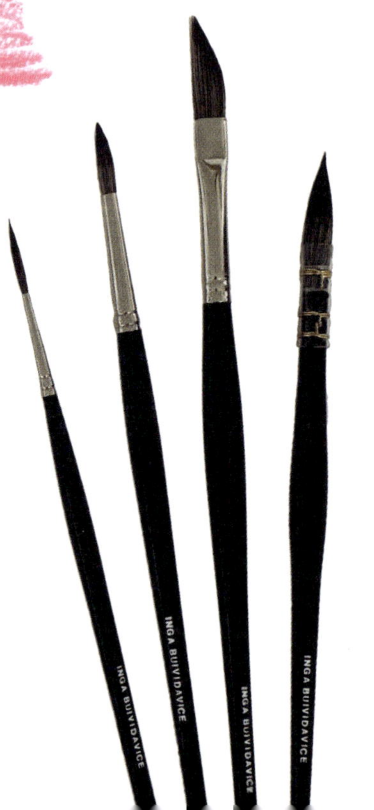

Dank

Dem wundervollen Team von Leaping Hare Press und der Quarto-Gruppe gilt mein inniger Dank. Sie haben dieses Buch möglich gemacht:

Ein besonderes Dankeschön geht an Monica Perdoni, der Redaktionsleiterin von Leaping Hare Press. Sie hat immer an mich geglaubt und mein zweites Buch an den Start gebracht. Außerdem hat sie viele ihrer Ideen und Visionen mit mir geteilt und mich auf jedem Schritt dieser Reise sehr unterstützt.

Die brillante Charlotte Frost, Redakteurin bei der Quatro-Gruppe, ist immer außerordentlich freundlich und behält den Überblick. Ihrer Unterstützung verdanke ich die hohe Qualität dieses Buches.

Ich bedanke mich bei der Texterin Rachel Malig, deren aufmerksamer Blick fürs Detail und unschätzbaren Kenntnisse den Inhalt dieses Buchs geformt und es einfacher und verständlicher gemacht haben.

Der Designer Nicki Davis hat jeder Seite einen wundervollen künstlerischen Touch verliehen. Das fließende Layout und die Ästhetik dieses Buches sind großartig geworden.

Außerdem danke ich meiner Familie von Herzen für ihre Unterstützung und Ermutigung auf dieser Reise. Mein Ehemann Arunas hat mir immer geholfen und hat mehr Tier- und Safariparks mit mir besucht, als ich mir hätte träumen lassen. Vor allem ermutigt er mich immer, für mich selbst zu malen – auch wenn ich zwischen Arbeit, Familienleben und persönlichen Interessen ständig jonglieren muss. Meine größte Inspiration ist mein Sohn Lukas. Er hat alle seine Ideen zu den Tieren in diesem Buch eingebracht und findet immer schöne Worte für meine Bilder. Danke auch an meine beiden größten Fans, meine Eltern Irina und Alfred. Sie haben meine kreative Seite gefördert, mich schon in jungen Jahren auf den Pfad der Kreativität geleitet und selbst meine kleinen Erfolge gefeiert.

Dieses Buch ist das Ergebnis der gemeinsamen Arbeit eines engagierten und professionellen Teams und einer liebevollen Familie, die mich immer unterstützt. Für den Beitrag jedes Einzelnen von euch bin ich sehr dankbar.

Index

R

S

T

Zurück zur Natur

ISBN 978-3-03876-297-3
1. Auflage 2024

Übersetzung: Martina Panzer
Lektorat: Dr. Friederike Römhild
Layout: Ulrich Borstelmann

Midas Verlag AG
Dunantstrasse 3, CH-8044 Zürich
E-Mail: kontakt@midas.ch
www.midas.ch

Englische Originalausgabe:
»Wild Watercolours«

Printed in China

Die deutsche Nationalbibliothek verzeichnet diese Publikation in der Deutschen Nationalbibliografie; detaillierte bibliografische Daten sind im Internet unter www.dnb.de abrufbar.